労働法を基本から

金井正元 著
Kanai Masamoto

三省堂

はじめに

　この本は、次の特色をもつ、労働法の入門書です。

(1) 親しみやすい、話し言葉で書かれています。
(2) いちばん基礎のところから解説されています。労働法自体の基本のところからだけでなく、法律全体のいちばん基礎のところから解説されています。まったく法律の知識がない人にも、理解していただけるようにしたいという、著者の願いの表れです。
(3) 労働法のすべての分野がもれなく、重要度に応じてバランスよく、カバーされています。
(4) 条文（法律に「第〇条」として書かれている文章）と判例（裁判の先例）をしっかりと押さえて解説されています。試験で出された問題を解くときも、職場で実際に生じた問題を解決するときも、決め手となるのは、条文と判例だからです。
(5) 条文と判例は、できるだけナマ（原文）で引用することとしています。読者が、別途に法令集（六法全書）や判例集にあたってみられなくてもすむように、という配慮によるものです。
(6) 法律の制定や改正の基礎となった考え方や判例の考え方と異なる考え方も、できるだけ紹介することとしています。現にあるものを受け身で勉強するだけでなく、どうあるべきかを自分の頭で考えながら勉強することが、法律の学習のうえで、とても大切なことだと考えるからです。
(7) 初学者の方々にとって、細かすぎる事柄は、条文の知識でも、解釈の議論でも省略しています。かえって「幹」の部分の理解を妨げることになると考えられるからです。

　この本の執筆にあたり、諸先学のすぐれた業績から多くの教示を受けました。専門的な学術書ではなく、初学者向けの解説書であるこの本の性格から、文献の表示はしていませんが、記して深く感謝の意を表します。

この本の刊行にあたり、株式会社三省堂六法・法律書編集室編集長加賀谷雅人氏及び編集部木村好一氏にたいへんお世話になりました。両氏の温かいご理解とご配慮、行き届いたきめ細かなお導きに対し、厚く御礼申し上げます。
　最後に、私事にわたり恐縮ですが、この世に生を受けて80年、労働法とのかかわりも60年になろうとするこの時点で、この本が出版されるにあたり、これまでお陰を被った、恩師、亡き両親や家族、その他多くの方々に対する感謝の念も、記させていただきたいと思います。

2014年1月

金井　正元

もくじ

序 労働法の全体の姿を知ろう

第1章 「労働法」という法律はない?! 2
第2章 日本国憲法のなかの労働法を確認しよう 6
第3章 労働法の体系 9
 Ⅰ 個別的労働関係法（雇用関係法）／Ⅱ 集団的労働関係法（労使関係法）／Ⅲ 労働市場法（雇用保障法）／Ⅳ 労働関係紛争解決法

第1編 個別的労働関係法（雇用関係法）——総論

第4章 労働保護法と労働契約法（広義） 12
第5章 「労働契約」とはなにか？ 14
第6章 「労働者」「使用者」とはだれのことか 16
 Ⅰ 「労働者」とはだれか／Ⅱ 「使用者」とはだれか
第7章 個別的労働関係法の基本原則 18
 Ⅰ 労働基準法が定める基本原則
  1 労働条件のあり方の原則
  2 労働条件の決定
  3 均等待遇の原則
  4 強制労働の禁止と中間搾取の排除
  5 公民権行使の保障
 Ⅱ 労働契約法が定める基本原則
  1 労働契約の原則
  2 労働契約の内容の理解の促進
  3 労働者の安全への配慮
第8章 個別的労働関係法の履行の確保 26
 Ⅰ 労働基準法の履行確保
  1 強行的・直律的効力

　　　　2　付加金
　　　　3　罰則
　　　　4　行政監督
　　　Ⅱ　労働契約法の履行確保

第9章　「就業規則」とはなにか？　29
　　　Ⅰ　就業規則の意義
　　　Ⅱ　就業規則の作成（変更）、届出、周知
　　　Ⅲ　就業規則の効力
　　　　1　法令・労働協約との関係
　　　　2　労働契約との関係―最低基準効（強行的効力・直律的効力）
　　　　3　契約内容規律効

第10章　労働法における平等法制　34
　　　Ⅰ　男女平等法制
　　　　1　男女同一賃金の原則
　　　　2　男女平等取り扱いの法理
　　　　3　男女雇用機会均等法（制定と改正）
　　　　4　男女雇用機会均等法（現行法の概要）
　　　　5　育児・介護休業法
　　　Ⅱ　その他の平等法制
　　　　1　パート労働法
　　　　2　諸法律に散在する平等規定

第11章　非典型（非正規）雇用　52

　　　　　　　　第2編　個別的労働関係法――各論

第12章　労働契約の締結まで　54
　　　Ⅰ　労働者と使用者の出会い
　　　　1　職業紹介事業の利用
　　　　2　労働者の募集
　　　　3　労働者供給事業の利用
　　　　4　労働者派遣事業の利用――労働者派遣法の制定と改正
　　　　5　労働者派遣事業の利用――労働者派遣法（現行法の）概要
　　　Ⅱ　「採用の自由」はあるのか？
　　　　1　「採用の自由」とその制約
　　　　2　「採用の自由」を制限する法律の規定

Ⅲ　採用内定
　　　　1　「採用内定」とはどういうことか
　　　　2　採用内定の取消し・辞退
　　　　3　採用内内定
　　　Ⅳ　労働契約の締結
　　　　1　労働条件の明示など
　　　　2　労働契約の締結に関連して禁止される事項など

第13章　労働契約の期間など　　80
　　　Ⅰ　労働契約の期間
　　　　1　労働契約の期間の定めの効果
　　　　2　労働契約の期間の上限規制
　　　　3　有期労働契約の中途解約
　　　　4　有期労働契約の更新拒否（雇止め）
　　　　5　有期労働契約の期間の定めのない労働契約への転換
　　　　6　期間の定めがあることによる不合理な労働条件の禁止
　　　Ⅱ　試用期間
　　　　1　「試用期間」とはなにか
　　　　2　本採用の拒否

第14章　人事——配転・出向・転籍、休職、懲戒　　87
　　　Ⅰ　配転
　　　　1　「配転」とはなにか
　　　　2　配転命令権の存否
　　　　3　配転命令権の濫用
　　　　4　判例理論の見直し
　　　Ⅱ　出向
　　　　1　「出向」とはなにか
　　　　2　出向命令権の存否
　　　　3　出向命令権の濫用
　　　Ⅲ　転籍
　　　Ⅳ　休職
　　　Ⅴ　懲戒
　　　　1　「懲戒」とはなにか
　　　　2　懲戒権の存否
　　　　3　懲戒権の濫用

第15章　賃金　98
　Ⅰ　賃金の意義など
　　1　「賃金」とはなにか
　　2　「平均賃金」とはなにか
　Ⅱ　賃金の支払いに関する諸原則
　　1　「通貨」払いの原則
　　2　「直接」払いの原則
　　3　「全額」払いの原則
　　4　「毎月1回以上一定期日」払いの原則
　Ⅲ　賃金額の保障
　　1　最低賃金制度
　　2　請負制の保障給
　Ⅳ　休業手当
　Ⅴ　割増賃金
　Ⅵ　賃金債権の保護
　　1　民法による先取特権
　　2　倒産手続における賃金債権の保護
　　3　賃金債権の消滅時効
　　4　賃金の支払の確保等に関する法律

第16章　労働時間、休憩、休日および休暇　110
　Ⅰ　「法定労働時間」とはなにか
　Ⅱ　変形労働時間制とフレックスタイム制——労働時間規制の弾力化
　　1　「変形労働時間制」とはなにか
　　2　「フレックスタイム制」とはなにか
　　3　変形労働時間制・フレックスタイム制に関する規定
　Ⅲ　労働時間などに関する規定の適用除外
　Ⅳ　時間外労働など
　　1　時間外（・休日）労働が許される場合
　　2　時間外（・休日）労働義務
　Ⅴ　「労働時間」とはなにか
　Ⅵ　みなし労働時間制
　　1　事業場外労働
　　2　裁量労働制
　Ⅶ　休憩
　Ⅷ　休日

Ⅸ　年次有給休暇
　　　1　年次有給休暇の成立、年次有給休暇の日数
　　　2　年次有給休暇の取得時期の特定
　　　3　年次有給休暇中の賃金
　　　4　年次有給休暇の利用目的
　　　5　未消化の年次有給休暇の処理
　　　6　年次有給休暇の取得にともなう不利益取扱い
　　Ⅹ　年少者および妊産婦等についての規制
　　　1　年少者についての規制
　　　2　妊産婦等についての規制

第17章　安全衛生及び災害補償　　130
　　Ⅰ　安全衛生
　　　1　年少者についての規制
　　　2　妊産婦等についての規制
　　Ⅱ　災害補償
　　　1　労働基準法上の災害補償
　　　2　労働者災害補償保険

第18章　労働契約の終了　　141
　　Ⅰ　労働契約の終了事由
　　　1　労働者・使用者のいずれの意思にもよらない終了事由
　　　2　労働者・使用者の一方又は双方の意思による終了事由
　　Ⅱ　解雇の制限
　　　1　解雇権濫用法理以外の法令による制限
　　　2　解雇権濫用法理など
　　　3　整理解雇
　　　4　懲戒解雇と普通解雇
　　　5　変更解約告知
　　　6　解雇をめぐる訴訟
　　Ⅲ　労働契約の終了にともなう措置
　　　1　退職金の支払い
　　　2　退職時の証明
　　　3　金品の返還
　　　4　年少者の帰郷旅費

第19章　個別労働関係紛争の処理　　158

Ⅰ　労働関係紛争の処理——全体の姿
　Ⅱ　行政による個別労働関係紛争の処理
　　1　経緯
　　2　個別労働関係紛争解決促進法の概要
　　3　男女雇用機会均等法などによる紛争解決の援助及び調停
　Ⅲ　裁判所による個別労働関係紛争の処理
　　1　経緯
　　2　労働審判法の概要
　　3　通常の民事訴訟

第3編　集団的労働関係法（労使関係法）

第20章　労働基本権（労働三権）の保障　166
　Ⅰ　憲法の規定
　　1　保障される権利
　　2　「保障」の法的効果
　Ⅱ　労働組合法の規定

第21章　労働組合　169
　Ⅰ　「労働組合」とはなにか
　　1　労働組合の定義（自主性の要件）
　　2　規約の整備（民主性の要件）
　Ⅱ　組合員資格
　　1　原則——加入・脱退の自由
　　2　例外——組織強制（ショップ協定）
　Ⅲ　組合費
　　1　組合費納入義務の範囲
　　2　チェック・オフ

第22章　団体交渉　176
　Ⅰ　団体交渉の当事者・担当者
　Ⅱ　団体交渉（応諾）義務——団体交渉の対象事項・誠実交渉義務

第23章　労働協約　178
　Ⅰ　「労働協約」とはなにか
　Ⅱ　労働協約の効力(1)——本来的効力
　　1　規範的効力

2　債務的効力
　Ⅲ　労働協約の効力(2)——一般的拘束力（拡張適用）
　　　1　工場事業場単位の一般的拘束力
　　　2　地域単位の一般的拘束力

第24章　団体行動　　184
　Ⅰ　「団体行動」ー「争議行為」・「組合活動」とはなにか
　　　1　争議行為
　　　2　組合活動
　Ⅱ　団体行動（争議行為・組合活動）の法的保護
　　　1　争議行為の法的保護
　　　2　組合活動の法的保護
　Ⅲ　団体行動（争議行為・組合活動）の正当性
　　　1　争議行為の正当性
　　　2　組合活動の正当性
　Ⅳ　争議行為と賃金
　　　1　争議行為参加者の賃金
　　　2　争議不参加者の賃金（休業手当）
　Ⅴ　使用者の争議行為——作業所閉鎖（ロックアウト）
　Ⅵ　労働争議の調整
　　　1　労働委員会
　　　2　争議調整手続

第25章　不当労働行為　　196
　Ⅰ　「不当労働行為」とはなにか
　Ⅱ　不当労働行為の禁止
　　　1　使用者
　　　2　禁止される行為
　Ⅲ　不当労働行為の救済
　　　1　労働委員会による行政的救済
　　　2　裁判所による司法的救済

第26章　公務員に関する労働基本権の制限　　204
　Ⅰ　労働基本権制限の態様
　Ⅱ　労働基本権制限の合憲性

第4編　労働市場法（雇用保障法）

第27章　労働市場法（雇用保障法）　210
 Ⅰ　雇用対策法——雇用対策の基本
 Ⅱ　職業安定法——求人・求職の媒介
 Ⅲ　職業能力開発促進法——職業能力の開発
 Ⅳ　特定分野の雇用対策
  1　高年齢者雇用安定法——高年齢者の雇用対策
  2　障害者雇用促進法——障害者の雇用対策
 Ⅴ　雇用保険法——失業等に対する保険給付
  1　適用事業など
  2　被保険者
  3　失業等給付
  4　費用の負担

資料：平成26（2014）年労働者派遣法改正の動向　216

事項索引　220

●この本を読まれる上で参考になる事項

(1) 条文や判例などの引用は、「　　　」に入れて示しました。条文は正楷書体を用いて示しています。省略部分は「……」で示し、原文ではわかりにくい語句を、言いかえたり、それに注釈を加えたりする場合は、〔　　〕を用いて行っています。

(2) 労働法を理解する上で前提となる、法律の基礎に関する事柄（大学の教科名で言えば、「法学（概論）」、「（日本国）憲法」、「民法」などで学ぶ事柄）は、コラム欄（◆で示します）で解説しています。

(3) 細部にわたる事柄は、各頁下部の、1)、2) などと表示した注で記述しています。注は章ごとに、通し番号としています。

(4) 文中の、ある事項に関連する説明がされている、他の頁を、その事項のあとの（⇒　　頁）で示しています。

(5) 暦年は、元号（年号）と西暦を併用して示し、元号については、「昭和」を「昭」、「平成」を「平」と略記しています。

(6) 巻末の「事項索引」中、〔　　〕内に記載した事項は、コラム欄に記述されている事項です。太字体の頁数は、その事項について、主な記述がされている頁を示します。

序　労働法の全体の姿を知ろう

第1章 「労働法」という法律はない⁉

●労働法とは？

これからごいっしょに労働法を勉強しましょう。

まず、「労働法」って、いったい何なんでしょうか？

労働「法」というからには、法律であるにはちがいない、というわけで、本屋さんに並んでいる、法律を集めて載せてある「六法全書」などと呼ばれる本を開いてみると、「労働基準法」「労働契約法」「労働組合法」などのように「労働」という文字の入った法律は見つかるのですが、肝心の「労働法」という法律は見つかりません。それもそのはず、現在の日本の法律のなかには「労働法」という名前の法律は存在していないのです。

それでは、「労働法」とは？ ということになりますが、それは、法律の名前ではないのです。ある一定の事柄、すなわち「労働」という事柄に関する「法」を意味する言葉なのです（「法」については、すぐあとで（⇒3頁）説明します）。

「労働」とは、働くこと、仕事をすること、すなわち、何かの目的のために、身体や精神を活動させることをいいます。労働には、さまざまな形があります。家事仕事も労働です。自営業の人、すなわち自分でお店や農業を営む人の仕事も労働です。そのなかで、労働法が取り扱う労働は、「雇われて働く」という形の労働です。収入を得ることを目的としない家事労働や収入を得ることを目的としていても自営業の人の労働は、労働法の対象ではありません。

●労働者と使用者

雇われて働くという形の労働の特徴は、労働をする人（労働法では「労働者」と呼ばれます）が、雇う人（労働法では「使用者」と呼ばれます）に対して弱い立場に立たされるという点にあります。

なぜ労働者は弱い立場なのでしょうか？

第1に、労働者は、雇われて働いて収入（労働法では「賃金」と呼ばれます）を得る以外に生活の手段をもちません。また、雇われて働くという関係は、

いわば、労働者が自分の労働力（働くための身体的・精神的能力）を使用者に売って、その代金として賃金を受け取る関係であるということができます。でも、労働力は、普通の商品のように「売り惜しみ」に適しません。普通の商品の場合には、市場の価格の変動をみて、いちばん有利なときに売るとか、不利なときには販売数量を制限して価格の引上げを図るなどの操作ができます。しかし、労働者の場合は、生活するためには、どんなに不利なときでも、労働力を「投売り」せざるを得ないのです。以上のことから、労働者は、使用者に対して経済的に弱い立場に立たされるのです。

第２に、労働者は、使用者に自分の労働力の処分をゆだね、その指揮命令に服して労働せざるを得ません。これも、労働者が使用者に対して弱い立場に立たされる理由です。以上のような、雇われて働くという形の労働の特徴を、「従属労働」という言葉で表す学者もいます。

労働法は、雇われて働くという労働の特徴に着目し、立場の弱い労働者を守るための「法」なのです。

◆「法」「法律」

「法」とは、社会規範――社会生活の秩序を保つためのきまり――の１つです。社会規範には、法のほかに、道徳などがありますが、法が道徳などと違うのは、それが国の力によって強制されるという点です。国の力によって強制されるというのは、人が法という社会規範に違反した場合には、道徳などに違反した場合と異なり、刑罰を科されたり、損害を与えた他人に対して賠償を命じられたりすることがあるということです。国によって否応なしに守らされるのが「法」であるといえます。

次に法とは、国の力によって強制される社会規範であると定義したうえで、「法」という言葉と「法律」という言葉との関係を説明しておきましょう。

「法律」という言葉は、２つの意味で使われます。１つは、「法」と同じく国の力によって強制される社会規範という意味で使われます。これを「広義の法律」といいます。もう１つは、「法」のなかの１つの形式だけを意味します。これを「狭義の法律」といいます。この本のなかでも、「法律」という言葉は、両方の意味で使われています。

「法」（広義の法律）の主な形式には①憲法、②法律（狭義の法律）、③命令、④条例などがあります。

①憲法は、法（広義の法律）を形式によって区分した場合、国の最高法規――最も強い、第１の順位の効力を有する法――です。

②法律（狭義の法律）は、国会の議決によって作られる法です。

③命令は、国の行政機関によって作られる法です。命令の主なものは、内閣によ

って作られる政令(「○○法施行令」など)と各省大臣によって作られる省令(「○○法施行規則」など)です。

④条例は、国ではなく、地方公共団体(都道府県や市区町村)の議会によって作られる法です。

これらの形式の法の間には、効力の点で、上位・下位の関係があり、その順位は、①—②—③—④となっています。

日本国憲法(現在、この国で行われている憲法の名称です)第 98 条第 1 項は、「この憲法は、国の最高法規であつて、その条規に反する法律、命令……は、その効力を有しない」と定め、憲法が第 1 順位の効力を有する法であることを明らかにしています。

◆「条」「項」

法律(広義)の文章は、普通、いくつかの「条」に分けて書かれています。日本国憲法は、第 1 条から第 103 条までの条に分けて書かれています。「条」のなかをさらに内容によって書き分ける場合に、「項」が使われます。日本国憲法第 98 条は、第 1 項と第 2 項に分けて書かれています。最近の法律(広義)では、第 2 項以下の項には、「2、3……」という項番号が付けられています。比較的古い法律では、法律自体には項番号が付けられていません。「六法全書」などでは、編集者が、読者の便宜のために「②、③……」などと項番号を付けています。

法律(広義)に書かれている文章を「条文(条規)」といいます。

●第 1 章の整理

法(広義の法律)は、第 1 に内容によって、第 2 に形式によって、それぞれいくつかに分類されます。

まず内容によって、①憲法、②民法、③刑法、④民事訴訟法・刑事訴訟法、⑤労働法などに分類されます。

①憲法(法(広義の法律)を内容によって区分した場合の憲法)は、国の基本的なあり方を定める法であり、②民法は、人々の財産関係や家族関係について定める法であり、③刑法は、犯罪と刑罰について定める法であり、④民事訴訟法・刑事訴訟法は、裁判の手続などについて定める法であり、そして、⑤労働法は、雇われて働くことに関する法であるということを確認しましょう。

次に形式による分類です。内容による分類で、労働法に属する法も、形式による分類では、さまざまな形式で存在します。その圧倒的に大きな部分は、法

律（狭義の法律）という形式で存在します。これから勉強する「労働基準法」、「労働組合法」、「雇用対策法」など、さまざまな名前の法は、いずれも法律（狭義の法律）に属します。しかし、そうではなく、他の形式で存在する場合もあります。すぐあとで述べますように、労働法は、憲法（日本国憲法）の形式でも存在しますし、もっと先へ行って述べますように、命令（政令や省令）の形式でも存在します。

なお、さらに、労働法は、以上のほか条約の形式でも存在します。国際連合の専門機関の1つである国際労働機関（International Labour Organization）（ILOと略称されます）の条約（ILO条約）が重要です。

◆「条約」

条約とは、国家間又は国家と国際機関との間の文書による合意です。本来は、憲法や法律（狭義）や命令などの国内法とは異なる国際法の形式ですが、日本国が締結した条約は、公布（⇒12頁）されると、国内法としての効力をもち、その効力の順位は、憲法に次ぎ、法律（狭義）に先立つと理解されています（通説）。

とにかく、この第1章では、労働法とは、雇われて働くことに関する法（律）であるということ、そして、労働法は、弱い立場にある働く人（労働者）を守るために作られた法（律）であるということを、しっかりと押さえておいてください。

第2章　日本国憲法のなかの労働法を確認しよう

●労働法に属する憲法の規定

　日本国憲法は、①国民主権主義、②平和主義と並んで③基本的人権の尊重を基本原理とし、人権の保障について充実した規定をもっています。

　労働法にずばり関係するのは、次の3つの規定です。

　第1に、日本国憲法（以下、単に「憲法」と呼びます）第27条第2項は、「賃金、就業時間、休息その他の勤労条件に関する基準は、法律でこれを定める」と定め、同条第3項は、「児童は、これを酷使してはならない」と定めています。「勤労条件」（労働法では、「労働条件」という言葉のほうが、より一般的に使われます）とは、雇われて働く場合の条件（待遇）をいいます。雇われて働く人（労働者）は、雇う人（使用者）に対して弱い立場に置かれていますので、もしも労働条件を個別の労働者と使用者との間の契約で自由に決められることにしておきますと、労働条件は、使用者に有利で、労働者に不利なものになってしまいます。そこで、労働条件はこれを下回ってはならないという最低の基準を国が法律で定めることにしたものです。なお、憲法が作られた第2次世界大戦終了以前の日本では、児童が酷使されるケースがしばしば見られたので、あわせて、それを禁止することが定められたのです。

　第2に、憲法第28条は、「勤労者の団結する権利及び団体交渉その他の団体行動をする権利は、これを保障する」と定めています。「勤労者」（労働法では、「労働者」という言葉のほうが、より一般的に使われます）は、使用者に対して弱い立場に置かれていますので、1人ひとりでは、労働条件などについて、使用者と対等の立場で交渉することができません。そこで、労働者が労働組合という団体を作って団結し、団体の力で使用者と対等の立場で労働条件などについて交渉したり、さらに、話合いで決着がつかない場合は集団的に働くことを拒否するなどの行動をする権利を、労働者に保障することにしたものです。

　第3に、憲法第27条第1項は、「すべて国民は、勤労の権利を有し、義務を負ふ〔う〕」と定めています。この規定は、国は、すべての、勤労者（労働者）が勤労（労働・雇用）の機会を得ることができるようにし、また、その機会を

得ることができない勤労者(労働者)に対しては生活を保障するようにする政策を講ずる義務を負うことを意味します[1]。

以上の規定は、法(広義の法律)の形式による分類においては、いうまでもなく憲法に属しますが、その内容による分類においては、憲法に属すると同時に、労働法にも属するものといえます。これらの規定は、いずれも、憲法が、国民全体に対して、第25条第1項で「すべて国民は、健康で文化的な最低限度の生活を営む権利を有する」と定めて、いわゆる生存権を保障している趣旨を、国民のなかの勤労者(労働者)について具体化したものであるととらえられています。

●**労働法とかかわりをもつ憲法の規定**

憲法のなかには、以上の3つの規定のように、特に勤労者(労働者)について定めているわけではなく、すべての国民について定めている規定でありながら、勤労者(労働者)・労働法に深いかかわりをもつその他の規定が存在します。その主なものとして、次のような規定をあげることができます。

憲法第13条は「すべて国民は、個人として尊重される。生命、自由及び幸福追求に対する国民の権利については、公共の福祉に反しない限り、立法その他の国政の上で、最大の尊重を必要とする」と定めています。この規定は、①国民全体に対して包括的に基本的人権を保障する規定として、前にあげた勤労者(労働者)を対象とする憲法の諸規定を基礎づけるとともに、②憲法の個別の規定で保障されている人権以外の人権[2]を基礎づける規定として、労働法にも重要なかかわりをもちます。

憲法第14条第1項は「すべて国民は、法の下に平等であつて、人種、信条、性別、社会的身分又は門地により、政治的、経済的又は社会的関係において、差別されない」と定めています。この規定は、国民全体について、基本的人権

---

1) なお、「国民は、……勤労の……義務を負ふ〔う〕」とは、「働かざるものは食うべからず」といった考え方、そして、国は労働の意欲をもたない者のためには、いま述べたような政策を講ずる必要がないという考え方を表したものであると理解されています。
2) そのなかにはプライバシーの権利(個人の私生活にかかわる事柄を他人や社会から知られず、干渉されない権利)や自己決定権(個人が一定の私的事項について、国などの干渉を受けずに決定する権利)のように、使用者による労働者の権利の侵害が問題となりうる権利が含まれます。

の1つである平等権を保障する規定ですが、雇われて働く場は、(使用者による労働者間の)差別的取扱いが問題となることが多い場であり、この規定も労働法に重要なかかわりをもちます。

第3章　労働法の体系

●労働法の区分

　労働法は、内容によって、Ⅰ　個別的労働関係法（雇用関係法とも呼ばれます）、Ⅱ　集団的労働関係法（労使関係法とも呼ばれます）、Ⅲ　労働市場法（雇用保障法とも呼ばれます）の3つに区分されます。そのほかに、Ⅳ　労働関係紛争解決法を付け加える考え方もあります。順に説明します。

Ⅰ　個別的労働関係法（雇用関係法）

　個別的労働関係法（雇用関係法）は、憲法第27条第2項・第3項（⇒6頁）を基本とする、個別の労働者と使用者との関係を取り扱う労働法です。

　個別的労働関係法に属する法律としては、「労働基準法」、「労働契約法」、「最低賃金法」、「労働安全衛生法」、「労働者災害補償保険法」、「雇用の分野における男女の均等な機会及び待遇の確保等に関する法律」（「男女雇用機会均等法」と略称されます）、「育児休業、介護休業等育児又は家族介護を行う労働者の福祉に関する法律」（「育児介護休業法」と略称されます）、「短時間労働者の雇用管理の改善等に関する法律」（「パート労働法」と略称されます）などがあります。

Ⅱ　集団的労働関係法（労使関係法）

　集団的労働関係法（労使関係法）は、憲法第28条（⇒6頁）を基本とする、労働者の使用者に対する団結（労働組合）を通じて、労働者と使用者との間に展開される関係を取り扱う労働法です。

　集団的労働関係法に属する法律としては、「労働組合法」、「労働関係調整法」などがあります。

Ⅲ　労働市場法（雇用保障法）

　労働市場法（雇用保障法）は、憲法第27条第1項（⇒6頁）を基本とし、労働者が労働の機会を得ることができるように、求職者（労働者）と求人者

(使用者)とを結びつける場(労働市場)を整備することに関する労働法です。

労働市場法に属する法律としては、「雇用対策法」、「職業安定法」、「労働者派遣事業の適正な運営の確保及び派遣労働者の保護等に関する法律」(「労働者派遣法」と略称されます)、「職業能力開発促進法」、「高年齢者等の雇用の安定等に関する法律」(「高年齢者雇用安定法」と略称されます)、「障害者の雇用の促進等に関する法律」(「障害者雇用促進法」と略称されます)、「雇用保険法」などがあります。

IV 労働関係紛争解決法

個別的労働関係または集団的労働関係において生じた紛争を解決する手続を定めた法を労働関係紛争解決法と呼び、これを労働法の第4の分野としてあげる考え方もあります。その場合、労働関係紛争解決法に属する法律としては、「個別労働関係紛争の解決の促進に関する法律」(「個別労働関係紛争解決促進法」と略称されます)、「労働審判法」、「労働組合法」(の一部)、「労働関係調整法」(の一部)があげられます。この分野を独立した第4の分野としない立場では、これらの法律を、個別的労働関係法又は集団的労働関係法に含めて取り扱います。

第1編　個別的労働関係法（雇用関係法）
　　　──総論

第4章　労働保護法と労働契約法（広義）

　個別的労働関係法は、憲法第27条第2項（⇒6頁）の「基準」（労働条件の最低基準）そのものを定める法のグループと、その基準に反しない枠内で、具体的に個々の労働者と使用者が労働条件などを契約の内容として定めることなどに関する法のグループとに分けることができます。前者を労働保護法と呼び、後者を広義の労働契約法と呼ぶことができます。「広義の」というのは、「労働契約法」という名前の法律（狭義の労働契約法）と区別するためです。

　個別的労働関係法に属する法律（⇒9頁）は、労働基準法をはじめ、大部分が労働保護法に属します。労働契約法（広義）に属する法律としては、労働契約法（狭義）のほか「会社分割に伴う労働契約の承継等に関する法律」（「労働契約承継法」と略称されます）があります。

　労働契約法（広義）は、新しく発展した、労働法のグループです。労働保護法は長い歴史をもち、その中核となる労働基準法は、第2次世界大戦終了後間もない昭和22（1947）年に制定されています（原則として、同年9月1日施行）が、労働契約法（広義）の中核となる労働契約法（狭義）は、平成19（2007）年に制定された（施行は、平成20（2008）年3月1日）法律です。

◆「制定」「公布」「施行」

　法律（広義）は、一定の手続により「制定」されて成立した後、「公布」を経て、「施行」されます。「制定」の手続は、法律（広義）の（形式的）種類（⇒3頁）ごとに異なり、法律（狭義）であれば、国会（衆議院及び参議院）の議決です（憲法第59条）。「公布」とは、制定された（成立した）法律（広義）を一般の人々が知ることができる状態に置くことをいい、国の場合は、官報（国の機関紙）への掲載によって行われます。

　「施行」（「しこう」とも「せこう」とも読まれます）とは、制定された（成立した）法律（広義）の効力を現実に発生させることをいいます。法律（狭義）は、公布の日から起算して20日を経過した日から施行されるのが原則です（法の適用に関する通則法第2条）。しかし、近時の法律（狭義）は、その「附則」で、施行期日を別に定めるのが普通です。「附則」とは、法律（広義）の本体的部分である

> 「本則」に対し、付随的事項を定める部分をいいます。

　以下、第1編（第4章－第11章）及び第2編（第12章－第19章）を通じ、個別的労働関係のさまざまな場面に応じて、労働保護法と労働契約法（広義）の内容を説明していきますが、それに先立ち、ここで、前者の中核となる労働基準法と後者の中核となる労働契約法（狭義）の、それぞれの全体の姿を掲げておくことにします。

　労働基準法は、第1章「総則」、第2章「労働契約」、第3章「賃金」、第4章「労働時間、休憩、休日及び年次有給休暇」、第5章「安全及び衛生」、第6章「年少者」、第6章の2「妊産婦等」、第7章「技能者の養成」、第8章「災害補償」、第9章「就業規則」、第10章「寄宿舎」、第11章「監督機関」、第12章「雑則」、第13章「罰則」などから成ります。

　労働契約法（狭義）は、第1章「総則」、第2章「労働契約の成立及び変更」、第3章「労働契約の継続及び終了」、第4章「期間の定めのある労働契約」、第5章「雑則」などから成ります。

第5章 「労働契約」とはなにか？

「労働契約」は、一言でいえば、労働法が対象とする、「雇われて働く」ことに関する契約です。

「労働契約」という言葉は、以前から労働基準法のなかで使われてきました（第13条など）が、その定義を定める規定は、置かれていませんでした。

労働契約法は、第6条で「労働契約は、労働者が使用者に使用されて労働し、使用者がこれに対して賃金を支払うことについて、労働者及び使用者が合意することによって成立する」と定めています。これによって、労働契約とはなにかが、法律のうえで明らかにされたことになります。ポイントは、2つです。第1は、労働者が使用者に「使用され」て労働することです。これは、使用者の指揮監督の下で労働することを意味します。これを「使用従属性」という言葉で表す学者もあります。第2は、使用者が労働者に「賃金」を支払うことです。「賃金」は、「労働の対償として使用者が労働者に支払う……もの」です（⇒98頁）。労働基準法上の「労働契約」も、労働契約法上の「労働契約」と同じ意味であると理解されています。

> ◆「契約」「法律行為」「権利」
> 「契約」とは、互いに対立する（方向が向き合った）2個以上（通常は、2個）の意思表示の合致（合意）によって成立する法律行為をいい、「法律行為」とは、行為者が希望したとおりの法律効果（権利・義務の発生・変更・消滅）を生じさせる行為をいいます。
> 「権利」とは、一定の利益を主張することができる、法律（広義）上正当と認められる力をいい、「義務」とは、権利に対応する、法律（広義）によって課せられる、拘束又は負担をいいます。

民法は、13種類の契約について定めており、その1つとして、「雇用契約」について、第623条で「雇用は、当事者の一方が相手方に対して労働に従事することを約し、相手方がこれに対してその報酬を与えることを約することによ

って、その効力を生ずる」と定めています。通説では、労働基準法・労働契約法上の労働契約と民法上の雇用契約との関係については、前者は使用者に対して弱い立場に立たされる労働者を守るという考え方に立ち、後者はそのような考え方に立たないという理念のちがいはあるが、契約類型としては、両者は同一のものと考えて差し支えないと理解されています。

◆「通説」「多数説」「少数説」

「通説」とは、学者によって主張されている考え方（学説）のなかで、学者の間で一般に広く認められている考え方をいいます。学者の間で考え方が分かれていて、通説と呼べるものがない場合は、比較的多くの学者によって主張・支持されている考え方を「多数説」といい、比較的少ない学者によって主張・支持されている考え方を「少数説」といいます。また、かならずしも多数説といえなくても、有力な学者によって主張・支持されている考え方を「有力説」といいます。

第6章 「労働者」「使用者」とはだれのことか

I 「労働者」とはだれか

「労働者」は、一言でいえば、「雇われて働く」人です。

労働基準法は、「この法律で「労働者」とは、職業の種類を問わず、事業又は事務所（以下「事業」という。）に使用される者で、賃金を支払われる者をいう」（第9条）と定めています。

労働契約法は、「この法律において「労働者」とは、使用者に使用されて労働し、賃金を支払われる者をいう」（第2条第1項）と定めています。

両者を通じ、ポイントは、(1)「使用され」て労働することと、(2)「賃金」を支払われることです。このポイントは、「労働契約」（⇒ 14 頁）のポイントと同じです。

要するに、労働基準法・労働契約法上の「労働者」とは、労働契約の一方の当事者である労働者のことなのです（労働組合法上の「労働者」（⇒ 169 頁）は、これと少し異なります）。

II 「使用者」とはだれか

「使用者」は、一言でいえば、「雇われて働く」人（労働者）を雇う側の人です。

労働基準法は、「この法律で使用者とは、事業主又は事業の経営担当者その他その事業の労働者に関する事項について、事業主のために行為をするすべての者をいう」（第10条）と定めています。

(1)「事業主」とは、事業の経営の主体、すなわち、個人企業の場合は企業主個人、会社その他の法人企業の場合は会社その他の法人そのものをいいます。これは、労働者と並ぶ、労働契約の他方の当事者です。(2)「事業の経営担当者」とは、事業経営全般について権限と責任をもつ者（会社の取締役など）をいいます。(3)「その他……労働者に関する事項について、事業主のために行為をする……者」とは、労働条件の決定から具体的な指揮監督に至るまでのそれ

ぞれの行為について権限と責任をもつ者をいい、比較的地位の高い、工場長、部長、課長などから、比較的地位の低い、現場監督者に至るまで、これに該当する可能性があります。

　労働契約法は、「この法律において「使用者」とは、その使用する労働者に対して賃金を支払う者をいう」（第2条第2項）と定めています。これは、労働者と並ぶ、労働契約の他方の当事者であり、労働基準法上の「使用者」のうち、⑴「事業主」と一致します。

　労働基準法が、⑴「事業主」（＝労働契約法上の使用者）以外に、⑵「事業の経営担当者」、⑶「その他……労働者に関する事項について、事業主のために行為をする……者」を「使用者」に含めたのは、労働基準法（が定める労働条件の最低基準）の違反があった場合に、それぞれの事項について実質的に権限と責任をもつ者の責任を問うことができるようにするためである、とされています（労働組合法上の「使用者」（⇒197頁）は、以上と少し異なります）。

第7章　個別的労働関係法の基本原則

I　労働基準法が定める基本原則

　労働基準法（以下この章では「労基法」とします）は、その冒頭の部分で、5つの基本原則を定めています。

1　労働条件のあり方の原則
(1)　人たるに値する生活
　労基法第1条第1項は、「労働条件は、労働者が人たるに値する生活を営むための必要を充たすべきものでなければならない」と定めています。
　憲法第25条第1項（⇒7頁）が、国と国民との関係において「健康で文化的な最低限度の生活を営む権利」（生存権）を保障している趣旨を、使用者と労働者との関係において具体化しようとするものです。
(2)　労働条件の向上
　労基法第1条第2項は、「この法律で定める労働条件の基準は最低のものであるから、労働関係の当事者は、この基準を理由として労働条件を低下させてはならないことはもとより、その向上を図るように努めなければならない」と定めています。
　憲法第27条第2項（⇒6頁）を受けて制定された、この労働基準法で定める基準が、（最高の、あるいは標準的な基準ではなく）最低の（それを下回る労働条件が存在してはならないという）基準であることを、念のために明らかにしたものです。

2　労働条件の決定
(1)　労働条件の対等な決定の原則
　労基法第2条第1項は、「労働条件は、労働者と使用者が、対等の立場において決定すべきものである」と定めています。
　契約の当事者として形式的には対等である、労働者と使用者との実質的な力

の差（従属労働性）（⇒ 3 頁）を直視し、両者の間で締結される労働契約の内容である労働条件が、形式的だけでなく実質的にも、両者対等の立場で決定されるべきであるという理念を明らかにしたものです。

(2) 労働契約等の遵守の原則

労基法第 2 条第 2 項は、「労働者及び使用者は、労働協約〔(⇒ 178 頁)〕、就業規則〔(⇒ 29 頁)〕及び労働契約を遵守し、誠実に各々その義務を履行しなければならない」と定めています。

労働契約は、労働者と使用者との間で締結されるものですから、これについては、使用者だけでなく労働者も遵守義務を負うことは当然ですが、労働協約は、（個々の労働者ではなく）労働組合と使用者（又はその団体）との間で締結されるものであり、また、就業規則は、使用者が（一方的に）作成するものなので、これらについては、使用者だけでなく（締結・作成の当事者ではない）労働者も当然に遵守義務を負うとはいえず、労働協約及び就業規則の法的性質及び効力に即した考察が必要です（この点については、労働協約についての説明及び就業規則についての説明を参照してください）。

3　均等待遇の原則

(1) 国籍・信条・社会的身分を理由とする差別的取扱いの禁止

労基法第 3 条は、「使用者は、労働者の国籍、信条又は社会的身分を理由として、賃金、労働時間その他の労働条件について、差別的取扱をしてはならない」と定めています。

憲法第 14 条第 1 項（⇒ 7 頁）が、国と国民との関係において平等権を保障している趣旨を、使用者と労働者との関係において具体化しようとするものです。

憲法第 14 条第 1 項で禁止されている差別の理由と、労基法第 3 条で禁止されている差別の理由を対比しますと、「信条」と「社会的身分」は、両者に共通であり、前者の「人種」は、後者の「国籍」又は「社会的身分」に含まれると理解し（私は、社会的身分に含まれるとの理解を的確と考えます）、前者の「門地」は、後者の「社会的身分」に含まれると理解することが可能ですが、前者の「性別」は、明らかに後者では含まれていません（その理由については、次の「(2)　男女同一賃金の原則」（⇒ 20 頁）についての説明を参照してください）。

「国籍」は、国の構成員（国民）である資格をいいます。「信条」は、宗教的信条、政治的信条その他の、人の内心におけるものの考え方をいいます。「社会的身分」については、(1)生来的な地位にかぎると理解する説と、(2)後天的な地位であっても、自分の意思で離れることができない固定した地位（たとえば、受刑者、破産者など）を含むと理解する説があります（私は、(2)を的確と考えます）。パート労働者などの企業内における地位は、契約によって取得し、また変更可能な地位なので、「社会的身分」にはあたらない、と理解されています（通説）（なお、パート労働法（⇒ 49 頁）の説明を参照してください）。

差別的取扱いが禁止される「労働条件」については、採用（の基準）が含まれるかどうかという問題があります（「採用の自由とその制約」（⇒ 68 頁）についての説明を参照してください）。

(2) 男女同一賃金の原則

労基法第 4 条は、「使用者は、労働者が女性であることを理由として、賃金について、男性と差別的取扱いをしてはならない」と定めています。

労基法が第 3 条で労働条件全般について性別による差別的取扱いの禁止を規定しなかったのは、労基法が女性を保護するために、時間外労働・休日労働・深夜業の禁止、産前産後の休業、危険有害業務の禁止など、さまざまな労働条件について、女性を有利に取扱う規定（女性保護規定）を置いており、その同じ法律のなかに労働条件全般について男女差別禁止の規定を置くのは、いわば自己矛盾であると考えられたためであるとされています。また、労基法が特に賃金について差別的取扱い禁止の規定を置いたのは、賃金についての差別的取扱いが歴史的にみて特に顕著な弊害を生んできたことによるものであるとされています。なお、現在では、(1)女性保護規定は、母性を保護するための規定（母性保護規定と呼ばれ、産前産後の休業などを定めています）を除いて原則として廃止されており、他方、(2)賃金以外の幅広い労働条件についての差別的取扱いの禁止が「男女雇用機会均等法」で定められています（男女雇用機会均等法（⇒ 37 頁）についての説明を参照してください）。

4 強制労働の禁止と中間搾取の排除

(1) 強制労働の禁止

労基法第 5 条は、「使用者は、暴行、脅迫、監禁その他精神又は身体の自由を不当に拘束する手段によって、労働者の意思に反して労働を強制してはなら

ない」と定めています。

憲法第18条が、国と国民との関係において「何人も、いかなる奴隷的拘束も受けない。又、犯罪に因る処罰の場合を除いては、その意に反する苦役に服させられない」と定めている趣旨を、使用者と労働者との関係において具体化しようとするものです。

(2) 中間搾取の排除

労基法第6条は、「何人も、法律に基いて許される場合の外、業として他人の就業に介入して利益を得てはならない」と定めています。

「業として」（反覆継続して）「他人の就業に介入」する形としては、職業紹介（⇒54頁）、労働者募集（⇒55頁）、労働者供給（⇒55頁）があり、これらを法律（職業安定法）に基づいて許される場合以外に行えば、職業安定法違反が成立すると同時に、利益を得ていれば、本条違反も成立することになります。労働者派遣事業（⇒56頁）と本条との関係については、労働者派遣事業法（⇒56頁）の説明を参照してください。

5 公民権行使の保障

労基法第7条は、「使用者は、労働者が労働時間中に、選挙権その他公民としての権利を行使し、又は公の職務を執行するために必要な時間を請求した場合においては、拒んではならない。但し、権利の行使又は公の職務の執行に妨げがない限り、請求された時刻を変更することができる」と定めています。

「公民としての権利」には被選挙権などが含まれ、「公の職務」には各種議会の議員等の職務が含まれます。

最高裁判所の判例は、「公職の就任を使用者の承認にかからしめ、その承認を得ずして公職に就任した者を懲戒解雇（⇒96頁）に附する旨の〔就業規則の〕条項は、〔労基法第7条〕の規定の趣旨に反し、無効のものと解すべきである」（最判昭38（1963）・6・21、十和田観光電鉄事件）としています。

◆「裁判所」「判例」「解す」

裁判所には、「最高裁判所」（最高裁。1か所）、高等裁判所（高裁。8か所）、地方裁判所（地裁。50か所）、家庭裁判所（家裁。50か所）、簡易裁判所（簡裁。438か所）の5つの種類があります。

最高裁判所以外の4つの種類の裁判所をあわせて、下級裁判所と呼びます。

これらの裁判所の間には上下の階級があって、(1)最高裁判所、(2)高等裁判所、(3)地方裁判所・家庭裁判所、(4)簡易裁判所という序列になっています。
　裁判（判決）に不服がある場合は、上訴することにより上級の裁判所に審理・裁判を求めることができる審級制がとられています。上訴には、第一審（最初の審級）の裁判（判決）に対する第二審への控訴と、第二審の裁判（判決）に対する第三審への上告があります。普通の事件の第一審は地方裁判所、第二審は高等裁判所、第三審は最高裁判所です。なお、上訴をされた裁判（判決）をした裁判所、又は、その裁判（判決）を「原審」といいます。
　裁判所で取り扱われる事件の主なものは、民事訴訟と刑事訴訟です。「民事訴訟」とは私人間の生活関係（労働者と使用者の関係も、これに含まれます）において生ずる紛争（民事紛争）を国家権力によって解決するために、裁判所で行われる手続をいいます。「刑事訴訟」とは、国家権力が、犯罪（労働法で刑罰が定められている規定に違反する行為も含まれます）の成否、刑罰を科すことの可否を確定し、科すべき具体的刑罰を定めるために、裁判所で行われる手続をいいます。
　「判例」は、裁判（判決）の先例という意味で、ある裁判（判決）がされた後に、別の同様の事件について、裁判所が裁判（判決）をするにあたって基準とされる前例を意味します。判例として取り扱われるのは、とりわけ、最高裁判所がした裁判（判決）です。それは、審級制がとられていることと関係します。たとえ下級裁判所が、前に最高裁判所が同様の事件についてした裁判（判決）の考え方に反する裁判（判決）をしても、上訴により最高裁判所まで行けば、最高裁判所が前に行った裁判（判決）の考え方を変更しないかぎり、結局は最高裁判所で覆されてしまうことになりますので、下級裁判所としては、いきおい、前に最高裁判所が同様の事件についてした裁判（判決）の考え方に従って、裁判（判決）をすることが多くなるからです。
　「解す」るとは、理解する、解釈する、考える、という意味を表す、判決その他法律関係の文章でよく使われる言葉です。
　「最判昭38（1963）・6・21、十和田観光電鉄事件」という表示は、最高裁判所が（高等裁判所の場合は「高」、地方裁判所の場合は「地」と表示します）、昭和38（1963）年6月21日に、十和田観光電鉄事件についてした判決であることを示しています。

　公民権行使に要する時間の賃金については、本条は何も触れておらず、有給にするか無給にするかは、当事者の自由にゆだねられていることになります。

II　労働契約法が定める基本原則

　労働契約法（以下「労契法」とします）は、その冒頭の部分で、労働契約の

原則などについて定めています。

1 労働契約の原則

(1) 労使対等・合意の原則

労契法第3条第1項は、「労働契約は、労働者及び使用者が対等の立場における合意に基づいて締結し、又は変更すべきものとする」と定めています。

労基法第2条第1項（⇒18頁）と同様の趣旨の規定です。

(2) 均衡考慮の原則

労契法第3条第2項は、「労働契約は、労働者及び使用者が、就業の実態に応じて、均衡を考慮しつつ締結し、又は変更すべきものとする」と定めています。

いわゆる非正規労働者（非正規社員）（⇒52頁）、すなわち、①有期労働契約者（契約社員）（⇒80頁）、②短時間労働者（パート労働者・パートタイマー）（⇒48頁）、③派遣労働者（派遣社員）（⇒60頁）と、正規労働者（正規社員）との間の均衡処遇などにかかわりのある規定です。

(3) 仕事と生活の調和への配慮の原則

労契法第3条第3項は、「労働契約は、労働者及び使用者が仕事と生活の調和にも配慮しつつ締結し、又は変更すべきものとする」と定めています。

近年、国の政策課題とされる、「ワーク・ライフ・バランス」の理念に対応する規定です。

変形労働時間制の適用の制限など（⇒113頁）及び育児介護休業法（⇒45頁）についての説明を参照してください。

(4) 信義誠実の原則

労契法第3条第4項は、「労働者及び使用者は、労働契約を遵守するとともに、信義に従い誠実に、権利を行使し、及び義務を履行しなければならない」と定めています。

契約の遵守については、労基法第2条第2項（⇒19頁）と同様の趣旨の規定です。

信義誠実の原則については、私法の一般法である民法の第1条第2項が「権利の行使及び義務の履行は、信義に従い誠実に行わなければならない」と定める趣旨を労働契約に関して確認した規定です。

> ◆「私法」「一般法」「信義誠実の原則」
>
> 「私法」とは、私人（国とのかかわり合いを離れてみた場合の個人）相互の関係を定める法をいい、これに対し、国と国民（国とのかかわり合いからみた個人）との関係を定める法を「公法」といいます。「一般法」とは、広く一般の事柄に適用される法をいい、これに対し、狭く特定の範囲の事柄に適用される法を「特別法」といいます。労働法は、公法の分野に属する面ももちます（罰則（⇒ 27 頁）や行政監督（⇒ 27 頁））が、基本的には私法の分野に属し、私法の一般法である民法に対しては、その特別法として位置づけることができます。
>
> 近代私法の基本原理の1つとして、「契約自由の原則」（「私的自治の原則」）が、あります。私人間の契約による法律関係については、私人自らの自由な意思決定にまかされるべきであって、国家はこれに干渉するべきではない、とする考え方です。私法の一般法である民法では、この考え方がとられているのに対し、特別法である労働法では、立場の弱い労働者を守るために、この考え方に対し、修正が加えられています。
>
> 「信義誠実の原則」とは、民法第1条第2項が定める考え方をいいます。「信義則」ともいいます。

(5) 権利濫用の禁止の原則

労契法第3条第5項は、「労働者及び使用者は、労働契約に基づく権利の行使に当たっては、それを濫用することがあってはならない」と定めています。

私法の一般法である民法の第1条第3項が「権利の濫用は、これを許さない」と定める趣旨を労働契約に関して確認した規定です。

> ◆「権利の濫用」
>
> 「権利の濫用」とは、形式上は権利の行使としての外形を備えるが、具体的な状況と実際の結果に照らし、その権利の本来の目的・内容を逸脱するために、実質的には権利の行使として認めることができないと判断される行為をいいます。

2 労働契約の内容の理解の促進

労契法第4条は、「使用者は、労働者に提示する労働条件及び労働契約の内容について、労働者の理解を深めるようにするものとする。」（第1項）、「労働者及び使用者は、労働契約の内容（期間の定めのある労働契約に関する事項を含む。）について、できる限り書面により確認するものとする」（第2項）と定めています。

労基法第15条第1項（⇒74頁）が定める、労働契約の締結時における労働条件の明示義務に比べ、対象事項が限定されず、また、契約締結時に限定されず、契約存続中にも求められる点で、範囲が広いとされています。

3　労働者の安全への配慮

労契法第5条は、「使用者は、労働契約に伴い、労働者がその生命、身体等の安全を確保しつつ労働することができるよう、必要な配慮をするものとする」と定めています。

判例において、使用者は、労働契約にともない、信義則上当然の付随的義務として、労働者に対して安全配慮義務（⇒138頁）を負うものとされており、この趣旨を規定したものであるとされています。

第 8 章　個別的労働関係法の履行の確保

I　労働基準法の履行確保

　労基法は、そこで定める労働条件の基準の実効性を確保するために、4つのことを定めています。

1　強行的・直律的効力

　労基法第13条は、「〔労基法〕で定める基準に達しない労働条件を定める労働契約は、その部分については無効とする」(前段)と定めています。

　この効力を、強行的効力といいます。

　さらに労基法第13条は、「この場合において、無効となつた部分は、〔労基法〕で定める基準による」(後段)と定めています。

　この効力を、直律的効力といいます。

◆「前段」「後段」「本文」「ただし書」

　1つの条（又は項）のなかに2つの文章があり、後の文章が「ただし」という字句で始まっていない場合は、前の文章を「前段」といい、後の文章を「後段」といいます。3つの文章がある場合は、前のほうの文章から、前段、中段、後段といいます。

　1つの条（又は項）のなかに2つの文章があり、後の文章が「ただし」という字句で始まっている場合は、前の文章を「本文」といい、後の文章を「ただし書」といいます。本文は原則を、ただし書は例外を定めています。

2　付加金

　労基法第114条は、「裁判所は、第20条〔解雇予告手当（⇒149頁）〕、第26条〔休業手当（⇒103頁）〕若しくは第37条〔時間外労働・休日労働・深夜業をさせた場合の割増賃金（⇒104頁）〕の規定に違反した使用者又は第39条第7項〔年次有給休暇中の賃金（⇒124頁）〕の規定よる賃金を支払わなかつた使用者に対して、労働者の請求により、これらの規定により使用者が

支払わなければならない金額についての未払金のほか、これと同一額の付加金の支払を命ずることができる」（本文）と定めています。

付加金は、それらの規定の違反に対する制裁として課される金銭です。

◆「又は」「若しくは」

「又は」と「若しくは」は、いずれも、いくつかある事柄のなかのどれか、という意味の言葉ですが(1)そのような関係にある事柄が１つの段階から成っている場合は、「又は」を使い、(2)そのような関係にある事柄がいくつかの段階から成っている場合は、いちばん大きい段階についてだけ「又は」を使い、それより小さい段階については「若しくは」を使うことになっています。

「又は」・「若しくは」と似たような使いわけをされる言葉として、「及び」・「並びに」が、あります。いずれも、いくつかある事柄のいずれも、という意味ですが、(1)そのような関係にある事柄が１つの段階から成っている場合は、「及び」を使い、(2)そのような関係にある事柄がいくつかの段階から成っている場合は、いちばん小さい段階についてだけ「及び」を使い、それより大きい段階については「並びに」を使うことになっています。

```
        ┌ a ─┬(a)              ┌ a ─┬(a)
A ──┤   │若しくは     A ──┤   │及び
又は │   └(b)         並びに│   └(b)
B    └ b                  B    └ b
```

3　罰則

労基法のほとんどの規定について、その規定に違反した使用者及び事業主に対して刑罰（懲役又は罰金）を科す規定（罰則）が定められています（第117条－第121条）。

4　行政監督

労基法を実施するための行政監督機関（労働基準監督機関）として、厚生労働省労働基準主管局──都道府県労働局──労働基準監督署という体制が定められ、これらの行政監督機関には労働基準監督官が置かれ（第97条第１項）、労働基準監督官は、事業場への臨検などの行政上の権限を有する（第101条）ほか、労基法違反の罪について、刑事訴訟法に規定する司法警察官の職務（逮捕、検察官への送致（送検）など）を行います（第102条）。

「事業場に、〔労基法〕……に違反する事実がある場合においては、労働者は、その事実を〔行政監督機関〕に申告することができ」（第104条第1項）、「使用者は、〔その〕申告をしたことを理由として、労働者に対して解雇〔(⇒145頁)〕その他不利益な取扱をしてはならない」（第104条第2項）こととされています。

II　労働契約法の履行確保

労契法では、労基法と異なり、履行確保のための特別の仕組みは定められておらず、法の趣旨及び内容の周知により、また、個別労働関係紛争解決促進法（⇒158頁）により紛争の防止及び早期解決が図られることにより、法の趣旨及び内容に沿った合理的な労働条件の決定又は変更が確保されることを期するものである、とされています。

第9章 「就業規則」とはなにか？

I　就業規則の意義

　労働者と使用者との間における具体的な労働条件は、労働基準法（労基法）で定められた基準に反しない枠内で、労働者と使用者との労働契約により定められます。その労働契約の内容について、通常、使用者側が、労働条件や職場の規律に関する事項をあらかじめ定型的に定めています。この定型的な定めを「就業規則」といいます。

II　就業規則の作成（変更）、届出、周知

　労基法は、第9章（第89条－第93条）で「就業規則」について定めています。

　第89条は「常時10人以上の労働者を使用する使用者は、次に掲げる事項について……就業規則を作成し、行政官庁[1]に届け出なければならない。……変更した場合においても、同様とする」と定めています。

　「次に掲げる事項」として、同条は、次のとおり、就業規則の記載事項を定めています。

「一　始業及び終業の時刻、休憩時間、休日、休暇並びに労働者を二組以上に分けて交替に就業させる場合においては就業時転換に関する事項

二　賃金（臨時の賃金等を除く。以下この〔二〕において同じ。）の決定、計算及び支払の方法、賃金の締切り及び支払の時期並びに昇給に関する事項

三　退職に関する事項（解雇の事由を含む。）

三の二　退職手当の定めをする場合においては、適用される労働者の範囲、退職手当の決定、計算及び支払の方法並びに退職手当の支払の時期に関する事項

四　臨時の賃金等（退職手当を除く。）及び最低賃金額の定めをする場合においては、これに関する事項

---

[1]　労働基準監督署長

五　労働者に食費、作業用品その他の負担をさせる定めをする場合においては、これに関する事項
六　安全及び衛生に関する定めをする場合においては、これに関する事項
七　職業訓練に関する定めをする場合においては、これに関する事項
八　災害補償及び業務外の傷病扶助に関する定めをする場合においては、これに関する事項
九　表彰及び制裁の定めをする場合においては、その種類及び程度に関する事項
十　〔一～九〕に掲げるもののほか、当該事業場の労働者のすべてに適用される定めをする場合においては、これに関する事項」

　就業規則の記載事項には、常に記載しなければならない事項（絶対的必要記載事項）（上記一～三）と、（制度として）定めをする場合には、記載しなければならない事項（相対的必要記載事項）（上記三の二～十）があります。なお、これら以外の事項を就業規則に記載することについては、特に制限はありません（任意記載事項）。

◆「事由」
「事由」とは、理由又は原因となる事実をいいます。

　労基法は、「使用者は、就業規則の作成又は変更について、当該事業場[2]に、労働者の過半数で組織する労働組合がある場合においてはその労働組合、労働者の過半数で組織する労働組合がない場合においては労働者の過半数を代表する者[3]の意見を聴かなければならない」（第90条第1項）と定め、「使用者は、……就業規則……を、……労働者に周知させなければならない」（第106条第1項）と定めています。

---

[2]　事業が行われる場所。本社・各支店・各工場は、それぞれ別個の事業場として、とらえられます。
[3]　以下、これらをまとめて、「労働者の過半数代表者」といいます。

III 就業規則の効力

1 法令・労働協約との関係

労基法は、「就業規則は、法令又は当該事業場について適用される労働協約に反してはならない」（第92条第1項）、「行政官庁は、法令又は労働協約に抵触する就業規則の変更を命ずることができる」（第92条第2項）と定めています。

就業規則は、使用者により、労働者の過半数代表者の意見を聴くにせよ、一方的に定められるものです。従って就業規則が、国の法令はもちろん、労働組合と使用者との合意により定められる労働協約よりも下位に置かれるのは、当然のことです。

2 労働契約との関係ー最低基準効（強行的効力・直律的効力）

労基法は、「労働契約と就業規則との関係については、労働契約法……第12条の定めるところによる」（第93条）と定めています。労働契約法（労契法）第12条は、「就業規則で定める基準に達しない労働条件を定める労働契約は、その部分については、無効とする」（前段）、「この場合において、無効となった部分は、就業規則で定める基準による」（後段）と定めています。就業規則のこの効力を最低基準効といいます。そのうち前段でうたわれている効力を強行的効力といい、後段でうたわれている効力を直律的効力といいます。

3 契約内容規律効

次に説明しますように、就業規則には、(1)契約内容補充効と(2)契約内容変更効とがあり、合わせて就業規則の契約内容規律効といいます。

(1)契約内容補充効

労働契約法は、「労働契約の成立」について、同法の基本原則である労使対等・合意の原則（第3条第1項）（⇒23頁）に沿って、「労働契約は、……労働者及び使用者が合意することによって成立する」（第6条）と定めた後、「労働者及び使用者が労働契約を締結する場合において、使用者が合理的な労働条件が定められている就業規則を労働者に周知させていた場合には、労働契約の内容は、その就業規則で定める労働条件によるものとする。ただし、労働契約において、労働者及び使用者が就業規則の内容と異なる労働条件を合意してい

た部分については、第12条〔(⇒31頁)〕に該当する場合を除き、この限りでない」(第7条)と定めています。この規定による就業規則の効力を契約内容補充効といいます。

　この規定は、「就業規則は、……合理的な労働条件を定めているものであるかぎり、経営主体と労働者との間の労働条件は、その就業規則によるという<u>事実たる慣習</u>が成立しているものとして、その法的規範性が認められるに至っている」とする最高裁判例(<u>最大判</u>昭43(1968)・12・25、秋北バス事件)の趣旨と、「就業規則が法的規範としての性質を有する……ものとして、拘束力を生ずるためには、その内容を適用を受ける事業場の労働者に周知させる手続が採られていることを要する」とする最高裁判例(最判平15(2003)・10・10、フジ興産事件)の趣旨を<u>明文化(法文化)</u>したものであるとされています。

◆「事実たる慣習」

「事実たる慣習」とは、民法第92条が、「法令中の公の秩序に関しない規定と異なる慣習がある場合において、法律行為の当事者がその慣習による意思を有しているものと認められるときは、その慣習に従う」と定めている、そのような慣習をいいます。なお、法令の規定について、強行規定と任意規定という区別があります。強行規定とは、当事者の意思のいかんを問わずに適用される規定です。いっぽう任意規定とは、当事者がその規定と異なった意思を表示しない場合に適用される規定です。民法第92条の「公の秩序に関しない規定」とは任意規定を意味しています。

◆最高裁判所大法廷における判決(「最大判」)

「最大判」という表記は、最高裁判所大法廷の判決であることを示しています。「大法廷」とは、最高裁判所の15人の裁判官全員によって構成される合議体をいいます。最高裁判所には、この大法廷と、5人の裁判官によって構成される合議体である、3つの「小法廷」があります(裁判所法第5条など)。法律(狭義)などが憲法に違反するかどうかという判断をする場合や、最高裁判所自身のこれまでの判例を変更する場合は、大法廷で取り扱うこととされています(裁判所法第10条)。

◆「明文化」

「明文化(法文化)」とは、法律(広義)の文章として、はっきりと書いて示すことをいいます。

(2)契約内容変更効

　労契法は、「労働契約の内容の変更」について、労使対等・合意の原則（第3条第1項）（⇒23頁）に沿って、「労働者及び使用者は、その合意により、労働契約の内容を変更することができる」（第8条）と定めた後、「使用者は、労働者と合意することなく、就業規則を変更することにより、労働者の不利益に労働契約の内容である労働条件を変更することはできない。ただし、次条の場合は、この限りでない」（第9条）としています。そのうえで第10条で「使用者が就業規則の変更により労働条件を変更する場合において、変更後の就業規則を労働者に周知させ、かつ、就業規則の変更が、労働者の受ける不利益の程度、労働条件の変更の必要性、変更後の就業規則の内容の相当性、労働組合等との交渉の状況、その他の就業規則の変更に係る事情に照らして合理的なものであるときは、労働契約の内容である労働条件は、当該変更後の就業規則に定めるところによるものとする。ただし、労働契約において、労働者及び使用者が就業規則の変更によっては変更されない労働条件として合意していた部分については、第12条〔（⇒31頁）〕に該当する場合を除き、この限りでない」と定めています。この規定による就業規則の効力を契約内容変更効といいます。

　上記の各規定は、「新たな就業規則の作成又は変更によつて、既得の権利を奪い、労働者に不利益な労働条件を一方的に課することは、原則として、許されない……が、労働条件の集合的処理、特にその統一的かつ画一的な決定を建前とする就業規則の性質からいって、当該規則条項が合理的なものであるかぎり、個々の労働者において、これに同意しないことを理由として、その適用を拒否することは許されない」とする最高裁判例（前掲、最大判昭43（1968）・12・25、秋北バス事件）の趣旨と、その後の判例により積み重ねられた合理性の判断基準を集大成・整理して示した最高裁判例（最判平9（1997）・2・28、第四銀行事件）の趣旨を明文化（法文化）したものであるとされています。

　なお、学説では、秋北バス事件判決に対しては、労働条件の統一的・画一的決定の必要があれば、なぜ、労働条件の一方的引下げが可能なのかが理論的に説明されていないとする見解があり、また、労契法第10条による、判例の趣旨の明文化（法文化）に対しては、労契法が自ら掲げる労使対等・合意の原則（第3条第1項）（⇒23頁）に重大な例外を設けるものであるとする見解があります（私は、これらの見解は、的確なものであると考えます）。

第10章　労働法における平等法制

　第7章「個別的労働関係法の基本原則」中、「Ⅰ　労働基準法が定める基本原則」「3　均等待遇の原則」（⇒19頁）及び「Ⅱ　労働契約法が定める基本原則」「1　労働契約の原則」「(2)均衡考慮の原則」（⇒23頁）に関連して、ここで、労働法における平等法制について説明することとします。

Ⅰ　男女平等法制

1　男女同一賃金の原則

　これについては、前に（第7章Ⅰ3(2)（⇒20頁）で）説明しました。

2　男女平等取扱いの法理

　労基法で規定されていない、賃金以外の労働条件についての、性別を理由とする差別的取扱いについては、判例によって、「男女平等取扱いの法理」と呼ばれる理論が形成され、発展してきました。それは、（下級裁判所の）結婚退職制を無効とする判決（東京地判昭41（1966）・12・20、住友セメント事件）に始まり、（下級裁判所の）女子若年定年制を無効とする判決（東京地判昭44（1969）・7・1、東急機関工業事件。女子30歳（男子55歳）の事例）を経て、最高裁判所の男女差別定年制を無効とする判決（最判昭56（1981）・3・24、日産自動車事件。男子60歳・女子55歳の事例）によって完成されました。

　それは、現在では、男女の平等取扱い（性別を理由とする差別的取扱いの禁止）は、法の下の平等の原則を定める憲法第14条第1項（⇒7頁）、両性の本質的平等を解釈の基準とすべきことを定める民法第2条[1]によって、公の秩序又は善良の風俗（公序良俗（⇒69頁））に反する法律行為の無効を定める民法第90条「公の秩序又は善良の風俗に反する事項を目的とする法律行為は、無

---

[1]　「この法律は、個人の尊厳と両性の本質的平等を旨として、解釈しなければならない」と定めています。前掲各判決の当時は、平成16（2004）年改正前民法第1条ノ2が同じ趣旨を定めていました。

効とする」にいう「公の秩序」(公序) の一内容となっており、従って、男女の平等取扱いの原則に反する取扱いは、民法第90条によって無効となるという考え方です[2]。

3　男女雇用機会均等法（制定と改正）

(1)制定

　男女雇用機会均等法は、昭和60 (1985) 年に、「雇用の分野における男女の均等な機会及び待遇の確保を促進するための労働省関係法律の整備等に関する法律」により制定されたものです。同法の内容について、「(第一は、)〔従来の〕勤労婦人福祉法の名称を「雇用の分野における男女の均等な機会及び待遇の確保等女子労働者の福祉の増進に関する法律」に改めるとともに、その内容を男女の均等な機会及び待遇の確保を図るという観点から基本的に改正することであります。……(第二は、労働基準法を改正し、妊娠及び出産にかかわる母性保護措置〔母性保護規定〕を拡充する一方、それ以外の女子保護措置〔一般的女子保護規定〕について廃止又は緩和することであります。)」と説明されました。

　なお、立法の形式として、なぜ、労基法第3条 (⇒19頁) を改正して、差別的取扱いの禁止の対象に、「性別」を加えることとしなかったのか、という理由については、①労基法は、雇用関係存続中の労働者の労働条件だけを定めるものであり、第3条に「性別」を加えても、募集・採用をカバーすることができないこと、②労基法は、罰則を背景に労働条件の最低基準を確保しようとするものであるが、均等な機会及び待遇の確保の促進のための措置について、罰則を付すべきであるとの意見は、関係審議会においても少数意見にすぎなかったこと、③労基法の女子保護規定は、男女雇用機会均等法の制定と同時に行われた労基法の改正後も、緩和された形ではあるが存続するものであり、基本的にはこれと相容れない均等取扱い条項を同じ法律に盛り込むことは法体系上適当ではないことによるものであると説明されました。

---

　2)　前掲 (⇒34頁) の最高裁の判例は、「就業規則〔(⇒29頁)〕中女子の定年年齢を男子より低く定めた部分は、専ら女子であることのみを理由として差別したことに帰着するものであり、性別のみによる不合理な差別を定めたものとして民法90条の規定により無効であると解するのが相当である（憲法14条1項、民法1条ノ2〔現・民法第2条〕）」としています。

> ◆「審議会」
>
> 審議会とは、国の行政機関（各省庁）に置かれ、その長（各省大臣）の諮問（意見を求めること）に応じて、答申する（意見を述べる）合議制の機関です。政府が法律案を国会に提出するにあたっては、事前に、担当大臣から、関係の審議会に諮問し、その答申を尊重して法律案を作成することが通例となっています。

この法律案に対しては、不十分な男女平等の規定の創設と引きかえに、女子労働者に対する保護規定を大幅に後退させるものである、などの見解もありました（私は、この見解は的確な指摘を含んでいると考えます）。

(2) 平成9（1997）年の改正

改正のポイントは、第1表のとおりです（法律の名称も、「雇用の分野における男女の均等な機会及び待遇の確保等に関する法律」に改められました）。この法律案に対しては、実効性に疑義のある男女雇用機会均等法の手直しと引きかえに、労基法中の労働時間についての実効性のある女子保護規定を男女共通の規制がないままに撤廃し、家庭責任をより大きく担わされている女性労働者の健康と働く権利を奪うものだ、などの見解もありました（私は、この見解は的確な指摘を含んでいると考えます）。

(3) 平成18（2006）年の改正

改正のポイントは、第2表のとおりです。この法律案に対しては、間接差別にあたる場合を限定列挙するのは、実態として多様な形で存在する間接差別のうち一部だけを規制の対象とすることとなり、立法のあり方として適切とはいえないなどの見解もありました（私は、この見解は的確な指摘を含んでいると考えます）。

> ◆「限定列挙」
>
> 「限定列挙」とは、そこに掲げられている事柄に限定する趣旨で、事柄を並べあげることをいいます。例を示す趣旨で事柄を並べあげる「例示列挙」と対比されます。

4 男女雇用機会均等法（現行法の概要）

現行の男女雇用機会均等法で定められている主要な事項を説明します。ここでは男女雇用機会均等法を「法」と略記します。

第1表　平成9 (1997) 年の男女雇用機会均等法等の改正のポイント
① 男女雇用機会均等法

事　　項		改　正　前	改　正　後
差別の禁止	募集・採用	努　力　義　務	義　務　(禁止)
	配置・昇進	努　力　義　務	禁　　　　止
	教育訓練	(範囲限定) 禁止	禁　　　　止
	福利厚生	(範囲限定) 禁止	(範囲限定) 禁止
	定年・退職・解雇	禁　　　　止	禁　　　　止
調　停　等		・双方又は一方(他方の同意が必要)の申請による ・不利益取扱いの禁止の規定なし	・双方又は一方(他方の同意は不要)の申請による ・調停申請等を理由とする不利益取扱いの禁止
ポジティブ・アクション		規　定　な　し	事業主の講ずる措置に対する国の援助
セクシュアル・ハラスメント		規　定　な　し	雇用管理上の配慮義務
妊娠中・出産後の健康管理		努　力　義　務	義　　　務
企業名の公表		規　定　な　し	労働大臣(注1)の権限

② 労働基準法

女性の時間外・休日労働、深夜業	規　　　制	規　定　な　し
多胎妊娠の場合の産前休業	10　週　間	14　週　間

③ 育児・介護休業法

育児又は家族介護を行う労働者の深夜業	規　定　な　し	制　　限

注1　その後に成立した、他の法律による改正により、厚生労働大臣に改められている。

(1)性別を理由とする差別の禁止
①募集・採用
　法第5条は、「事業主は、労働者の募集及び採用について、その性別にかかわりなく均等な機会を与えなければならない」と定めています。
②配置・昇進その他
　法第6条は、「事業主は、次に掲げる事項について、労働者の性別を理由として、差別的取扱いをしてはならない。

一　労働者の配置（……）、昇進、降格及び教育訓練
二　住宅資金の貸付けその他これに準ずる福利厚生の措置であつて厚生労働省令で定めるもの
三　労働者の職種及び雇用形態の変更
四　退職の勧奨、定年及び解雇並びに労働契約の更新」と定めています。

第2表　平成18（2006）年の男女雇用機会均等法等の改正のポイント

① 男女雇用機会均等法

事　　項	改　正　前	改　正　後
性別を理由とする差別の禁止	女性に対する差別的取扱いの禁止	男女双方に対する差別的取扱いの禁止
	募集・採用、配置・昇進・教育訓練、福利厚生、定年・解雇について禁止	募集・採用、配置（業務の配分及び権限の付与を含む）・昇進・降格・教育訓練、福利厚生、職種の変更・雇用形態の変更、退職の勧奨・定年・解雇・労働契約の更新
	女性に対するポジティブ・アクションは法違反とならない	
間接差別の禁止	規定なし	厚生労働省令で定める措置については合理的な理由がない限り禁止
妊娠・出産・産休取得等を理由とする不利益取扱いの禁止等	婚姻・妊娠・出産を退職理由とする定めを禁止	
	婚姻を理由とする解雇を禁止	
	妊娠・出産・産休取得を理由とする解雇を禁止	妊娠・出産・母性健康管理措置・母性保護措置・妊娠又は出産に起因する能率低下等を理由とする解雇その他不利益取扱いを禁止
		妊娠中・産後1年以内の解雇は事業主の反証がない限り無効
セクシュアルハラスメントの防止	女性労働者を対象とする事業主の雇用管理上の配慮義務	男女労働者を対象とする事業主の雇用管理上の措置義務
	規定なし	調停などの紛争解決援助の対象にセクシュアルハラスメントを追加

		規定なし	是正指導に応じない場合の企業名公表制度の対象にセクシュアルハラスメントを追加
母性健康管理		事業主の措置義務（妊娠中及び出産後の女性労働者が保健指導又は健康診査を受けるための必要な時間の確保、当該指導又は診査に基づく指導事項を守ることができるようにするための措置の実施）	
		規定なし	苦情の自主的解決、調停などの紛争解決援助の対象に母性健康管理措置を追加
		規定なし	是正指導に応じない場合の企業名公表制度の対象に母性健康管理措置を追加
ポジティブ・アクションに対する国の援助		①労働者の配置等の状況の分析 ②分析に基づく計画の作成 ③計画で定める措置の実施 ④実施体制の整備 を行う事業主に対する相談その他の援助	①労働者の配置等の状況の分析 ②分析に基づく計画の作成 ③計画で定める措置の実施 ④実施体制の整備 ⑤取組状況の外部への開示 を行う事業主に対する相談その他の援助
実効性の確保	調停 （時効の中断）	規定なし	調停が打ち切られた場合、訴えを提起したときは、時効を調停の申請時に遡って中断
	（訴訟手続きの中止）	規定なし	当事者が調停による解決が適当としたときは、受訴裁判所は訴訟手続きを中止できる
	報告の徴収並びに助言、指導及び勧告	厚生労働大臣又は都道府県労働局長による報告徴収、助言・指導・勧告	
	過料	規定なし	報告徴収の規定に違反した場合、20万円以下の過料

② 労働基準法

事　　項	改　正　前	改　正　後
坑内労働（坑内業務）	原則禁止	妊産婦が行う坑内業務及び厚生労働省令で定める業務のみ制限

(2) 性別以外の事由を要件とする措置——間接差別

　法第7条は、「事業主は、募集及び採用並びに〔第6条〕各号に掲げる事項

〔上記(1)②一から四〕」に関する措置であつて労働者の性別以外の事由を要件とするもののうち、措置の要件を満たす男性及び女性の比率その他の事情を勘案して実質的に性別を理由とする差別となるおそれがある措置として厚生労働省令で定めるものについては、〔その〕措置の対象となる業務の性質に照らして〔その〕措置の実施が〔その〕業務の遂行上特に必要である場合、事業の運営の状況に照らして〔その〕措置の実施が雇用管理上特に必要である場合その他の合理的な理由がある場合でなければ、これを講じてはならない」と定めています。

「間接差別」に関する規定です。間接差別とは、形式的には（外見上は）性に対して中立的な基準が、実質的には（実際上は）一方の性に不利に作用する場合には、それが他の要因によって正当化されないかぎり、違法な性差別であるとする考え方をいいます。

法第7条に基づく厚生労働省令（男女雇用機会均等法施行規則）では、その第2条において「実質的に性別を理由とする差別となるおそれのある措置」は、「一　労働者の募集又は採用に関する措置であつて、労働者の身長、体重又は体力に関する事由を要件とするもの」、「二　労働者の募集又は採用に関する措置（事業主が、その雇用する労働者について、労働者の職種、資格等に基づき複数のコースを設定し、コースごとに異なる雇用管理を行う場合において、〔その〕複数のコースのうち〔その〕事業主の事業の運営の基幹となる事項に関する企画立案、営業、研究開発等を行う労働者が属するコース〔コース別雇用管理における総合職〕について行うものに限る。）であつて、労働者が住居の移転を伴う配置転換に応じることができることを要件とするもの」、「三　労働者の昇進に関する措置であつて、労働者が勤務する事業場と異なる事業場に配置転換された経験があることを要件とするもの」とすると定めています。

法第7条の「合理的理由」の有無について、法第10条（⇒41頁）に基づく「指針」では、「合理的理由がない場合」として、前述の厚生労働省令で定める一から三の要件ごとに、一に関し、「荷物を運搬する業務を内容とする職務について、〔その〕業務を行うために必要な筋力より強い筋力があることを要件とする場合」など、二に関し、「広域にわたり展開する支店、支社等がなく、かつ、支店、支社等を広域にわたり展開する計画等もない場合」など、三に関し、「特定の支店の管理職としての職務を遂行する上で、異なる支店での経験が特に必要とは認められない場合において、〔その〕支店の管理職に昇進するに際し、異なる支店における勤務経験を要件とする場合」が、あげられています。

(3)女性労働者に係る措置に関する特例——ポジティブ・アクション

　法第8条は、「〔第5条から第7条まで〕の規定〔前述(1)①②・(2)〕は、事業主が、雇用の分野における男女の均等な機会及び待遇の確保の支障となっている事情を改善することを目的として女性労働者に関して行う措置を講ずることを妨げるものではない」と定めています。

　「ポジティブ・アクション」に関する規定です。ポジティブ・アクション（positive action）（積極的改善措置）とは、一般に、過去の差別の結果としての事実上の格差を解消し、実質的な平等を実現するためには、将来に向けて差別を禁止するだけでは不十分であり、暫定的なものとして、差別されてきたグループに対する優遇措置が必要だ、という考え方に立つ施策をいいます。

　「指針」では、「女性労働者が男性労働者と比較して相当程度少ない雇用管理区分における募集又は採用に当たって、〔その〕募集又は採用に係る情報の提供について女性に有利な取扱いをすること、採用の基準を満たす者の中から男性より女性を優先して採用することその他男性と比較して女性に有利な取扱いをすること」などは、法第8条に定めるポジティブ・アクションとして、法第5条及び法第6条の規定に違反することとはならないとされています。

(4)婚姻、妊娠、出産等を理由とする不利益取扱いの禁止等

　法第9条は、「事業主は、女性労働者が婚姻し、妊娠し、又は出産したことを退職理由として予定する定めをしてはならない」（第1項）、「事業主は、女性労働者が婚姻したことを理由として、解雇してはならない」（第2項）、「事業主は、……女性労働者が妊娠したこと、出産したこと、〔産前産後の休業の請求・取得〕をしたことその他の妊娠又は出産に関する事由であつて厚生労働省令で定めるものを理由として、……解雇その他不利益な取扱いをしてはならない」（第3項）、「妊娠中の女性労働者及び出産後1年を経過しない女性労働者に対してなされた解雇は、無効とする。ただし、事業主が〔その〕解雇が〔第3項〕に規定する事由を理由とする解雇でないことを証明したときは、この限りでない」（第4項）と定めています。

　なお、法第10条は、「厚生労働大臣は、第5条から第7条まで及び〔第9条〕第1項から第3項までの規定に定める事項に関し、事業主が適切に対処するために必要な指針（……）を定めるものとする」（第1項）と定めています。

　この規定に基づき、「労働者に対する性別を理由とする差別の禁止等に関す

る規定に定める事項に関し、事業主が適切に対処するための指針」（平成18(2006)年厚生労働省告示第614号）が定められています。

> ◆「告示」
> 「告示」は、公の機関が、一定の事項を広く一般に知らせるための形式の1つです。国の行政機関の告示は、官報によって行われるのが、通例です。

なお、指針では、「法違反とならない場合」として、ポジティブ・アクションとして許容される場合（前述(3)）と、「芸術・芸能の分野における表現の真実性等の要請から男女のいずれかのみに従事させることが必要である職務」などに「従事する労働者に係る場合」などが、あげられています。

(5)職場における性的な言動に起因する問題に関する雇用管理上の措置——セクシュアルハラスメント

①男女雇用機会均等法の規定

法第11条は「事業主は、職場において行われる性的な言動に対するその雇用する労働者の対応により〔その〕労働者がその労働条件につき不利益を受け、又は当該性的な言動により〔その〕労働者の就業環境が害されることのないよう、〔その〕労働者からの相談に応じ、適切に対処するために必要な体制の整備その他の雇用管理上必要な措置を講じなければならない」（第1項）とし、「厚生労働大臣は、〔第1項〕の規定に基づき事業主が講ずべき措置に関して、その適切かつ有効な実施を図るために必要な指針（……）を定めるものとする」（第2項）と定めています。

「セクシュアルハラスメント」に関する規定です。セクシュアルハラスメント（sexual harassment）（性的いやがらせ）とは、一般に、相手方の意に反する不快な性的言動をいいます。

この規定に基づき、「事業主が職場における性的な言動に起因する問題に関して雇用管理上講ずべき措置についての指針」（平成18(2006)年厚生労働省告示第615号）が定められています。

「指針」では、「職場におけるセクシュアルハラスメントの内容」として、(i)「職場において行われる労働者の意に反する性的な言動に対する労働者の対応により、〔その〕労働者が解雇、降格、減給等の不利益を受ける」「対価型セクシュアルハラスメント」と、(ii)「職場において行われる労働者の意に反する性

的な言動により労働者の就業環境が不快のものとなったため、能力の発揮に重大な悪影響が生じる等〔その〕労働者が就業する上で看過できない程度の支障が生じる」「環境型セクシュアルハラスメント」がある、とし、それぞれの型について、典型的な例をあげています。

また、「事業主が……雇用管理上講ずべき措置の内容」として、(i)事業主の方針の明確化及びその周知・啓発、(ii)相談（苦情を含む）に応じ、適切に対応するために必要な体制の整備、(iii)事後の迅速かつ適切な対応、(iv)(i)から(iii)までの措置と合わせて講ずべき措置、を講じなければならないとし、それぞれについて、措置を講じていると認められる例をあげています。

②民事上の責任の追及・救済

セクシュアルハラスメントについては、男女雇用機会均等法における規定の新設（平成9（1997）年）前から、民事（民法・民事訴訟手続）上の責任の追及・救済が行われてきています。

（下級裁判所の）判例の多くは、損害賠償の請求にかかわる事案です。

1つは、行為者（加害者）自身の不法行為（民法第709条（⇒68頁））に基づく損害賠償責任を問うもので、「名誉感情その他の人格権」「働きやすい職場環境のなかで働く利益」（福岡地判平4（1992）・4・16、福岡セクシュアルハラスメント事件）、「性的自由ないし性的自己決定権等の人格権」（名古屋高金沢支判平8（1996）・10・30、金沢セクシュアルハラスメント（損害賠償）事件）（最高裁で是認―最判平11（1999）・7・16）の侵害による不法行為責任が認められています。

もう1つは、使用者の責任を問うものです。これには、(i)被用者である行為者（加害者）の不法行為についての使用者としての責任（民法第715条（⇒138頁））を認めたもの（前掲、福岡セクシュアルハラスメント事件）と、(ii)使用者自身の、職場環境配慮義務違反による、不法行為責任（仙台地判平13（2001）・3・26、仙台セクシュアルハラスメント事件）・債務不履行（民法第415条（⇒138頁））責任を認めたものがあります。

（下級裁判所の）判例には、損害賠償の請求以外にかかわる事案として、(対価型セクシュアルハラスメントにおける)（解雇などの）不利益な取扱いの是正を求めるものがあります。女性労働者の意に反する性的な言動に対する拒否・抗議への報復として行われた解雇は、解雇権の濫用（⇒150頁）として無効となると理解され、(身体に触るなどの) 行為に抗議した女性労働者が解雇

された事案について、解雇無効とした判例（徳島地決平8（1996）・10・15、中央タクシー事件）があります。

なお、男女機会均等法の、雇用管理上の措置義務を定めた規定（第11条）及び、それに基づく、厚生労働大臣によって定められた「指針」と、民事上の責任の追及・救済との関係については、前者は直接に後者の根拠となるものではありませんが、使用者（企業）が前者に従った雇用管理上の措置を講ずることは、後者の責任を免れさせる方向に働くことになる、と理解されています。

(6)妊娠中及び出産後の健康管理に関する措置

法は、母子保健法による健康指導・健康診査を受けるための時間の確保などについて定めています（第12条・第13条）。

(7)事業主に対する国の援助

法は、ポジティブ・アクション（⇒41頁）に対する国の援助について、定めています（第14条）

(8)紛争の解決

法は、苦情の自主的解決（第15条）、紛争の解決の特例（第16条）、都道府県労働局長による紛争の解決の援助（助言、指導又は勧告）[3]（第17条）、紛争調整委員会による調停[3]（⇒161頁）（第18条－第27条）について定めています。

(9)その他

法は、厚生労働大臣による、事業主に対する報告の徴収、助言・指導・勧告（第29条）、厚生労働大臣による、勧告に従わない事業主の公表（第30条）などについて定めています。

5 育児・介護休業法

育児介護休業法は、労働者の性別のいかんを問題としません。また、男女の雇用平等そのものを定める法律ではありません。しかし、その実質化にかかわりをもつ法律です。そこで、ここで、説明することにします。

(1)制定と改正

①制定

昭和60（1985）年に制定された当初の男女雇用機会均等法は、「事業主は、

---

[3] 援助を求めたこと、又は調停の申請をしたことを理由とする、解雇その他不利益取扱いの禁止を含みます。

その雇用する女子労働者について、必要に応じ、育児休業……の実施その他の育児に関する便宜の供与を行うように努めなければならない」と定めていました（第 28 条）。

平成 3（1991）年に、「育児休業に関する法律」が制定され、これにともない、前記の雇用機会均等法の規定（第 28 条第 1 項）は、削除されました。
② 改正

制定後の主要な改正として、平成 7（1995）年に、介護休業制度の創設など（法律の名称も、「育児休業、介護休業等育児又は家族介護を行う労働者の福祉に関する法律」に改められました）、平成 16（2004）年に、子の看護休暇制度の創設など、平成 21（2009）年に、両親ともに育児休業をする場合の特例（パパ・ママ育休プラス）・介護休暇制度の創設などが行われました。
(2)（現行法の）概要

（現行の）育児介護休業法で定められている、主要な事項を説明します。
① 育児休業（第 2 条・第 5 条－第 10 条）

育児休業は、労働者が、原則として 1 歳に満たない子を養育するためにする休業と定義されています。

対象労働者は、（日々雇用される者を除く）労働者です。期間を定めて雇用される者にあっては、その事業主に引き続き雇用された期間が 1 年以上であり、かつ、子が 1 歳に達する日をこえて引き続き雇用されることが見込まれる者[4]であることが必要とされています。その事業主に引き続き雇用された期間が 1 年に満たない労働者その他一定の労働者は、労使協定で、対象外とすることが可能とされています。

対象となる家族は、子とされています。

回数は、(i) 子 1 人につき、原則として 1 回（ただし、子の出生日から 8 週間以内にした最初の育児休業を除く）とされています。(ii)（保育所入所を希望しているが、入所できない場合など、）特別の事情がある場合は、再度の育児休業取得が可能とされています。

期間は、(i) 原則として子が 1 歳に達するまでの連続した期間とされています。(ii) 配偶者が育児休業をしているなどの場合は、子が 1 歳 2 か月に達するまで産

---

4) 子が 1 歳に達する日から 1 年を経過する日までに労働契約の期間が満了し、かつ、契約の更新がないことが明らかである者を除くこととされています。

後休業期間と育児休業期間とを合計して1年間以内の休業が可能（パパ・ママ育休プラス）とされています。(ⅲ)子が1歳に達する日において（子が1歳2か月に達するまでの育児休業が可能である場合に1歳をこえて育児休業をしている場合にはその休業終了予定日において）いずれかの親が育児休業中であり、かつ、（保育所入所を希望しているが、入所できない場合など、）特別の事情がある場合には、子が1歳6か月に達するまで、休業が可能とされています。

②介護休業（第2条・第11条－第16条）

介護休業は、労働者が、要介護状態（負傷、疾病又は身体上若しくは精神上の障害により、2週間以上の期間にわたり、常時介護を必要とする状態）にある対象家族を介護するためにする休業と定義されています。

対象労働者は、（日々雇用される者を除く）労働者です。期間を定めて雇用される者にあっては、その事業主に引き続き雇用された期間が1年以上であり、介護休業開始予定日から起算して93日を経過する日（93日経過日）をこえて引き続き雇用されることが見込まれる者[5]であることが必要とされています。その事業主に引き続き雇用された期間が1年に満たない労働者その他一定の労働者は、労使協定で、対象外とすることが可能とされています。

対象となる家族は、(ⅰ)配偶者（婚姻の届出をしていないが、事実上婚姻関係と同様の事情にある者を含む。以下、同じ）、父母、子、配偶者の父母、(ⅱ)同居し、かつ、扶養している祖父母、兄弟姉妹、孫とされています。

回数は、対象家族1人につき、要介護状態に至るごとに1回とされています。

期間は、対象家族1人につき、通算93日まで（勤務時間の短縮等の措置が講じられている場合は、それと合わせて93日まで）とされています。

③子の看護休暇（第16条の2－第16条の4）

子の看護休暇制度の内容は、小学校就学の始期に達するまでの子を養育する労働者が、1年度に5労働日（その子が2人以上の場合は、10労働日）を限度として、負傷し、若しくは疾病にかかったその子の世話又は子に予防接種若しくは健康診断を受けさせるその子の世話を行うための休暇を取得できるというものです。

対象労働者は、（日々雇用される労働者を除く）労働者とされています。そ

---

[5] 93日経過日から1年を経過する日までに労働契約の期間が満了し、かつ、契約の更新がないことが明らかである場合を除くこととされています。

の事業主に引き続き雇用された期間が6月に満たない労働者その他一定の労働者は、労使協定で、対象外とすることが可能とされています。

④介護休暇（第16条の5―第16条の7）

　介護休暇制度の内容は、要介護状態にある対象家族の介護その他の世話を行う労働者は、1年度に5労働日（その対象家族が2人以上の場合は、10労働日）を限度として、介護その他の世話を行うための休暇を取得できるというものです。

　対象労働者は、（日々雇用される労働者を除く）労働者とされています。その事業に引き続き雇用された期間が6月に満たない労働者その他一定の労働者は、労使協定で、対象外とすることが可能とされています。

⑤所定外労働の制限等

　所定外労働の制限（第16条の8・第16条の9）とは、3歳に満たない子を養育する労働者が請求した場合、所定労働時間をこえて労働させてはならない（事業の正常な運営を妨げる場合を除く）とするものです。

　時間外労働の制限（第17条―第18条の2）とは、(i)小学校就学の始期に達するまでの子を養育する労働者、(ii)要介護状態にある対象家族を介護する労働者、が請求した場合、制限時間（1月24時間、1年150時間）をこえて労働時間を延長してはならない（事業の正常な運営を妨げる場合を除く）とするものです。

　深夜業の制限（第19条―第20条の2）とは、(i)小学校就学の始期に達するまでの子を養育する労働者、(ii)要介護状態にある対象家族を介護する労働者、が請求した場合、午後10時～午前5時（深夜）において労働させてはならない（事業の正常な運営を妨げる場合を除く）とするものです。

⑥事業主が講ずべき措置（第21条―第29条）

　(i)育児休業等に関する定めの周知等の措置として、育児休業及び介護休業中における待遇に関する事項等を定め、労働者に周知させるための措置を講ずるように努めなければならないこととされています（第21条）。

　なお、育児休業・介護休業中の賃金については、特に規定はありません。有給にするか無給にするかは、労働協約、就業規則などの定めるところにゆだねられますが、雇用保険法に基づく育児休業給付・介護休業給付の制度（⇒214頁）が設けられており（雇用保険法第61条の4・第61条の6）、また、育児休業期間中の健康保険・厚生年金保険の保険料（被保険者負担分及び事業主負担

分）は、事業主の申出により、徴収しないこと（健康保険法第159条、厚生年金保険法第81条の2）とされています。

(ii)所定労働時間の短縮措置等について、3歳に満たない子を養育する労働者であって育児休業をしていない者等に関する所定労働時間の短縮措置等が定められています（第23条）。

(iii)労働者の配置に関する配慮として、労働者の配置の変更で就業の場所の変更を伴うものをしようとする場合、その就業の場所の変更により就業しつつ子の養育又は家族の介護を行うことが困難となる労働者がいるときは、子の養育又は家族の介護の状況に配慮しなければならないこととされています（第26条）。

⑦その他

(i)育児休業の申出・取得等を理由とする不利益取扱いの禁止（第10条等）、(ii)紛争の解決（自主的解決、紛争の解決の特例、都道府県労働局長による援助（助言・指導・勧告）・紛争調整委員会による調停（⇒161頁）[6]（第52条の2－第52条の6）、(iii)厚生労働大臣による報告の徴収、助言・指導・勧告・公表（第56条・第56条の2）などについて定められています。

II　その他の平等法制

男女平等以外の分野の平等に関しては、独立した法律として、短時間労働者と通常の労働者との均衡待遇などについて定める「短時間労働者の雇用管理の改善等に関する法律」（パート労働法）があるほか、個別的労働関係法以外の労働法の分野も含め、少なからぬ法律のなかに、関連する規定が、散らばって置かれています。

1　パート労働法

いわゆるパートタイマーも、労働基準法上の「労働者」（第9条）（⇒16頁）として、同法の適用を受けますが、特定の事項（年次有給休暇）については、特例規定（⇒121頁）が置かれています。

(1)制度と改正

「短時間労働者の雇用管理の改善等に関する法律」（パート労働法）は、平成元（1989）年に制定されました。この法律に対しては、パートタイマーに関す

---

[6]　援助を求めたこと等を理由とする不利益取扱いの禁止を含みます。

る労働法の基本となるべき、通常の労働者との均等待遇の確保の視点が欠落しているなどの見解もありました。平成 19（2007）年に、通常の労働者との均衡のとれた待遇の確保等を盛り込んだ改正法が成立しました。改正法に対しては、一歩前進と評価できるが、明確な均等待遇が義務づけられるパート労働者の範囲があまりに限定的であるなどの見解もありました（私は、この見解は的確な指摘を含んでいると考えます）。

(2) （現行法の）概要

（現行の）パート労働法で定められている、主要な事項を説明します。

①短時間労働者（第 2 条）

「短時間労働者」は、「1 週間の所定労働時間が同一の事業所に雇用される通常の労働者（……）の 1 週間の所定労働時間に比し短い労働者」と定義されています。

②労働条件に関する文書の交付等（第 6 条）

「事業主は、短時間労働者を雇い入れたときは、速やかに、……労働条件に関する事項……であって厚生労働省令で定めるもの[7]……を……（……「文書の交付等」……）により明示しなければならない」とされています。

③就業規則の作成の手続き（第 7 条）

「事業主は、短時間労働者に係る事項について就業規則を作成し、又は変更しようとするときは、……短時間労働者の過半数を代表すると認められるものの意見を聴くように努めるものとする」とされています。

④通常の労働者との均衡のとれた待遇の確保（第 8 条－第 11 条）

短時間労働者を、(i)職務の内容（業務内容及び業務に伴う責任）、(ii)人材活用の仕組み・運用（職種の内容・配置の変更の範囲）、(iii)契約期間（無期又は反復更新され無期と同視すべき有期契約かどうか）によって、4 類型に区分し、「通常の労働者と同視すべき短時間労働者」については、賃金の決定、教育訓練の実施、福利厚生施設の利用その他のすべての待遇について、短時間労働者であることを理由とする差別的取扱いを禁止し（均等待遇）、それ以外の 3 類型の短時間労働者については、それぞれの類型に応じ、通常の労働者との均衡のとれた待遇の確保の措置を定めています。

---

7) 厚生労働省令（短時間労働者の雇用管理の改善等に関する法律施行規則第 2 条）では、(1)昇給の有無、(2)退職手当の有無、(3)賞与の有無、が定められています。

第3表　短時間労働者（パートタイム労働者）の態様とパート労働法の規制

【パートタイム労働者の態様】

通常の労働者と比較して、			賃金			教育訓練		福利厚生	
職務の内容（業務の内容及び責任）	人材活用の仕組みや運用など（人事異動等の有無及び範囲）	契約期間	職務関連賃金・基本給・賞与・役付手当等	左以外の賃金・退職手当・家族手当・通勤手当等	職務遂行に必要な能力を付与するもの	左以外のもの（キャリアアップのための訓練など）	・給食施設・休憩室・更衣室	左以外のもの（慶弔休暇、社宅の貸与等）
①通常の労働者と同視すべきパートタイム労働者									
同じ	全雇用期間を通じて同じ	無期又は反復更新により無期と同じ	◎	◎	◎	◎	◎	◎
②通常の労働者と職務の内容と人材活用の仕組みなどが同じパートタイム労働者									
同じ	一定期間は同じ	ー	□	ー	○	△	○	ー
③通常の労働者と職務の内容が同じパートタイム労働者									
同じ	異なる	ー	△	ー	○	△	○	ー
④通常の労働者と職務の内容も異なるパートタイム労働者									
異なる	ー	ー	△	ー	△	△	○	ー

（講じる措置）
◎…パートタイム労働者であることによる差別的取扱いの禁止
○…実施義務・配慮義務
□…同一の方法で決定する努力義務
△…職務の内容、成果、意欲、能力、経験などを勘案する努力義務

以上の概要は、第3表のとおりです。

⑤通常の労働者への転換（第12条）

「事業主は、通常の労働者への転換を推進するため、……次の……いずれかの措置を講じなければならない。」とし、(i)通常の労働者の募集を行う場合、その募集に係る事項を短時間労働者に周知すること、(ii)通常の労働者の配置について社内公募する場合、応募する機会を短時間労働者に与えること、(iii)通常の労働者への転換試験制度等の転換推進措置を講ずること、をあげています。

⑥待遇の決定にあたって考慮した事項の説明（第13条）

「事業主は、……短時間労働者から求めがあったときは、〔一定の事項〕に関する決定をするに当たって考慮した事項について、……説明しなければならない」とされています。

⑦その他

(i)厚生労働大臣による報告の徴収、助言・指導・勧告（第16条）、(ii)紛争の解決（自主的解決、紛争の解決の特例、都道府県労働局長による援助（助言・指導・勧告）・紛争調整委員会による調停（⇒161頁）[8]（第19条―第24条）などについての定めがあります。

2　諸法律に散在する平等規定

（男女雇用機会均等法、パート労働法以外の）諸法律に散在する平等規定の条名だけをあげておきます。内容は、関係頁の記述を参照してください。

①個別的労働関係法

（i)労働基準法第3条（⇒19頁）、第4条（⇒20頁）、(ii)労働契約法第3条第2項（⇒23頁）、第20条（⇒85頁）

②集団的労働関係法

労働組合法第5条第2項第4号（⇒170頁）、第7条第1号（⇒196頁）

③労働市場法

（i)雇用対策法第10条（⇒210頁）、(ii)職業安定法第3条（⇒211頁）、(iii)高年齢者等の雇用の安定等に関する法律第18条の2第1項（⇒70頁)[9]、(iv)障害者の雇用の促進等に関する法律第43条・第53条（⇒70頁)[10]

---

[8] 援助を求めたこと等を理由とする不利益取扱いの禁止を含みます。
[9] 平等規定の形式ではありませんが、実質的に見て平等規定と考えられます。
[10] 平等規定の形式ではありませんが、実質的に見て平等規定と考えられます。

第 11 章　非典型（非正規）雇用

　(1)期間の定めなしに、(2)フルタイムで、(3)直接的に、雇用されている場合を、典型（正規）雇用・正規労働者（正規社員）としてとらえ、それ以外の場合を、非典型（非正規）雇用・非正規労働者（非正規社員）としてとらえるとしますと、非典型（非正規）雇用・非正規労働者（非正規社員）には、(1)期間の定めのある労働契約（有期雇用契約）による雇用（有期労働契約者（期間雇用労働者・契約社員））、(2)パートタイムの雇用（短時間労働者（パート労働者・パートタイマー））、(3)就労先に直接的に雇用されない雇用（派遣労働者（派遣社員））、の三者があります。

　これらの三者を一括して、非典型（非正規）雇用・非正規労働者（非正規社員）として説明することも可能ですが、この本では、(1)については、「労働契約の期間」に関連づけて説明し（⇒ 80 頁）、(2)については、「労働法における平等法制」に関連づけて説明し（⇒ 48 頁）、(3)については、「労働契約の締結まで」に関連づけて説明する（⇒ 57 頁）ことにします。

第 2 編　個別的労働関係法——各論

第12章　労働契約の締結まで

I　労働者と使用者の出会い

　ここで説明する法律の規定の多くは、労働法の体系（⇒9頁）のうえでは、第4編第27章「労働市場法（雇用保障法）」に属する法律の規定です。しかし、「個別的労働関係法」を時系列で追ってみる場合に、その入口に当たる「労働契約の締結」に深くかかわりをもちますので、ここで説明することとします。

　使用者が、労働契約を締結する相手方である労働者を求めること、すなわち「求人」[1]の方法としては、(1)職業紹介事業の利用と(2)労働者の募集とがあります。その他に、使用者が労働者を労働に従事させる方法として、(3)労働者供給事業の利用と(4)労働者派遣事業の利用とがあります。そして、以上のそれぞれについて、中間搾取の排除（⇒21頁）などのために規制が定められています。

1　職業紹介事業の利用

　「……「職業紹介」とは、求人及び求職の申込みを受け、求人者と求職者との間における雇用関係〔労働契約関係〕の成立をあっせんすることをいう」（職業安定法第4条第1項）と定められています。

　職業紹介事業には、①職業安定機関、すなわち厚生労働省職業安定主管局――都道府県労働局――公共職業安定所（ハローワーク）が行うもの（職業安定法第6条－第8条等）と②職業安定機関以外の者が行うものとがあります。後者には、有料の職業紹介事業[2]と無料の職業紹介事業[3]があります。

---

[1]　逆に、労働者が、労働契約を締結する相手方である使用者を求めることが「求職」です。
[2]　厚生労働大臣の許可を受けて行います（職業安定法第30条）。
[3]　厚生労働大臣の許可を受けて行うのが原則です（同法第33条）が、学校等・特別の法人・地方公共団体は、厚生労働大臣に届け出て行うことができます（同法第33条の2－第33条の4）。

2　労働者の募集

「……「労働者の募集」とは、労働者を雇用しようとする者が、自ら又は他人に委託して、労働者となろうとする者に対し、その被用者〔雇用される者〕となることを勧誘することをいう」（職業安定法第4条第5項）と定められています。

労働者の募集のうち、①委託募集（「労働者を雇用しようとする者が、その被用者以外の者をして……労働者の募集に従事させること」）については、報酬を与えてするときは、厚生労働大臣の許可を受けなければならず、また、報酬を与えることなくするときは、厚生労働大臣に届け出なければならず（職業安定法第36条）、②その他の募集についても、「厚生労働大臣又は公共職業安定所長は、……特に必要があるときは、……募集時期、募集人員、募集地域その他募集方法について……制限すること」ができます（同法第37条）。

3　労働者供給事業の利用

「「労働者供給」とは、供給契約に基づいて労働者を他人の指揮命令を受けて労働に従事させることをいい、〔労働者派遣法〕に規定する労働者派遣に該当するものを含まないものとする」（職業安定法第4条第6項）と定められています。

「何人も、……労働者供給事業を行い、又はその労働者供給事業を行う者から供給される労働者を自らの指揮命令の下に労働させてはならない」（職業安定法第44条）とされています。ただし、「労働組合等が、厚生労働大臣の許可を受けた場合は、無料の労働者供給事業を行うことができる」（同法第45条）ことになっています。

労働者供給は、第2次世界大戦終了前の時代において、中間搾取や強制労働の弊害がみられたことから、原則的に禁止することとされたものであり、労働者供給の定義からの労働者派遣の除外は、労働者派遣法の制定の際に行われたものです[4]。

4）　労働者供給と労働者派遣の相違等については、労働者派遣法（⇒58頁）の説明を参照してください。

4 労働者派遣事業の利用——労働者派遣法の制定と改正

①制定

労働者派遣事業について規定する労働者派遣法は、昭和60（1985）年に制定されました。

この法律の制定の趣旨は、「いわゆる人材派遣業……について……職業安定法第44条〔(⇒55頁)〕の〔労働者供給事業の禁止の〕精神を堅持しつつも、特定の業務分野については、労働者の保護と雇用の安定に配慮した上で、労働者派遣事業を制度化」するものであると説明されました。これに対しては、職業安定法の労働者供給事業の禁止の規定に違反する疑いがあった人材派遣業を公認して、不安定な就業者の増大を招くものだなどの見解もありました（私は、この見解は的確な指摘を含んでいると考えます）。

②改正

労働者派遣法については、その後、労働者・使用者の多様なニーズ（需要）に対応した労働力需給の迅速かつ的確な結合を促進する必要があることなどを理由として、数次の改正により、適用対象業務の拡大などの規制緩和が行われました。これに対しては、不安定な就業者の増大と、それによる安定雇用労働者の置換えに拍車をかけるものだなどの見解もありました（私は、この見解は的確な指摘を含んでいると考えます）。

そのような経過の後、雇用の安定性に欠ける派遣形態の横行、派遣労働者の不透明な待遇決定等に対処することを趣旨として、平成24（2012）年に、事業規制の強化、派遣労働者の無期雇用化の推進・待遇の改善、違法派遣に対する迅速・的確な対処を柱とする改正が行われました。法律の正式な名称も、「労働者派遣事業の適正な運営の確保及び派遣労働者の就業条件の整備等に関する法律」から「労働者派遣事業の適正な運営の確保及び派遣労働者の保護等に関する法律」に改められました[5]。

この改正に対しては、政府原案にあった、登録型派遣の原則禁止及び製造業務派遣の原則禁止が、国会審議の過程で削除されたことは、改正の趣旨の一部を骨抜きにするものであるなどの見解もありました（私は、この見解は的確な指摘を含んでいると考えます）。

---

5) 改正法の施行日は、原則として、平成24（2012）年4月1日、違法派遣の場合の労働契約みなし制度については、平成27（2015）年10月1日です。

平成 26（2014）年改正の動向については、巻末の「平成 26（2014）年労働者派遣法改正の動向」（⇒ 216 頁）を参照して下さい。

5　労働者派遣事業の利用──労働者派遣法（現行法）の概要

　（現行の）労働者派遣法で定められている主要な事項を説明します。平成 24（2012）年改正における新設・改正事項は、「（平 24 改）」と表示します。
(1)労働者派遣って、なに？
　「労働者派遣」とは、「自己の雇用する労働者を、〔その〕雇用関係の下に、かつ、他人の指揮命令を受けて、〔その〕他人のために労働に従事させることをいい、〔その〕他人に対し〔その〕労働者を〔その〕他人に雇用させることを約してするものを含まないものとする」（労働者派遣法第 2 条第 1 号）と定められています。以下、この「5」のなかでは、労働者派遣法のことを「法」と呼ぶことにします。

◆「号」

　「号」とは、1 つの「条」（⇒ 4 頁）又は 1 つの「項」（⇒ 4 頁）のなかで多くの事柄を列記する（並べて書く）必要があるときに、「一」、「二」、「三」のように番号を付けて書き、その 1 つひとつを「号」と呼ぶものです。
　労働者派遣法第 2 条の文章をそのまま写しますと、「この法律において、次の各号に掲げる用語の意義は、当該各号に定めるところによる」として、「一　労働者派遣　自己の……とする。二　……。三　……　　　　」のように書かれているのです。

　「労働者派遣」のうち、「紹介予定派遣」とは、「〔派遣元事業主〕が……派遣労働者及び……〔派遣先事業主〕について、……職業紹介を行い、又は行うことを予定してするもの」をいいます（法第 2 条第 6 号）。派遣労働者が派遣期間終了後に通常の労働者（派遣労働者ではない労働者）として派遣先事業主に雇用されることを予定してされる労働者派遣です。
　法第 2 条第 1 号（⇒ 57 頁）が定める「労働者派遣」の意義を理解していただきやすくするために、通常の就業形態、労働者派遣、労働者派遣に類似するがそれと異なる就業形態の関係を、図を使って示すと、以下のとおりです。

● 通常の就業形態

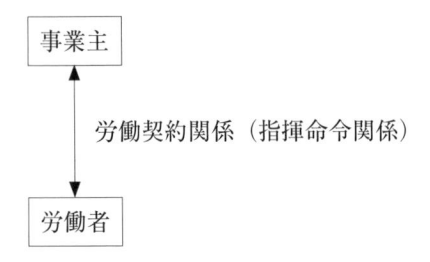

```
        事業主
          ↕
   労働契約関係（指揮命令関係）
          ↕
        労働者
```

事業主と労働者との間に労働契約関係（指揮命令関係を含む）が存在します。

● 労働者派遣

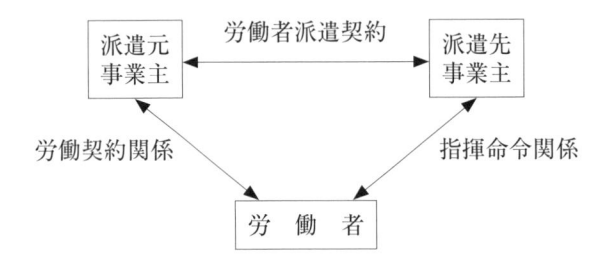

```
  派遣元 ←―労働者派遣契約―→ 派遣先
  事業主                      事業主
     ＼                      ／
   労働契約関係         指揮命令関係
       ＼               ／
          労 働 者
```

労働契約関係が派遣元事業主と労働者との間に存在し、労働契約関係から取り出された指揮命令関係が派遣先事業主と労働者との間に存在します。

● 労働者供給

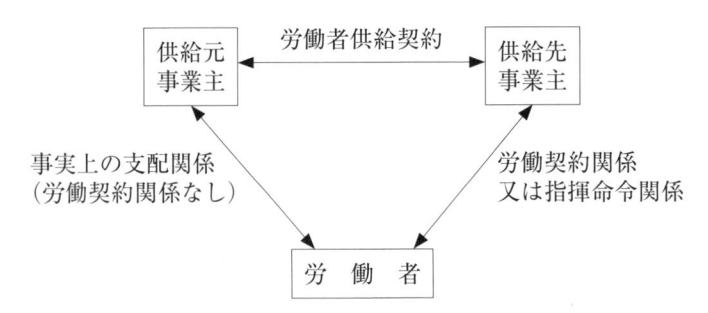

```
  供給元 ←―労働者供給契約―→ 供給先
  事業主                      事業主
     ＼                      ／
 事実上の支配関係       労働契約関係
 （労働契約関係なし）    又は指揮命令関係
       ＼               ／
          労 働 者
```

供給元事業主と労働者との間に、事実上の支配関係（親分・子分の関係など）があるだけで、労働契約関係がない点で、労働者派遣と異なります。

●出向（⇒88頁）

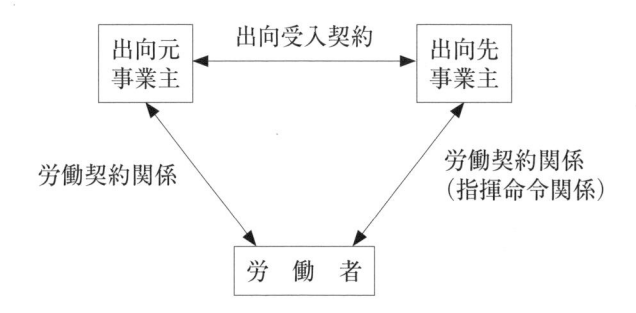

```
          出向受入契約
 ┌──────┐ ←──────→ ┌──────┐
 │出向元 │           │出向先 │
 │事業主 │           │事業主 │
 └──────┘           └──────┘
    ↑                  ↑
    │                  │
 労働契約関係      労働契約関係
                  （指揮命令関係）
    │                  │
    ↓                  ↓
      ┌──────────┐
      │ 労 働 者 │
      └──────────┘
```

　出向先事業主と労働者との間にも、労働契約関係（指揮命令関係を含む）が生ずる点で、労働者派遣と異なります（出向元事業主と労働者の間では、指揮命令関係が停止します）[6]。

● （業務処理）請負

　（業務処理）請負とは、「当事者の一方〔請負事業主〕がある仕事を完成することを約し、相手方〔注文者〕がその仕事の結果に対してその報酬を支払うと約することによつて、その効力を生ずる」（民法第632条）契約をいいます。

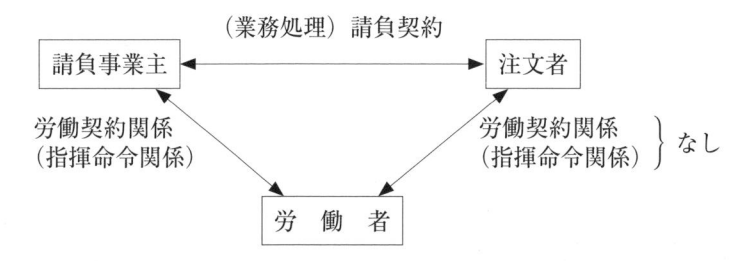

```
          （業務処理）請負契約
 ┌──────┐ ←──────→ ┌──────┐
 │請負事業主│          │注文者 │
 └──────┘           └──────┘
    ↑                  ↑
    │                  │
 労働契約関係      労働契約関係      ⎫
（指揮命令関係）  （指揮命令関係）    ⎬ なし
                                    ⎭
    │                  │
    ↓                  ↓
      ┌──────────┐
      │ 労 働 者 │
      └──────────┘
```

　請負事業主と労働者との間に労働契約関係（指揮命令関係を含む）が存在するだけであって、注文者と労働者との間には、労働契約関係はもちろん、指揮命令関係も存在しない点で、労働者派遣と異なります。
　（業務処理）請負の形式をとりながら、注文者の事業場で行われる労働者の就労について、注文者が指揮命令をする場合は、実態として労働者派遣に該当

---

6) 法第2条第1号の「〔その〕他人に対し〔その〕労働者を〔その〕他人に雇用させることを約してするもの」とはこの出向を意味します。（⇒57頁）

し、許可又は届出を行わずに労働者派遣事業を行うことを禁じた（⇒60頁）法に違反することとなります。「偽装請負」と呼ばれます。

(2)労働者派遣事業の適正な運営の確保に関する措置

①業務の範囲

　法は、「何人も、」「港湾運送業務」、「建設業務」、「警備業法……に掲げる業務その他の……政令で定める業務[7]について、労働者派遣事業を行ってはならない」（第4条）と定めています。

②事業の許可等

(i)一般労働者派遣事業の許可

　「一般労働者派遣事業」すなわち「特定労働者派遣事業以外の労働者派遣事業[8]」（法第2条第4号）「を行おうとする者は、厚生労働大臣の許可を受けなければならない」（法第5条第1項）と定められています。

(ii)特定労働者派遣事業の届出

　「特定労働者派遣事業」すなわち「その事業の派遣労働者（……）が常時雇用される労働者のみである労働者派遣事業[9]」（法第2条第5号）「を行おうとする者は、……届出書を労働大臣に提出しなければならない」（法第16条第1項）と定められています。

(iii)マージン率等の情報提供

　「派遣元事業主は、……事業所ごとの……〔労働者派遣に関する料金額と派遣労働者の賃金額の差額の派遣料金額に占める割合（いわゆるマージン率）〕……その他……あらかじめ関係者に対して知らせることが適当である……事項に関し情報の提供を行わなければならない」（法第23条第5項、平24改）と定められています。

(iv)グループ企業内派遣の8割規制

　「派遣元事業主は、……〔その〕派遣元事業主と特殊の関係のある……〔一定の〕者（…「関係派遣先」……）に労働者派遣をするとき〔グループ企業内派遣をするとき〕は、関係派遣先への派遣割合（……）が100分の80以下となる

---

[7] 「労働者派遣事業の適正な運営の確保及び派遣労働者の保護等に関する法律施行令」第2条は、医療関係の業務（紹介予定派遣をする場合等を除く。）を定めています。

[8] 派遣を希望する労働者を登録しておき、派遣の都度、派遣労働者と派遣期間についてだけの労働契約を締結する形態であり、いわゆる登録型のものです。

[9] いわゆる常用雇用型のものです。

ようにしなければならない」(法第23条の2)(平24改)と定められています。
(v)派遣元事業主以外の労働者派遣事業を行う事業主からの労働者派遣の受入れの禁止

「労働者派遣の役務の提供を受ける者は、派遣元事業主以外の労働者派遣事業を行う事業主から、労働者派遣の役務の提供を受けてはならない」(法第24条の2)と定められています。

(3)派遣労働者の保護等に関する措置
①労働者派遣契約
(i)契約の内容等

「労働者派遣契約(当事者の一方が相手方に対し労働者派遣をすることを約する契約をいう。以下同じ。)の当事者は、……労働者派遣契約の締結に際し、」「派遣労働者が従事する業務の内容」等「を定め……なければならない。」(法第26条第1項)、「労働者派遣(紹介予定派遣を除く。)の役務の提供を受けようとする者は、労働者派遣契約の締結に際し、〔その〕労働者派遣契約に基づく労働者派遣に係る派遣労働者を特定することを目的とする行為[10]」「をしないように努めなければならない」(法第26条第7項)と定められています。

(ii)契約の解除等

「労働者派遣の役務の提供を受ける者は、派遣労働者の国籍、信条、性別、社会的身分、派遣労働者が労働組合の正当な行為をしたこと等を理由として、労働者派遣契約を解除してはならない」(法第27条)と定められています。

(iii)労働者派遣契約の解除に当たって講ずべき措置

「労働者派遣の役務の提供を受ける者は、その者の都合による労働者派遣契約の解除に当たつては、……派遣労働者の新たな就業の機会の確保、労働者派遣をする事業主による……休業手当等の支払に要する費用……の負担その他の〔その〕派遣労働者の雇用の安定を図るために必要な措置を講じなければならない」(法第29条の2、平24改)と定められています。

②派遣元事業主の講ずべき措置等
(i)有期雇用派遣労働者等の雇用の安定等

「派遣元事業主は、……(……「有期雇用派遣労働者等」……)の希望に応じ、」「〔無期雇用の派遣労働者としての就業の機会又は無期雇用の通常の労働

---

10) 事前面接、履歴書を送付させることなどが、これにあたると理解されています。

者としての雇用の機会を確保し、提供すること〕」、「〔紹介予定派遣の対象とすること〕」、「〔無期雇用の労働者への転換を推進するための教育訓練その他の措置を講ずること〕」、「のいずれかの措置を講ずるように努めなければならない」（法第30条、平24改）と定められています。

(ii) 均衡を考慮した待遇の確保

「派遣元事業主は、……派遣労働者……と同種の業務に従事する派遣先〔の〕労働者の賃金水準との均衡を考慮しつつ、……同種の業務に従事する一般の労働者の賃金水準又は〔その〕派遣労働者の職務の内容、職務の成果〔等〕を勘案し、〔その〕派遣労働者の賃金を決定するように配慮しなければならない」（法第30条の2第1項、平24改）、「派遣元事業主は、……派遣労働者……と同種の業務に従事する派遣先〔の〕労働者との均衡を考慮しつつ、……教育訓練及び福利厚生の実施〔等の〕措置を講ずるように配慮しなければならない」（法第30条の2第2項、平24改）と定められています。

(iii) 派遣に関する事項等の説明

「派遣元事業主は、派遣労働者として雇用しようとする労働者に対し、……賃金の額の見込み……その他の……事項を説明しなければならない」（法第31条の2、平24改）と定められています。

(iv) 労働者派遣に関する料金の額の明示

「派遣元事業主は、」「労働者を派遣労働者として雇い入れようとする場合」、「労働者派遣をしようとする場合〔等〕」「〔の〕場合には、……労働者派遣に関する料金の額……を明示しなければならない」（法第34条の2、平24改）と定められています。

(v) 派遣労働者であることの明示等

「派遣元事業主は、労働者を派遣労働者として雇い入れようとするときは、あらかじめ、……その旨（……）を明示しなければなら」ず、「派遣労働者として雇い入れた労働者以外の〔労働者〕を新たに派遣労働の対象としようとするときは、あらかじめ、……その旨（……）を明示し、その同意を得なければならない」（法第32条）と定められています。

(vi) 労働者派遣の期間

「派遣元事業主は、派遣先が〔その〕派遣元事業主から労働者派遣の役務の提供を受けたならば第40条の2第1項〔労働者派遣の役務の提供を受ける期間の制限〕の規定〔(⇒(3)③(ii))〕に抵触することとなる場合には、〔その〕

抵触することとなる最初の日以降継続して労働者派遣を行つてはならない」（法第35条の2）と定められています。

(vii)日雇労働者についての労働者派遣の禁止

「派遣元事業主は、〔(ア)〕……専門的な知識、技術又は経験を必要とする業務のうち〔一定の〕業務について労働者派遣をする場合又は〔(イ)〕雇用の機会の確保が特に困難であると認められる労働者の雇用の継続等を図るために必要であると認められる場合その他の場合で〔一定の〕場合を除き、……日雇労働者について労働者派遣を行つてはならない」（法第35条の3、平24改）と定められています。

(viii)離職した労働者についての労働者派遣の禁止

「派遣元事業主は、……派遣先が〔その〕労働者派遣の役務の提供を受けたならば第40条の9第1項〔離職した労働者についての労働者派遣の役務の提供の受入れの禁止の規定（⇒(3)③(iv)）〕に抵触することとなるときは、〔その〕労働者派遣を行つてはならない」（法第35条の4、平24改）と定められています。

(ix)派遣元責任者、派遣元管理台帳

「派遣元事業主は、……派遣元責任者を選任しなければならない。」（法第36条）、「派遣元事業主は、……派遣元管理台帳を作成し……なければならない」（法第37条）と定められています。

③派遣先の講ずべき措置等

(i)適正な派遣就業の確保等

「派遣先は、……派遣労働者から……苦情の申出を受けたときは、〔その〕苦情の内容を〔その〕派遣元事業主に通知するとともに、〔その〕派遣元事業主との密接な連携の下に、誠意をもって、遅滞なく、〔その〕苦情の適切かつ迅速な処理を図らなければならない。」（法第40条第1項）、「ほか、……〔その〕派遣就業が適正かつ円滑に行われるようにするため、……必要な措置を講ずるように努めなければならない。」（同条第2項）、「派遣先は、第30条の2〔均衡を考慮した待遇の確保〕の規定〔(⇒(3)②(ii)）〕による措置が適切に講じられるようにするため、派遣元事業主の求めに応じ、……派遣労働者……と同種の業務に従事する〔その〕派遣先に雇用される労働者に関する情報……を提供する等必要な協力をするように努めなければならない」（同条第3項、平24改）と定められています。

(ii)労働者派遣の役務の提供を受ける期間

「派遣先は、〔その〕派遣先の事業所その他派遣就業の場所ごとの同一の業務（……業務を除く。……）について、派遣元事業主から派遣可能期間〔(⇒64頁)〕を超える期間継続して労働者派遣の役務の提供を受けてはならない」（法第40条の2第1項）とされています。

労働者派遣の役務の提供を受ける期間の制限は、次の業務については、除外されます。

ア 「その業務を迅速かつ的確に遂行するために専門的な知識、技術又は経験を必要とする業務」、又は「その業務に従事する労働者について、就業形態、雇用形態等の特殊性により、特別の雇用管理を行う必要があると認められる業務」「に該当する業務であって、〔その〕業務に係る労働者派遣が労働者の職業生活の全期間にわたるその能力の有効な発揮及びその雇用の安定に資すると認められる雇用慣行を損なわないと認められるものとして政令で定める業務[11]」

イ 「事業の開始、転換、拡大、縮小又は廃止のための業務であって一定の期間内に完了することが予定されているもの」、又は「その業務が1箇月間に行われる日数が、〔その〕派遣就業に係る派遣先に雇用される通常の労働者の1箇月間の所定労働日数に比し相当程度少なく、かつ、厚生労働大臣の定める日数[12]以下である業務」「に該当する業務」

ウ 産前産後休業・育児休業等をする労働者の業務

エ 介護休業等をする労働者の業務

派遣可能期間については、次のとおりに定められています（法第40条の2第2項－第5項）。

ア 「〔イ〕により労働者派遣の役務の提供を受けようとする期間が定められている場合 その定められている期間」、それ「以外の場合 1年」。

イ 「派遣先は、〔その〕派遣先の事業所その他派遣就業の場所ごとの同一の業務について、派遣事業主から1年を超え3年以内の期間継続して労働者派

---

11) 政令（法施行令第4条）では、次の26業務が定められています。①ソフトウエア開発、②機械設計、③放送機器操作、④放送番組等演出、⑤事務用機器操作、⑥通訳・翻訳・速記、⑦秘書、⑧ファイリング、⑨市場調査、⑩財務処理、⑪取引文書作成、⑫デモンストレーション、⑬添乗、⑭建築物清掃、⑮建築設備運転・点検・整備、⑯受付・案内・駐車場管理等、⑰研究開発、⑱事業実施体制の調査・企画・立案、⑲書籍等の編集、⑳商品デザイン等の考案・設計・表現、㉑インテリアコーディネイター、㉒アナウンサー、㉓OAインストラクション、㉔テレマーケティング、㉕セールスエンジニア、㉖放送番組等に係る大道具・小道具の調達等

12) 平成15（2003）・2・25厚生労働省告示第446号により、10日と定められています。

第12章　労働契約の締結まで　65

遣の役務の提供を受けようとするときは、あらかじめ、……役務の提供を受ける期間を定めなければならない」。

ウ　「派遣先は、〔イ〕の期間を定め、又はこれを変更しようとするときは、あらかじめ、……労働者の過半数を代表する労働組合〔等〕に対し、〔その〕期間を通知し、その意見を聴くものとする」。

(iii)派遣労働者の雇用

ア　「派遣先は、〔その〕派遣先の事業所その他派遣就業の場所ごとの同一の業務（〔法第40条の2〕第1項各号に掲げる業務〔労働者派遣の役務の提供を受ける機関の制限が除外される業務（⇒64頁）〕を除く。）について……継続して1年以上……労働者派遣の役務の提供を受けた場合において、……（「派遣実施期間」……）が経過した日以後労働者を雇い入れようとするときは、……派遣実施期間継続して従事した派遣労働者であつて〔その同一の業務に従事することを希望する〕ものを、……雇い入れるように努めなければならない」（法第40条の3）と定められています。

イ　「派遣先は、第35条の2第2項の規定による通知〔労働者派遣の役務の提供を受ける期間の制限に抵触することとなるとして継続して労働者派遣を行わない旨の通知（⇒(3)②(vi)）〕を受けた場合において、……継続して……通知を受けた派遣労働者を使用しようとするときは、……〔その〕派遣労働者であつて〔その〕派遣先に雇用されることを希望するものに対し、労働契約の申込みをしなければならない」（法第40条の4）と定められています。

ウ　「派遣先は、〔その〕派遣先の事業所その他派遣就業の場所ごとの同一の業務（第40条の2第1項各号に掲げる業務〔労働者派遣の役務の提供を受ける機関の制限が除外される業務（⇒(3)③(ii)）〕に限る。）について、……3年を超える期間継続して同一の派遣労働者に係る労働者派遣の役務の提供を場合において、〔その〕同一の業務に……労働者を雇い入れようとするときは、〔その〕同一の派遣労働者に対し、労働契約の申込みをしなければならない）」（法第40条の5）と定められています。

エ　「労働者派遣の役務の提供を受ける者」が、「一　……派遣労働者を……〔適用除外業務（法第4条第1項各号）（⇒(2)①）〕に従事させること」、「二　〔派遣元事業主以外の労働者派遣事業を行う事業主からの労働者派遣の受入の禁止（法第24条の2）〕の規定に違反して労働者派遣の役務の提供を受けること」、「三　〔労働者派遣の役務の提供を受ける期間の制限（法第40条の2第1

項）〕の規定に違反して労働者派遣の役務の提供を受けること」、「四〔労働者派遣法等〕の適用を免れる目的で、請負その他労働者派遣以外の名目で契約を締結し、〔労働者派遣契約で定めるべき事項（法第26条第1項各号）（⇒(3)①(i)）〕を定めずに労働者派遣の役務の提供を受けること」「のいずれかに該当する行為を行つた場合には、」「労働者派遣の役務の提供を受けた者が、その行つた行為が〔上記一から四列記〕のいずれかの行為に該当することを知らず、かつ、知らなかつたことにつき過失がなかつたとき」を除き、「その時点において、〔その〕労働者派遣の役務の提供を受ける者から〔その〕労働者派遣に係る派遣労働者に対し、……〔その〕派遣労働者に係る労働条件と同一の労働条件を内容とする労働契約の申込みをしたものとみなす」（法第40条の6（平成27（2015）年10月1日以後）、平24改）と定められています。

(iv)離職した労働者についての労働者派遣の役務の提供の受入れの禁止

「派遣先は、……派遣労働者が〔その〕派遣先を離職した者であるときは、〔その〕離職の日から起算して1年を経過する日までの間は、〔その〕派遣労働者（……）に係る労働者派遣の役務の提供を受けてはならない」（法第40条の9（平成24（2012）年10月1日施行時・第40条の6））と定められています。

(v)派遣先責任者、派遣先管理台帳

「派遣先は、……派遣先責任者を選任しなければならない。」（法第41条）、「派遣先は、……派遣先管理台帳を作成し……なければならない」（法第42条）と定められています。

④労働基準法等の適用に関する特例等

(i)労働基準法等の使用者責任の所在を明確にすることとし、派遣労働者については、基本的には派遣元事業主が使用者としての責任を負うという原則を維持しつつ、派遣先でなければ履行の確保が困難な、労働時間の管理、労働者の安全衛生の確保等の事項については、派遣先の事業主に使用者責任を負わせることとしています。

(ii)具体的に、労働基準法の適用に関しては、次の特例規定が設けられています。

ア 「（……「派遣中の労働者」……）の派遣就業に関しては、……（……「派遣先の事業」……）もまた、派遣中の労働者を使用する事業とみなして、」均等待遇、強制労働の禁止等の規定「を適用する。」（法第44条第1項）

イ 「派遣中の労働者の派遣就業に関しては、派遣先の事業のみを、派遣中の労働者を使用する事業とみなして、」労働時間・休憩・休日、女性の危険有害

業務の就業制限等の規定を「適用する。」この場合、変形労働時間制、フレックスタイム制、時間外・休日労働に係る労使協定の整備などは、（労働時間のわく組を定めるのは、派遣元事業主であるので、）派遣元の使用者が行うこととされる（法第44条第2項）。

ウ 「……「派遣元の使用者」……）は、」派遣先の使用者が「労働者派遣契約に定める派遣就業の条件に従つて……派遣労働者を労働させたならば、」労働時間・休憩・休日、女性の危険有害業務の就業制限等の規定（「労働基準法令の規定」）に「抵触することとなるときにおいては、〔その〕労働者派遣をしてはならない」（法第44条第3項）。「派遣元の使用者が〔法第44条第3項〕の規定に違反したとき〔派遣先の使用者において、その労働基準法令の規定に抵触することとなったときに限る〕は、〔その〕派遣元の使用者は〔その〕労働基準法令の規定に違反したものとみなして、〔罰則〕の規定を適用する」（法第44条第4項）。

(iii)具体的に、男女雇用機会均等法の適用に関しては、「〔派遣先〕もまた、〔その〕派遣労働者を雇用する事業主とみなして、」妊娠、出産等を理由とする不利益取扱いの禁止（男女雇用機会均等法第9条第3項）、職場における性的な言動に起因する問題に関する雇用管理上の措置〔男女雇用機会均等法第11条第1項〕、妊娠中及び出産後の健康管理に関する措置（男女雇用機会均等法第12条・第13条）の規定を「適用する」（法第47条の2）ことが定められています。

(iv)なお、最低賃金法（⇒101頁）においては、「派遣中の労働者（……）については、その派遣先の事業……の所在地を含む地域について決定された地域別最低賃金において定める最低賃金額……を適用する。」（第13条）、「その派遣先の事業と同種の事業又は……同種の労働者の職業について特定最低賃金が適用されている場合にあつては、〔その〕特定賃金において定める最低賃金額……を適用する」〔最低賃金法第18条〕ことが定められています。

II 「採用の自由」はあるのか？

1 「採用の自由」とその制約

　労働契約の締結を、使用者の側からみた場合が「採用」であり（労働者の側からみた場合が「就職」です）、労働契約の締結にあたって、使用者が相手方を選択する自由をもつかどうか、ということが、これから説明しようとする、「採用の自由」とその制約という問題です。

最高裁の判例は、(1)「憲法〔第19条「(思想及び良心の自由)」「思想及び良心の自由は、これを侵してはならない」及び第14条（法の下の平等）（⇒7頁）の〕規定は、……もっぱら国または公共団体と個人との関係を規律するものであり、……そのまま、私人相互の関係についても適用ないしは類推適用すべきもの」ではない。(2)「憲法は、思想、信条の自由や法の下の平等を保障すると同時に、他方、〔第〕22条〔「何人も、公共の福祉に反しない限り、……職業選択の自由を有する」（第1項）〕、〔第〕29条〔「財産権は、これを侵してはならない」（第1項）〕等において、財産権の行使、営業その他広く経済活動の自由をも基本的人権として保障している。それゆえ、企業者は、かような経済活動の一環としてする契約締結の自由を有し、自己の営業のために労働者を雇用するにあたり、いかなる者を雇い入れるか、いかなる条件でこれを雇うかについて、法律その他による特別の制限がない限り、原則として自由にこれを決定することができるのであって、企業者が特定の思想、信条を有する者をそのゆえをもって雇い入れることを拒んでも、これを当然に違法とすることはできない……」、(3)「労働基準法〔第〕第3条〔(⇒19頁)〕は、労働者の信条によって賃金その他の労働条件につき差別することを禁じているが、これは、雇入れ後における労働条件についての制限であって、雇入れそのものを制約する規定ではない」、(4)「思想、信条を理由とする雇入れの拒否を直ちに民法上の不法行為とすることができないことは明らかであり、その他これを公序良俗違反と解すべき根拠を見出すことはできない」、としました（最大判昭48(1973)・12・12、三菱樹脂事件）。

◆「憲法の人権保障規定の私人間適用（効力）」「類推適用」「不法行為」「公序良俗」
　上記(1)は、「憲法の人権保障規定の私人間適用（効力）」の問題とかかわりをもちます。これは、国と国民との関係で基本的人権を保障する憲法の規定が私人相互の関係においても適用されるか（効力をもつか）どうかという問題です。これについては①直接適用（直接効力）説（直接的に適用される（効力をもつ）と理解する説）、②間接適用（間接効力）説（民法第90条（⇒34頁）のような、私法の一般条項（要件等を抽象的・一般的概念を使って定めた規定）を、憲法の趣旨をとり込んで解釈・適用することを通じて、間接的に適用される（効力をもつ）と理解する説）、③非適用（無効力）説（適用されない（効力をもたない）と理解する説）があり、②が判例・通説であるとされています。
　「類推適用」とは、ある事柄についての規定を、他の似かよった事柄にあてはめ

て用いることをいいます。
　「不法行為」とは、「故意又は過失によって他人の権利又は法律上保護される利益を侵害した者は、これによって生じた損害を賠償する責任を負う」（民法第709条）とされる、その行為をいいます。
　「公序良俗」とは、民法第90条（⇒34頁）で、それに「反する事項を目的とする法律行為は、無効とする」と定められる、「公の秩序」（国家社会の一般的利益）と「善良の風俗」（社会の一般的道徳観念）を合わせた言葉で、社会的妥当性を意味します。

　この最高裁の判例に対して、学説では、(1)に関し、これでは実質的に非適用（無効力）説をとるのと異ならない、とし、(2)に関し、憲法による、企業の経済活動の自由の保障と個人の思想の自由、信条にかかわる平等の保障の二者のうち、後者が前者に劣後する理由は示さないまま、前者を過大視するものである、とし、(3)に関し、労働基準法には雇用関係の成立前に対して規制を加える規定（第15条第1項前段（⇒74頁））があり、労働基準法第3条は、その規定を含めた、同法全体の総則的規定であることなどを根拠として、同法第3条の「労働条件」には雇入れ（採用）が含まれる、とし、(4)に関し、思想の自由、信条にかかわる平等を保障する憲法の下では、思想、信条を理由とする雇入れの拒否は、社会的許容性の限度をこえる場合は、不法行為、公序良俗違反にあたりうる、とする見解が存在します（私は、これらの見解は的確なものであると考えます）。

2　「採用の自由」を制限する法律の規定

　上記1で掲記した最高裁の判例（⇒67頁）は、((2)で)「企業者は、……いかなる者を雇い入れるか……について、法律その他による特別の制限がない限り、……自由に……決定……できる」としていますが、「法律……による特別の制限」としては、（最高裁がどのようなものを念頭においていたかは、明確ではありませんが、現在、）次の事柄を指摘できると考えられます。ただし、以下の整理は、1つの試論として受けとめてください。
①労働者保護の観点（憲法第27条第2項・第3項（⇒6頁）関連）からの制限
　ⅰ「使用者は、児童が満15歳に達した日以後の最初の3月31日が終了する

まで、」原則として「これを使用してはならない。」(労働基準法第56条)(⇒79頁)、ⅱ「使用者は、」「満18才に満たない者」又は「妊産婦」を、一定の危険有害業務に「就かせてはならない。」(労働基準法第62条第1項、第64条の3第1項)(⇒130頁、⇒130頁)、など

②雇用保障の観点(憲法第27条第1項(⇒6頁)関連)からの制限

(高年齢者)「事業主は、労働者がその有する能力を有効に発揮するために必要であると認められるときとして厚生労働省令で定めるときは、労働者の募集及び採用について、……その年齢にかかわりなく均等な機会を与えなければならない」(雇用対策法第10条)(⇒210頁)、「事業主は、労働者の募集及び採用をする場合において、やむを得ない理由により一定の年齢……を下回ることを条件とするときは、求職者に対し、……〔その〕理由を示さなければならない。」「厚生労働大臣は、……理由の提示……に関して……事業主に対して、……助言、指導若しくは勧告をすることができる」(高年齢者雇用安定法第18条の2)(⇒211頁)。

(障害者)「事業主……は、……雇用関係の変動〔労働者の雇入れ及び解雇〕がある場合には、その雇用する身体障害者又は知的障害者である労働者の数が、その雇用する労働者の数……に障害者雇用率を乗じて得た数……以上であるようにしなければならない」「厚生労働大臣は、……事業主から、……〔障害者雇用率の未達成の人数に応じて〕障害者雇用納付金……を徴収する」(障害者雇用促進法第43条・第53条)(⇒212頁)、など

③法の下の平等の観点(憲法第14条第1項(⇒7頁)関連)からの制限

「事業主は、労働者の募集及び採用について、その性別にかかわりなく均等な機会を与えなければならない」(男女雇用機会均等法第5条)(⇒37頁)、など

④団結権などの保障の観点(憲法第28条(⇒6頁)関連)からの制限

「使用者は、」「労働者が労働組合の組合員であること〔等〕……の故をもつて、……これに対して不利益な取扱いをすること又は労働者が労働組合に加入せず、若しくは労働組合から脱退することを雇用条件とすること」を「してはならない」(労働組合法第7条第1号)(⇒196頁)(不当労働行為の禁止)。この規定の解釈問題として、組合活動歴を理由とする採用の拒否が不当労働行為にあたるかどうかという問題があり、あたるという解釈によれば、この規定も、採用の自由に対する制限として働くことになります。

上記①から④のうち、②及び③の領域における制限が、近年強められてきています。その分、「採用の自由」の聖域は狭められつつあります。

Ⅲ 採用内定

1 「採用内定」とはどういうことか

　新規に学校を卒業する人の採用については、多くの企業で、卒業予定者を在学中に「採用内定」しておくという方法がとられており、それ以外の人の採用（いわゆる中途採用）についても、採用内定が行われることがあります。

　最高裁の判例は、「〔企業〕からの募集（申込みの誘引）に対し、〔学生〕が応募したのは、労働契約の申込みであり、これに対する〔企業〕からの採用内定通知は、〔その〕申込みに対する承諾であつて、〔学生〕の誓約書の提出とあいまつて、これにより、〔学生〕と〔企業〕との間に、……解約権を留保した労働契約が成立したと解するのを相当」とする（最判昭54（1979）・7・20、大日本印刷事件）（⇒72頁）、としています。

◆「申込みの誘引」「解約」

　「申込みの誘引」とは、他人を勧誘して申込みをさせようとする意思の表示をいいます。契約は、「申込み」と「承諾」という2つの意思表示が合致することによって成立しますが、場合によっては、「申込み」の前に、「申込みの誘引」が行われることがあります。貸家の広告や求人の広告が、その例です。「申込み」は、それに対応する相手方の意思表示（「承諾」）があれば直ちに契約が成立するのに対し、「申込みの誘引」は、それに対応する相手方の意思表示（これが「申込み」にあたります）があっても直ちに契約が成立するわけではなく、その意思の表示（「申込みの誘引」）をした者が、なお契約を成立させるかどうか（「承諾」をするかどうか）判断する自由をもっている点で、「申込み」と異なります。

　「解約」とは、雇用契約（労働契約）のような継続的な契約関係において、契約当事者の一方の意思表示により、契約の効力を将来に向かって消滅させることをいいます。解約することができる権利（解約権）は、法律の規定又は当事者の契約に基づいて生じます。

---

2 採用内定の取消し・辞退

　採用内定の取消しは、採用内定の際に留保された解約権（⇒71頁）の行使であり、使用者の一方的意思表示による労働契約の解約ですから、「解雇」

(⇒ 145 頁) にあたります。

採用内定の取消しがどのような場合に認められるかについて、最高裁の判例は、「試用契約における……留保解約権の行使……〔についての〕理〔(⇒ 85 頁)〕は、採用内定期間中の留保解約権の行使についても同様に妥当するものと考えられ〔(1)採用内定期間中の留保解約権の行使（＝採用内定の取消し）と、(2)試用期間における留保解約権の行使（＝本採用の拒否（⇒ 85 頁））とでは、事柄の順序としては、(1)が先で、(2)が後ですが、最高裁の判例の順序としては、(1)に関する判例（最判昭 54（1979）・7・20、大日本印刷事件）より前に、(2)に関する判例（最判昭 48（1973）・12・12、三菱樹脂事件）（⇒ 85 頁）が出されたので、このような表現がとられているのです〕、したがつて、採用内定の取消事由は、採用内定当時知ることができず、また知ることが期待できないような事実であつて、これを理由として採用内定を取消すことが解約権留保の趣旨、目的に照らして客観的に合理的と認められ社会通念上相当として是認することができるものに限られると解する」としました（前掲（⇒ 71 頁）、最判昭 54（1979）・7・20、大日本印刷事件）。

従って、企業からの採用内定通知書や応募者が提出した誓約書に記載された採用内定取消事由が自動的にそのまま是認されるわけではありません。その反面にあたることとして、最高裁判所の判例は、「解約権の留保は……〔採用内定により成立した労働契約において定められている取消事由〕に限られるものではなく、〔前記、「採用内定当時知ることができず、……是認することができる」〕場合を含むものと解する」としています（最判昭 55（1980）・5・30、電電公社近畿電通局事件）。

具体的な取消事由としては、内定者側に起因するものとして、(1)予定どおりに学校を卒業することができなくなったこと、(2)長期の療養を要する疾病などにより、予定どおりに労務の提供をすることができなくなったこと、(3)内定時における労働力の質の評価に変更を生じさせる事実が生じたこと、があります。

企業側に起因するものには、(4)不況などによる経営危機の打開のために、採用削減の必要が生じたこと、があります。

以上のうち、(1)・(2)については、通常、「合理」性・「相当」性（前掲（⇒ 71 頁）、最判昭 54（1979）・7・20、大日本印刷事件、参照）が認められ、(3)・(4)については、個別的・具体的に判断される必要がある、と理解されます。

(3)については、最高裁の判例では、採用内定の直前の時期に「公安条例等違

反の現行犯として逮捕され、起訴猶予処分を受ける程度の違法行為をしたこと」が判明したとして、内定の取消しをした場合について、取消しが是認されたもの（前掲（⇒72頁）、最判昭55（1980）・5・30、電電公社近畿電通局事件）、「グルーミーな印象」であるため、不適格と思いながら採用を内定し、その後「不適格性を打ち消す材料が出なかつた」として、内定の取消しをした場合について、取消しが是認されなかったもの（前掲（⇒71頁）、最判昭54（1979）・7・20、大日本印刷事件）があります。

　(4)については、整理解雇の要件（要素）（⇒151頁）に準じて考えることができると理解され、（下級裁判所の）判例に、企業の経営悪化を理由とする採用内定の取消しについて、整理解雇の要件（要素）を総合考慮のうえ、取消しを是認しなかったもの（東京地決平9（1997）・10・31、インフォミックス事件）があります。

◆判例表示における「判」と「決」

「決」は、「決定」を省略した表記です。「決定」は、裁判所が口頭弁論（当事者が口頭で行う主張や立証）を経ることを要せずにする裁判をいい、それを要する裁判である「判決」（省略して「判」と表記されます。）と対比されます。

　採用内定の取消しが「社会通念上相当として是認すること」ができない場合は、(1)採用内定の取消し（留保解約権の行使＝解雇）は無効であり、通常の解雇が無効である場合（⇒153頁）と同様に、内定者（労働者）は、労働契約上の地位の確認の訴えを提起できるほか、(2)債務不履行又は不法行為（⇒68頁）を理由として、損害賠償を請求することも可能であると理解されています。

◆「債務不履行」

「債務不履行」とは、――特定の人（債権者）が他の特定の人（債務者）に対して、一定の行為を請求することを内容とする権利を「債権」といい、債権に対応する義務を「債務」といいますが、その債務を負っている人、すなわち、――「債務者がその債務の本旨〔本来の趣旨〕に従った履行〔債務の内容の実現〕をしない」ことをいい、その場合、「債権者〔債権をもっている人〕は、これによって生じた損害の賠償を請求することができる」とされています（民法第415条前段）（なお、⇒138頁）。

他方、採用内定者からする、採用内定の辞退は、労働者の一方的意思表示による労働契約の解約、すなわち、任意退職（辞職）（⇒145頁）にあたります。これは、民法第627条第1項（⇒145頁）の規定により、2週間の予告期間を置く限り、自由に行うことができます。ただし、それがあまりに信義則（⇒24頁）に反する態様でされた場合は、債務不履行又は不法行為に基づく損害賠償責任を問われうると理解する学説もあります。

3　採用内内定
　文書による「採用内定」の通知より前に、企業の採用担当者が就職活動者に対して、採用が決まった旨を口頭で告げる場合があり、「採用内内定」と呼ばれます。
　採用内内定によっては、（解約権留保付）労働契約が成立したとはいえないのが通例である、と理解されています。
　（下級裁判所の）判例に、採用内内定による（解約権留保付）労働契約の成立を否定しつつ、採用内内定の取消しという突然の方針の変更についてしかるべき説明をしないまま取消しをした点をとらえ、労働契約締結過程における信義則に反するとして、採用内内定を受けた者から企業に対する、不法行為に基づく損害賠償の請求を認めたもの（福岡高判平23（2011）・2・16、コーセーアールイー事件）があります。

Ⅳ　労働契約の締結

1　労働条件の明示など
(1)「使用者は、労働契約の締結に際し、労働者に対して賃金、労働時間その他の労働条件を明示しなければならない。この場合において、賃金及び労働時間に関する事項その他の厚生労働省令で定める事項[13]については、厚生労働省令で定める方法[14]により明示しなければならない」（労働基準法第15条第1

---

[13]　厚生労働省令（労働基準法施行規則第5条第2項）では、「労働契約の期間に関する事項」、「就業の場所及び従事すべき業務に関する事項」、「始業及び終業の時刻、所定労働時間を超える労働の有無、休憩時間、休日、休暇並びに労働者を二組以上に分けて就業させる場合における就業時転換に関する事項」、「賃金（退職手当及び〔臨時に支払われる賃金等〕を除く。……）の決定、計算及び支払の方法、賃金の締切り及び支払の時期……に関する事項」、「退職に関する事項（解雇の事由を含む。）」が定められています。

項）と定められています[15]。

(2)「明示された労働条件が事実と相違する場合においては、労働者は、即時に労働契約を解除〔解約（⇒71頁）〕することができる」（労働基準法第15条第2項）と定められています。

(3)「〔(2)〕の場合、就業のために住居を変更した労働者が、契約解除の日から14日以内に帰郷する場合においては、使用者は、必要な旅費を負担しなければならない」（労働基準法第15条第3項）と定められています。

2　労働契約の締結に関連して禁止される事項など

(1)賠償予定の禁止

「使用者は、労働契約の不履行について違約金を定め、又は損害賠償額を予定する契約をしてはならない」（労働基準法第16条）と定められています。不当な人身拘束を防止する趣旨です。

◆「違約金」と「損害賠償額の予定」

「違約金」とは、債務不履行の場合（本条の場合でいえば、労働契約上の労働の義務を履行しない場合）に、損害発生の有無にかかわらず、債務者（労働者）が債権者（使用者）に支払うべきことをあらかじめ約束した金銭をいいます。「損害賠償額の予定」とは、債務不履行又は不法行為の場合に、損害の発生を前提に、損害賠償の額をあらかじめ当事者間の契約で定めておくことをいいます。

本条は、使用者が労働者に対し、実際に発生した損害の賠償を請求することを禁止するものではありません。ただし、最高裁の判例は、「使用者が、その事業の執行につきなされた被用者〔労働者〕の加害行為により、直接損害を被り又は使用者としての損害賠償責任を負担したことに基づき損害を被った場合には、使用者は、その事業の性格、規模、施設の状況、被用者の業務の内容、労働条件、勤務態度、加害行為の態様、加害行為の予防若しくは損失の分散についての使用者の配慮その他諸般の事情に照らし、損害の公平な分担という見

---
14)　厚生労働省令（労働基準法施行規則第5条第3項）では、「労働者に対する……書面の交付」が定められています。

15)　なお、労働契約法第4条（⇒24頁）を参照。

地から信義則上相当と認められる限度において、被用者に対し〔その〕損害の賠償又は求償の請求をすることができるものと解すべきである」とし（本件事例については、損害額の 4 分の 1 の限度で請求を認容）ています（最判昭 51 (1976)・7・8・茨城石炭商事事件）。

◆「使用者としての損害賠償責任」「求償」

「使用者としての損害賠償責任」（「使用者責任」）とは、「ある事業のために他人を使用する者は、被用者がその事業の執行について第三者〔当事者以外の者〕に加えた損害を賠償する責任を負う」（民法第 715 条第 1 項本文）と定められている、その責任をいいます。使用者責任に関連しては、さらに、「〔前記民法第 715 条第 1 項〕の規定は、使用者……から被用者に対する求償権の行使を妨げない」（同条第 3 項）と定められており、「求償」とは、この場合のように、弁済（履行）した者が、他人に対して、その返還又は弁済を求めることをいいます。

さらに賠償予定の禁止に関連して、労働基準法第 16 条違反かどうかが問題となる事柄として、以下のものがあります。

①研修・留学費用の返還の約定

(ⅰ)研修費用につき、（下級裁判所の）判例に、（美容師見習につき、）勝手に退社した場合は、一般の新入社員教育とさして違いがない技術指導の講習手数料として、入社時にさかのぼり一定の額を支払う旨の約定は、労働者の自由意思を拘束して退職の自由を奪う性格を有するので、労働基準法第 16 条に違反して無効である、としたもの（浦和地判昭 61 (1986)・5・30、サロン・ド・リリー事件）があります。

◆「約定」

「約定（やくじょう）」とは、当事者間の任意の合意により、一定の事項について取り決めることをいいます。

(ⅱ)留学費用につき、（下級裁判所の）判例に、〈1〉留学生への応募及び留学先の選択が従業員の自由意思に任せられており、留学経験や学位取得が従業員の担当業務に直接役立つわけではなく、従業員にとって有益な経験・資格となることを理由に、留学を業務と見ることはできないとし、企業と従業員との間

で、労働契約とは別に、一定期間勤務した場合は返還債務を免除する特約付きの金銭消費貸借契約が成立しており、返還債務は労働契約の不履行によって生じたものではなく、労働基準法第16条に違反しない、としたもの（東京地判平9（1997）・5・26、長谷工コーポレーション事件）と、⟨2⟩留学の応募自体は従業員の自発的な意思にゆだねているものの留学が決定されれば留学派遣を命じ、専攻学科も業務に関連のある学科を定め、待遇も勤務している場合に準じていることを理由に、業務命令（⇒93頁）として命じたものであるとし、一定期間内に自己都合により退職したときは費用を返還させる旨の規定は、企業への勤務を確保することを目的とし制裁の実質を有するから、労働基準法第16条に違反し無効である、としたもの（東京地判平10（1998）・9・25、新日本証券事件）があります。

◆「金銭消費貸借契約」

「金銭消費貸借契約」とは、日常広く行われる金銭の貸借の契約（民法第587条）をいいます。

---

②一定の事由による退職の場合の退職金の不支給・減額の約定

最高裁の判例に、「同業他社に就職した退職社員に支給すべき退職金〔（⇒155頁）〕につき、……支給額を一般の自己都合による退職の場合の半額を定めることも、本件退職金が功労報償的な性格を併せ有することにかんがみれば、合理性のない措置であるとすることはできない。すなわち、この場合の退職金の定めは、制限違反の就職をしたことにより勤務中の功労に対する評価が減殺されて、退職金の権利そのものが一般の自己都合による退職の場合の半額の限度においてしか発生しないこととする趣旨であると解すべきであるから、その退職金が労働基準法上の賃金にあたるとしても、……同法〔第〕3条〔（⇒19頁）〕、〔第〕16条、〔第〕24条〔（⇒99頁）〕及び民法〔第〕90条〔（⇒34頁）〕等の規定に……違反するものではない」（最判昭52（1977）・8・9、三晃社事件）としたものがあります。他方、（下級裁判所の）判例に、退職金を円満退職者以外には支給しない旨の定めは、退職金をもって労働契約の債務不履行についての損害賠償にあてることに帰着し、労働基準法第16条及び第24条に違反し無効である、としたもの（岡山地玉島支判昭44（1969）・9・26、栗山精麦事件）があります。

◆判例表示における裁判所標記としての「支」
「支」は、「支部」を省略した標記です。
---

(2)前借金相殺の禁止

「使用者は、前借金その他労働することを条件とする前貸の債権と賃金を相殺してはならない」（労働基準法第17条）と定められています。不当な人身拘束を防止する趣旨です。

◆「相殺」
「相殺（そうさい）」とは、2人が互いに同種の債務を負担し、双方の債務が弁済期（弁済をしなければならない時期）にあるときに、一方の意思表示により、双方の債務を対等額について消滅させることをいいます（民法第505条）。相殺をする側の債権を自働債権（反対債権）といい、相殺相手方の債権を受働債権といいます。
---

(3)強制貯金の禁止など

「使用者は、労働契約に附随して貯蓄の契約をさせ、又は貯蓄金を管理する契約をしてはならない」（労働基準法第18条第1項）と定められています。強制貯金の禁止です。使用者が「労働者の貯蓄金をその委託を受けて管理」することは可能ですが、一定の規制に服します（同条第2項―第7項）。不当な人身拘束を防止し、また、労働者の財産を保全する趣旨です。

(4)黄犬契約の禁止

「使用者は、」「労働者が労働組合に加入せず、若しくは労働組合から脱退することを雇用条件とすること」「をしてはならない」（労働組合法第7条第1号）と定められています。不当労働行為の1つとしての黄犬契約（⇒198頁）の禁止の規定です。団結権（⇒166頁）を保障する趣旨です。

(5)身元保証契約の規制

「被用者ノ行為ニ因リ使用者ノ受ケタル損害ヲ〔第三者が〕賠償スルコトヲ約スル身元保証契約」については、「身元保証ニ関スル法律[16]」（第1条）により、保証期間の上限（第2条）[17]、使用者の通知義務（第3条）、身元保証人の

---

16) 第2次世界大戦前（昭和8（1933）年）に制定された法律です。

契約解除権（第4条）等が定められています。
　身元保証人の責任が過重なものになることを防止する趣旨です。
(6)未成年者の労働契約
　未成年者を保護する趣旨で、以下の規制が定められています。
①最低年齢の制限
　「使用者は、児童が満15歳に達した日以後の最初の3月31日が終了するまで、」原則として「これを使用してはならない。」こととされ、例外として、非工業的事業「に係る職業で、児童の健康及び福祉に有害でなく、かつ、その労働が軽易なもの」については、「満13歳以上の児童」を、「映画の制作又は演劇の事業」については、「満13歳に満たない児童」でも、それぞれ「行政官庁[18]の許可を受けて、……修学時間外に使用することができる」こととされています（労働基準法第56条）。
②最低年齢以上の未成年者
　「親権者又は後見人は、未成年者に代つて労働契約を締結してはならない」（労働基準法第58条第1項）、「親権者若しくは後見人又は行政官庁[19]は、労働契約が未成年者に不利であると認める場合においては、将来に向かつてこれを解除することができる」（同条第2項）と定められています。なお、労働契約の締結に関することではありませんが、「未成年者は、独立して〔親権者又は後見人の同意を得ないで〕賃金を請求することができる。親権者又は後見人は、未成年者の賃金を代つて受け取つてはならない」（労働基準法第59条）ことも定められています。

◆「親権者」「後見人」
「親権者」「後見人」は、未成年者の「法定代理人」（本人の意思に基づく任意代理人に対し、法律の規定に基づく代理人）です。民法では、法定代理人は、財産に関する法律行為（契約の締結など）について、未成年者を代表（代理）することができ（第824条・第859条）、また、未成年者が法律行為をするには、法定代理人の同意を得なければならない（第5条）こととされています。

---

17)　期間の定めをしない場合は原則3年、期間の定めをする場合は最長5年と定められています。
18)　労働基準監督署長
19)　労働基準監督署長

第 13 章　労働契約の期間など

I　労働契約の期間

1　労働契約の期間の定めの効果

　労働契約に期間の定めをするかどうかは、当事者の自由です。

　期間の定めのある労働契約を「有期労働契約」といい、その当事者である労働者を「有期労働契約者」といいます（「期間雇用労働者」・「契約社員」とも呼ばれます）。

　「当事者が雇用の期間を定めなかったときは、各当事者は、いつでも解約の申入れをすることができる」（民法第 627 条第 1 項）[1] のに対し、「当事者が雇用の期間を定めた場合」には、「やむを得ない事由があるときは、各当事者は、……契約の解除をすることができる」（同法第 628 条）と定められています。

　この雇用（労働契約）の期間の定めについての民法第 628 条の規定から、①期間中、やむを得ない事由がなければ、労働者は、自由に解約（任意退職・辞職）できない結果、労働者の人身拘束という問題をもたらす効果（拘束効果）、②期間中、やむを得ない事由がなければ、使用者は、自由に解約（労働者を解雇）できない結果、労働者の雇用の保障がもたらされるという効果（雇用保障効果）、そして、当然のこととして、③期間満了により、契約が更新されない限り、解雇によらずに（解雇についての法的規制の対象となることなく）労働契約が終了するという効果（自動終了効果）という 3 つの効果が生じます。

　①の拘束効果の問題に対処するために、労働基準法第 14 条は、労働契約の期間の上限規制を定めています（⇒81 頁）。

　②の雇用保障効果については、「やむを得ない事由」（民法第 628 条）がなくても解約（労働者の解雇）ができるとする当事者間の合意が有効かが問題となり、労働契約法第 17 条に規定が置かれるに至っています（⇒82 頁）。

　1）　この「解約の自由」が労働法によって修正されていることについては、⇒147 頁。

③の自動終了効果に関連して、有期労働契約の更新拒否（雇止め）の効力に歯どめをかける判例理論（雇止め法理）が形成され（⇒82頁）ました。

さらに、平成24（2012）年の労働契約法の改正[2]により、雇止め法理（判例理論）を明文化（法文化）した規定（第19条（平成24（2012）年8月10日施行時・第18条））（⇒83頁）の新設が行われました。この改正では、あわせて、「有期労働契約の期間の定めのない労働契約への転換」の規定（第18条（平成25（2013）年4月1日以後））（⇒84頁）の新設と「期間の定めがあることによる不合理な労働条件の禁止」の規定（第20条（平成25（2013）年4月1日以後））（⇒85頁）の新設が行われました[3]。以上の内容の、有期労働契約に関する平成24（2012）年の労働契約法の改正に対して、学説では、その立法意図は評価しつつも、有期労働契約の法規制のあり方としては、無期雇用を雇用の原則とし、有期労働契約は臨時的業務など一定の合理的理由がある場合にのみ締結を認めることとすべきだなどとする見解もあります（私は、この見解は的確な指摘を含んでいると考えます）。

2　労働契約の期間の上限規制

「労働契約は、期間の定めのないものを除き、一定の事業の完了に必要な期間を定めるもののほかは、3年（〔①一定の専門的知識等を有する労働者との間に締結される労働契約、②満60歳以上の労働者との間に締結される労働契約〕のいずれかに該当する労働契約にあっては、5年）を超える期間について締結してはならない」（労働基準法第14条第1項）とされています。

労働契約の期間の下限については、労働基準法には、定めがありませんが、労働契約法に、次の定めが置かれました。

「使用者は、有期労働契約について、その労働契約により労働者を使用する目的に照らして、必要以上に短い期間を定めることにより、その労働契約を反復して更新することのないよう配慮しなければならない」（第17条第2項）。

短期間の労働契約が反覆更新された後に雇止めされることによる紛争の防止に資するために規定したものであるとされています。

---

[2] 施行は、平成24（2012）年8月10日、平成25（2013）年4月1日の2段階です。
[3] 以下、労働契約法の、平成24（2012）年の改正で新設された規定は、「(平24改)」と表示することとします。

3　有期労働契約の中途解約

「使用者は、期間の定めのある労働契約（以下この章において「有期労働契約」という。）について、やむを得ない事由がある場合でなければ、その契約期間が満了するまでの間において、労働者を解雇することができない」（労働契約法第17条第1項）とされています。

民法第628条（⇒80頁）が「やむを得ない事由があるとき」に該当しない場合の取扱いを明らかに規定していないことに関連して、契約期間中は、たとえ中途解約を認める当事者間の合意があっても、やむを得ない事由がある場合でなければ、使用者からの解約（労働者の解雇）ができないことを明らかにし、合わせて、やむを得ない事由が「ある場合でなければ」という表現を用いて、「やむを得ない事由」があることについての立証責任が使用者にあることを明らかにしたものであるとされています。「やむを得ない事由」があると認められる場合は、解雇権濫用法理（労働契約法第16条）（⇒150頁）における、「客観的に合理的な理由」があり「社会通念上相当である」と認められる場合よりも狭いと理解されています。

◆「立証責任」

「立証責任」とは、ある事実の存否が確定されない場合に、その存否が確定されないことにより当事者の一方に帰せられる不利益をいいます。

4　有期労働契約の更新拒否（雇止め）

使用者が有期労働契約（期間の定めのある労働契約）を更新しないこととする（契約の更新を拒否する）ことを、「雇止め（やといどめ）」といいます。

◆「更新」

「更新」とは、契約の期間の満了に際し、従来の契約に代えて、これと同一内容の別個の契約を新しく締結することをいいます。

---

(1) 雇止めに関する判例理論（雇止め法理）

雇止めに関しては、最高裁の判例によって、まず、「期間の満了毎に当然更新を重ねてあたかも期間の定めのない契約と実質的に異ならない状態で存在していた」場合について、「雇止めの意思表示は〔その〕ような契約を終了する

趣旨のもとにされたものであるから、実質において解雇の意思表示にあたる」のであり、「そうである以上、……雇止めの効力の判断にあたつては、その実質にかんがみ、解雇に関する法理〔解雇権濫用法理（⇒150頁）〕を類推すべきである」とされ（最判昭49（1974）・7・22、東芝柳町工場事件）、次いで、「期間の定めのない労働契約が存在する場合と実質的に異ならない関係が生じたということ〔は〕できない」が、「雇用関係はある程度の継続が期待されていた……ような労働者を契約期間満了によつて雇止めにするに当たつては、解雇に関する法理が類推され」る、とされ（最判昭61（1986）・12・4、日立メディコ事件）、雇止めに解雇権濫用法理を類推適用する判例理論（雇止め法理）が確立されました。

なお、上記に掲げた最高裁の判例のうち「日立メディコ事件」は、「期間の定めなく雇用されている従業員につき希望退職募集の方法による人員削減を図らないまま〔その〕臨時員の雇止めが行われたことをもって〔その〕雇止めを無効とすることはできない」として、有期労働契約者が期間の定めのない労働者より劣後する取扱いを認めています。しかし、この点について、学説では、期間の定めの有無という形式によってではなく、勤続年数や業務の内容など、雇用継続に対する労働者の合理的期待の保護を重視した実質的判断が求められるとする見解があります（私は、この見解は的確なものであると考えます）。

(2) 有期労働契約の締結、更新及び雇止めに関する基準

「厚生労働大臣は、期間の定めのある労働契約の締結時及び〔その〕労働契約の期間の満了時において労働者と使用者との間に紛争が生ずることを未然に防止するため、使用者が講ずべき労働契約の期間の満了に係る通知に関する事項その他必要な事項についての基準を定めることができ」、「行政官庁は、……基準に関し、期間の定めのある労働契約を締結する使用者に対し、必要な助言及び指導を行うことができる」（労働基準法第14条第2項・第3項）とされています。

この規定に基づき、「有期労働契約の締結、更新及び雇止めに関する基準」（平成15（2003）・10・22厚生労働省告示第357号）が定められています。

(3) 「有期労働契約の更新等」に関する労働契約法の規定

労働契約法第19条は、次のとおり定めています（平24改）。

「有期労働契約であって次の各号のいずれかに該当するものの契約期間が満了する日までの間に労働者が〔その〕有期労働契約の更新の申込みをした場合

又は〔その〕契約期間の満了後遅滞なく有期労働契約の締結の申込みをした場合であって、使用者が〔その〕申込みを拒絶することが、客観的に合理的な理由を欠き、社会通念上相当であると認められないときは、使用者は、従前の有期労働契約の内容である労働条件と同一の労働条件で〔その〕申込みを承諾したものとみなす。

　一　〔その〕有期労働契約が過去に反復して更新されたことがあるものであって、その契約期間の満了時に〔その〕有期労働契約を更新しないことにより〔その〕有期労働契約を終了させることが、期間の定めのない労働契約を締結している労働者に解雇の意思表示をすることにより〔その〕期間の定めのない労働契約を終了させることと社会通念上同視できると認められること。

　二　〔その〕労働者において〔その〕有期労働契約の契約期間の満了時に〔その〕有期労働契約が更新されるものと期待することについて合理的な理由があるものであると認められること」。

　雇止め法理（判例理論）（⇒ 82頁）を明文化（法文化）したものであるとされています。

5　有期労働契約の期間の定めのない労働契約への転換

　労働契約法第18条は、次のとおり定めています（平24改）。

　「同一の使用者との間で締結された二以上の有期労働契約（……）の契約期間を通算した期間（……「通算契約期間」……）が5年を超える労働者が、〔その〕使用者に対し、現に締結している有期労働契約の契約期間が満了する日までの間に、〔その〕満了する日の翌日から労務が提供される期間の定めのない労働契約〔無期労働契約〕の締結の申込みをしたときは、使用者は〔その〕申込みを承諾したものとみなす。この場合において、〔その〕申込みに係る期間の定めのない労働契約〔無期労働契約〕の内容である労働条件は、現に締結している有期労働契約の内容である労働条件（契約期間を除く。）と同一の労働条件（〔その〕労働条件（契約期間を除く。）について別段の定めがある部分を除く。）とする」（第1項）。

　「〔その〕使用者との間で締結された一の有期労働契約の契約期間が満了した日と〔その〕使用者との間で締結されたその次の有期労働契約の契約期間の初日との間に……（……「空白期間」……）があり、〔その〕空白期間が6月（……）以上であるときは、〔その〕空白期間前に満了した有期労働契約の契約

期間は、通算契約期間に算入しない」（第2項）。

無期転換ルールを設けることにより、有期労働契約の濫用的な利用を抑制し、労働者の雇用の安定を図ることとしたものである、とされています。

6　期間の定めがあることによる不合理な労働条件の禁止

労働契約法第20条は、次のとおり定めています（平24改）。

「有期労働契約を締結している労働者の労働契約の内容である労働条件が、期間の定めがあることにより同一の使用者と期間の定めのない労働契約を締結している労働者の労働契約の内容である労働条件と相違する場合においては、〔その〕労働条件の相違は、労働者の業務の内容及び〔その〕業務に伴う責任の程度（……「職務の内容」……）、〔その〕職務の内容及び配置の変更の範囲その他の事情を考慮して、不合理と認められるものであってはならない」。

期間の定めがあることによる不合理な労働条件を禁止する趣旨の規定であるとされています。

II　試用期間

1　「試用期間」とはなにか

多くの企業では、採用した労働者が職業上の適格性をもっているかどうかを実地に検討・判断するための期間を、本来的な労働契約関係に先行して設けており、この期間は、「試用期間」と呼ばれます。

最高裁の判例は、試用期間の法的性質について、（各企業における実情を重視して判断すべきことを前提としつつ、）「〔試用期間付きで採用された労働者〕に対する本件本採用の拒否は、留保解約権の行使、すなわち雇入れ後における解雇にあた」る、として、解約権留保付労働契約である、としました（最大判昭48（1973）・12・12、三菱樹脂事件）。

試用期間に関連して、労働基準法では、解雇予告の特例（第21条）（⇒149頁）及び平均賃金の計算の特例（第12条第3項）（⇒99頁）が定められています。

2　本採用の拒否

最高裁の判例（前掲（⇒72頁）、三菱樹脂事件）は、「〔本採用の拒否＝〕留保解約権に基づく解雇……については、〔通常の解雇〕の場合よりも広い範囲

における解雇の自由が認められてしかるべきもの」であるが、「解約権留保の趣旨、目的に照らして、客観的に合理的な理由が存し社会通念上相当として是認されうる場合にのみ許容される」とし、具体的には、「企業者が、採用決定後における調査の結果により、または試用期間中の勤務状態等により、当初知ることができず、また知ることが期待できないような事実を知るに至った場合において、……その者を引き続き……雇傭しておくのが適当でないと判断することが……客観的に相当であると認められる場合には……留保した解約権を行使できる」としています。

　学説では、この判決が、「採用決定後における調査の結果により」としている点については、身元調査は採用内定過程で済まされるべきであって、それを試用期間にまで持ち込むとは、採用内定と試用の実質的な違いを無視するものであるとする見解があります（私は、この見解は的確なものであると考えます）。

第14章　人事——配転・出向・転籍、休職、懲戒

　労働契約の締結後、その終了前における人事に関する事項の主なものとして、配転・出向・転籍、休職、懲戒があります。

I　配転

1　「配転」とはなにか

　「配転」とは、同一企業の内部での勤務場所・勤務内容の変更をいい、そのうち、転居をともなうものは「転勤」、同一事業所内での部署の変更は「配置転換」と呼ばれます。配転の命令（配転命令）は、①配転命令権の存否と、②（配転命令権の存在を前提として）配転命令が権利濫用にあたらないかの二段階で、効力が判断されると理解されています。

2　配転命令権の存否

　最高裁の判例は、①「労働協約及び就業規則には、〔会社〕は業務上……の都合により従業員に転勤を命ずることができる旨の定めがあり、」②「現に〔会社〕では、……従業員……の転勤を頻繁に行っており、」③「労働契約が成立した際にも勤務地を……限定する旨の合意はなされなかった」「という……事情の下においては、〔会社〕は〔従業員の〕個別的同意なしに……転勤を命じて労務の提供を求める権限を有する」としています（最判昭61（1986）・7・14、東亜ペイント事件）。
　最高裁の他の判例として、10数年から20数年にわたって機械工として就労してきた労働者を一斉に他部門の組立工などとして配置換えした事例について、「機械工以外の職種には一切就かせないという趣旨の職種限定の合意が……成立したとまでは認めることができ」ないとして、配転命令を有効としたもの（最判平元（1988）・12・7、日産自動車村山工場事件）もあります。

3　配転命令権の濫用

　最高裁の判例は、「使用者の転勤命令権は無制約に行使することができるも

のではなく、これを濫用することの許されないことはいうまでもないところ、〔その〕〔①〕転勤命令につき業務上の必要性が存しない場合又は業務上の必要性が存する場合であっても、〔その〕〔②〕転勤命令が他の不当な動機・目的をもってなされたものであるとき若しくは〔③〕労働者に対し通常甘受すべき程度を著しく超える不利益を負わせるものであるとき等、特段の事情の存する場合でない限りは、〔その〕転勤命令は権利の濫用になるものではないというべきである」とし、「本件……転勤命令には業務上の必要性が優に存したものということができ……、転勤が〔労働者〕に与える家庭生活上の不利益〔母が高齢（71歳）であり、保母をしている妻も仕事を辞めることがむつかしく、子供が幼少（2歳）であるという家庭の事情により、単身赴任を余儀なくされるという不利益〕は、転勤に伴い通常甘受すべきものというべきである。したがって、……本件転勤命令は権利の濫用に当たらないと解するのが相当である」（前掲（⇒87頁）、東亜ペイント事件）としました。

4　判例理論の見直し

その後、①平成13（2001）年に育児・介護休業法が改正され、労働者の配置の変更で就業の場所の変更をともなうものをしようとする場合における、事業主の配慮義務（第26条）が定められたこと（⇒48頁）、②平成18（2006）年の男女雇用機会均等法の改正では、コース別雇用管理の総合職について転勤に応ずることができることを募集・採用の要件とすること及び転勤経験があることを昇進の要件とすることが、いずれも間接差別として禁止された（第7条、施行規則第2条）こと（⇒40頁）、③平成19（2007）年に制定された労働契約法において、「仕事と生活の調和」（ワークライフバランス）についての配慮義務（第3条第3項）が定められたこと（⇒23頁）を踏まえ、学説では、労働契約による（勤務地・職種の限定の）拘束を限定的に解して使用者の配転命令権を広く承認したうえ、命令権の濫用も例外的な場合にしか認めない最高裁の判例法理は、全体として大きな見直しを迫られているとする見解があります（私は、この見解は的確なものであると考えます）。

II　出向

1　「出向」とはなにか

「出向」（在籍出向）とは、企業（出向元企業）との労働契約関係は存続さ

ながら、相当期間、他の企業（出向先企業）において、労務を提供させることをいいます。

出向中は、①出向元企業との間では、労働契約の基本的部分（労働者の地位を基礎づける事項に関する部分）が残り、労務提供・指揮命令権にかかわる部分は停止され（したがって、出向元企業では休職（⇒90頁）の扱いとなることがあります）、他方、②出向先企業との間では、労務提供・指揮命令権にかかわる労働契約関係が生じます（出向先企業との間に労働契約関係が生ずる点が、労働者派遣との相異だとされます（⇒59頁））。

出向の命令（出向命令）の効力についても、（配転命令の場合同様に）、①出向命令権の存否と②出向命令権の濫用が問題となります。労働契約法に、②に関する規定（第14条）（⇒90頁）が置かれています。

2 出向命令権の存否

最高裁の判例は、①構内業務の一部を協力会社に業務委託することにともない委託業務に従事していた労働者に在籍出向を命ずるもので、②入社時、出向時の就業規則に「業務上の必要性によって社外勤務をさせることがある」という規定があり、③労働協約である社外勤務協定において、出向労働者の利益に配慮した詳細な規定がある、という事情の下では、労働者の個別的同意なしに、出向を命じ得るとしました（最判平15（2003）・4・18、新日本製鐵（日鐵運輸第2）事件）。

学説では、出向は指揮命令権者の変更を意味し、労働者に大きな不利益をもたらす可能性があること、民法第625条第1項は、「使用者は、労働者の承諾を得なければ、その権利を第三者に譲り渡すことができない」としており、これは指揮命令権が変更される場合も含むと理解されることなどからすれば、出向には、出向先やそこでの労働条件が特定されたうえでの、労働者の個別的同意（ないし、それを同視しうるほどの特段の事情）が必要であるとする見解もあります（私は、この見解は的確なものであると考えます）。

3 出向命令権の濫用

最高裁の判例は、（前掲（⇒89頁）、新日本製鐵（日鐵運輸第2）事件において、）①「〔会社〕が……一定の業務を〔協力会社〕に委託することとした経営判断が合理性を欠くものとはいえず、これに伴い、委託される業務に従事し

ていた……従業員につき出向措置を講ずる必要があった」、②「出向措置の対象となる者の人選基準には合理性があり、具体的な人選についてもその不当性をうかがわせるような事情はない」、③「〔労働者〕がその生活関係、労働条件等において著しい不利益を受けるものとはいえない」、④「発令に至る手続に不相当な点があるともいえない」という「事情にかんがみれば……出向命令が権利の濫用に当たるということはできない」としました。

労働契約法第14条「使用者が労働者に出向を命ずることができる場合において、〔その〕出向の命令が、その必要性、対象労働者の選定に係る事情その他の事情に照らして、その権利を濫用したものと認められる場合には、〔その〕命令は、無効とする」は、このような判例法理を明文化（法文化）したものである、とされています。

Ⅲ　転籍

「転籍」（移籍出向）とは、従前の企業（転籍元企業）との労働契約関係を消滅させ、他の企業（転籍先企業）との間に労働契約関係を成立させ、そこで労務を提供させることをいいます。

転籍には、①転籍元企業との労働契約の解約と、転籍先企業との新労働契約の締結との複合によるものと、②転籍元企業と転籍先企業との間の、労働契約上の地位の譲渡（民法第625条第1項）（⇒89頁、⇒149頁）によるものとがあります。

転籍は、労働契約関係を維持して行われる配転・出向と異なり、労働契約関係を解消してしまうものであり、労働者の個別の同意を要すると理解されています（東京地判平7（1995）・12・25、三和機材事件など）。

Ⅳ　休職

「休職」とは、労働者に労務の提供をさせることが不可能又は不適当な事由が生じた場合に、労働契約関係は存続させながら、一定期間、労務の提供を免除又は禁止することをいいます。

休職の事由は、2つに大別できます。

(1)労働者側に原因があるものとして、①傷病・事故、②刑事事件での起訴、③（労働組合の）在籍専従（⇒199頁）、④自己都合、⑤懲戒（出勤停止）（⇒96頁）などがあり、(2)使用者側に原因があるものとして、⑥出向（⇒89

頁)、⑦業務の都合（一時帰休）などがあります。

休職期間中の賃金については、業務の都合による休職の場合は、使用者は、民法第536条第2項（⇒103頁）に基づく賃金、労働基準法第26条（⇒103頁）に基づく休業手当の支払義務を負いますが、それ以外の場合については、労働協約、就業規則などの定めるところによります。

V 懲戒

1 「懲戒」とはなにか

労働基準法は、就業規則の記載事項の1つとして、「表彰及び制裁の定めをする場合においては、その種類及び程度に関する事項」（第89条第9号）をあげ、使用者による「制裁」がありうることを予定しています（⇒30頁）。

「懲戒」とは、最高裁の判例によれば、労働者の「企業秩序の違反に対し、使用者によって課せられる一種の制裁罰」です（最判昭38（1963）・6・21、十和田観光事件）。

懲戒については、そもそも何故、使用者と労働者という労働契約の対等な当事者間で、その一方（使用者）が他方（労働者）に対して、一般に契約違反の際に予定されている、契約の解除（解雇[1]）や損害賠償の請求という措置をこえる、懲戒という制裁措置をとることができるのかという基本的な問題があります。

これについて、学説では、使用者は、秩序を必要とする企業の運営者として当然に固有の懲戒権を有すると理解する説（固有権説）と、懲戒権の行使は、就業規則や労働者との合意によって使用者が取得した懲戒権の範囲内でのみ可能であると理解する説（契約説）とがあり、契約説が通説とされています。

最高裁の判例は、以前、「使用者は、広く企業秩序を維持し、もって企業の円滑な運営を図るために、その雇用する労働者の企業秩序違反行為を理由として、当該労働者に対し、一種の制裁罰である懲戒を課することができる」（最判昭58（1983）・9・8、関西電力事件）とし、基本的に固有権説をとると理解されていましたが、その後、「使用者が労働者を懲戒するには、あらかじめ就業規則において懲戒の種別及び事由を定めておくことを要する」（最判平15（2003）・10・10、フジ興産事件）、「使用者の懲戒権の行使は、企業秩序維持の

---

1) 懲戒としての解雇（⇒96頁）ではない、普通の解雇。

観点から労働契約関係に基づく使用者の権能として行われるものである」(最判平18 (2006)・10・6、ネスレ日本（懲戒解雇）事件）と、契約説と理解することもできる表現をとるようになっています。なお、最高裁の判例（前掲（⇒92頁）、ネスレ日本（懲戒解雇）事件）は、「就業規則所定の懲戒事由に該当する事実が存在する場合であっても、〔その〕具体的事情の下において、それが客観的に合理的な理由を欠き、社会通念上相当なものとして是認することができないときには、権利の濫用として無効になると解するのが相当である」としています。

労働契約法第15条は、「使用者が労働者を懲戒することができる場合において、〔その〕懲戒が、〔その〕懲戒に係る労働者の行為の性質及び態様その他の事情に照らして、客観的に合理的な理由を欠き、社会通念上相当であると認められない場合は、その権利を濫用したものとして、〔その〕懲戒は、無効とする」と定めています。

①「使用者が労働者を懲戒することができる場合」であること（懲戒権の存在）に加え、②懲戒権の濫用にあたらないことが、懲戒の有効要件であることになります。②は、最高裁の判例（前掲（⇒92頁）、ネスレ日本（懲戒解雇）事件）の趣旨を明文化（法文化）したものであるとされています。

2　懲戒権の存否

使用者が就業規則で懲戒の事由及び種類を定めており、その懲戒の事由に該当する事実があった場合に、具体的な懲戒権が発生すると理解されます。

(1)懲戒の事由

就業規則や判例に見られる、主な懲戒の事由として、次のものがあります。就業規則の懲戒事由は包括的な表現をとっていることが多く、裁判所は、労働者保護の観点から、限定的に解釈をする傾向にあります。

①経歴詐称－「経歴詐称」とは、労働契約の締結の過程で、使用者に対し、自分の学歴、職歴、犯罪歴などについて、偽りの事実を申告し、又は真実を秘匿することをいいます。重要な経歴に関するものである場合は、懲戒事由になると理解されています。

②職務懈怠－無断欠勤などです。

最高裁の判例は、「精神的な不調のために欠勤を続けていると認められる労働者に対しては……使用者……としては、……精神科医による健康診断を実施

するなどした上で……その診断結果等に応じて、必要な場合は治療を勧めた上で休職等の処分を検討し、その後の経過を見るなどの対応を採るべきであり、このような対応を採ることなく、〔労働者の〕出勤しない理由が存在しない事実に基づくものであることから直ちにその欠勤を正当な理由なく無断でされたものとして諭旨退職（⇒ 96 頁）の懲戒処分の措置を執ることは、精神的な不調を抱える労働者に対する使用者の対応としては適切なものとはいい難い。……〔労働者〕の……欠勤は就業規則所定の懲戒事由である正当な理由のない無断欠勤に当たらないものと解さざるを得ず……本件処分は、就業規則所定の懲戒事由を欠き、無効である」としています（最判平 24 (2012)・4・27、日本ヒューレット・パッカード事件）。

③業務命令違反－「業務命令」とは、使用者が業務遂行のために労働者に対して行う指示又は命令をいいます。その違反とは、時間外労働命令拒否、転勤命令拒否、所持品検査拒否などです。

　最高裁の判例は、公立小学校において、音楽専科の女性教諭が校長から入学式における「君が代」斉唱の際にピアノ伴奏を行うように言われたがそれを行わなかったのに対し、教育委員会が職務命令違反としてした懲戒（戒告（⇒ 96 頁））について、「本件職務命令は、〔教諭〕の思想及び良心の自由を侵すものとして憲法〔第〕19 条〔「思想及び良心の自由は、これを侵してはならない。」〕に反するとはいえない」として、懲戒を是認しています（最判平 19 (2007)・2・27、東京都教委（日野市立南平小学校）事件）。この判決には、「公的儀式における斉唱への協力を強制することが、当人の信念・信条そのものに対する直接的抑圧となることは、明白である」とし、「にわかに賛成することはできない」とする反対意見が付されています（私は、この見解は的確なものであると考えます）。

◆「反対意見」

　最高裁判所の「裁判書〔裁判の結果、内容を記載した書面（判決書など）〕には、各裁判官の意見を表示しなければならない」と定められており（裁判所法第 11 条）、裁判書に個別に表示される意見（少数意見）のうち、多数意見（多数を形成した意見。共同して表示されます）の結論に反対するものを「反対意見」といい、多数意見の結論には賛成するが理由づけを異にするものを「意見」といい、多数意見に加わった裁判官がさらに自分の意見を付加して述べるものを「補足意見」といいます。最高裁判所について各裁判官の意見を公表する仕組みが設けられているのは、最高

裁判所裁判官国民審査の制度（投票者の多数が罷免を可とするときは、罷免される制度）（憲法第79条第2項－第4項）に関連し、国民に審査の資料を提供するためであるとされています。

④職場規律違反―労務の遂行や職場内でのその他の行動を規律しているさまざまな規定の違反をいいます。事業所内における政治活動等の規制に関して、最高裁の判例は、「職場内における従業員の政治活動は、……企業秩序の維持に支障をきたすおそれが強い〔ので〕……就業規則により……禁止することは、合理的な定めとして許されるべきであり」、「〔事業場〕内において……ビラ配布等を行うことは、休憩時間中であつても、……これを〔事業場〕管理者の許可にかからせることは、……合理的な制約ということができる」とし、これらの規制の違反は、「実質的に〔事業場〕内の秩序風紀を乱すおそれのない特別の事情」が認められない限り、懲戒（懲戒解雇（⇒96頁））の対象となる、としています（最判昭52（1977）・12・13、電電公社目黒電報電話局事件）。学説では、労働者の「表現の自由」（憲法第21条「……表現の自由は、これを保障する。」）の観点から、判例の考え方は妥当ではなく、行為の態様などからみて、施設の管理や作業の遂行に支障を生ずる現実かつ具体的な危険がある場合に限って、規制の対象とすることが認められるとする見解があります（私は、この見解は的確なものであると考えます）。

なお、職場内における政治活動に関しては、最高裁の判例に、「憲法で保障された、……基本的人権も絶対のものではなく、……〔労働者〕が自己の自由なる意思により〔職場〕内においては政治活動をしないことを条件として……雇用されたものである以上、〔その〕特約は有効であって、……憲法または民法上の公序良俗に違反した無効のものであるということはできない」としたもの（最判昭27（1952）・2・22、十勝女子商業事件）が、あります。これに対し、学説では、この判決は、憲法の人権保障規定の私人間適用（効力）の問題（⇒68頁）について明確な判断を示さないまま、あたかも契約自由（私的自治）の原則（⇒24頁）に無条件の優越性を認めているようにみえ、頗る疑問であるとする見解もあります（私は、この見解は的確なものであると考えます）。

⑤従業員としての地位・身分にともなう規律の違反

ア　私生活上の非行―最高裁の判例に、「不名誉な行為をして会社の体面を著

しく汚したとき」に該当するとして懲戒（懲戒解雇（⇒96頁））された事例につき、「従業員の不名誉な行為が会社の体面を著しく汚したというためには、……〔その〕行為の性質、情状のほか、会社の事業の種類・態様・規模、会社の経済界に占める地位、経営方針及びその従業員の会社における地位・職種等諸般の事情から総合的に判断して、〔その〕行為により会社の社会的評価に及ぼす悪影響が相当重大であると客観的に評価される場合でなければならない」としたもの（最判昭49（1974）・3・15、日本鋼管事件）があります。

イ　無許可兼職―会社の許可なく他人に雇い入れられることを禁止し、その違反を懲戒の事由とする定めについて、会社に対する労務の提供に格別の支障を生じさせない程度・態様のものは禁止違反にあたらないと理解されています。

ウ　誠実義務違反―労働者は、労働契約にともない、信義則（⇒24頁）上当然の付随的義務として「誠実義務」（ことさらに使用者の利益を害する行為を避ける義務）を負うものと理解されており、最高裁の判例に、「会社を……中傷誹謗する」「ビラの配布は、就業時間外に職場外である……従業員社宅において職務遂行に関係なく行われた」ものであっても、懲戒の事由にあたる、としたもの（最判昭58（1983）・9・8、関西電力事件）があります。

　秘密保持義務（職務中又は企業において知り得た秘密を漏洩しないという義務）や競業避止義務（使用者と競合する業務を行わない義務）も、誠実義務の一内容であり、その違反は、懲戒の事由となりえると理解されています。

エ　内部告発・「公益通報者保護法」―労働者による企業の内部告発は、誠実義務（具体的には、秘密保持義務など）違反として、懲戒の対象とされることがありますが、内部告発は、他面において、企業の違法行為を正すという積極的価値をもっており、懲戒の可否が裁判で争われてきました。

　これについて、（下級裁判所の）判例は、〈1〉告発内容の真実性、〈2〉告発の目的、〈3〉態様などを総合的に考慮して、判断しています（大阪地堺支判平15（2003）・6・18、大阪いずみ市民生協（内部告発）事件、など）。

　労働者による企業の内部告発に関しては、〈1〉使用者の一定の労働法違反の行為についての行政機関に対する申告について、個別の労働法の規定により、解雇その他の不利益取扱いの禁止が定められており（労働基準法第104条（⇒27頁）など）、また、それとは別に、〈2〉平成16（2004）年に、「公益通報者保護法」が制定されています。この法律は、「公益通報」を、労働者が、不正の目的でなく、通報対象事実（個人の生命又は身体の保護、消費者の利益

の擁護等にかかわる一定の法律に規定する犯罪行為の事実等）が生じ、又はまさに生じようとしている旨を、所定の通報先（労務提供先等、行政機関、その他一定の者）に通報することと定義し（第2条）、公益通報をした労働者（公益通報者）が公益通報をしたことを理由とする解雇等を無効とし（第3条・第4条）、それを理由とする降格、減給その他不利益な取扱いを禁止しています（第5条）。

以上の規定は、内部告発を理由とする懲戒に対する制約として働きます。

(2)懲戒の種類

一般に行われている懲戒の主なものは、次のとおりです。

①譴責（けんせき）・戒告

「譴責」とは、通例、「始末書」を提出させ、「戒告」とは、通例、「始末書」を提出させないで、将来をいましめる措置をいいます。最も軽い懲戒です。

②減給

「減給」とは、本来支払われるべき賃金額から一定額を差し引く措置をいいます。

労働基準法で、「……減給は、1回の額が平均賃金〔(⇒98頁)〕の1日分の半額を超え、総額が1賃金支払期における賃金の総額の10分の1を超えてはならない」（第91条）と定められています。

③降格

「降格」とは、役職や等級[2]を引き下げる措置をいいます。

④出勤停止（懲戒休職）

「出勤停止」（懲戒休職）とは、労働契約関係は存続させながら、一定期間、労務の提供を禁止する措置をいいます。

⑤懲戒解雇・諭旨解雇（諭旨退職）

「懲戒解雇」とは、懲戒として行われる解雇（⇒145頁）をいいます。通例、解雇の予告（または解雇予告手当の支払）（⇒149頁）なしに、また、退職金（⇒155頁）の全部又は一部の支払なしに行われます。最も重い懲戒です。「諭旨解雇（諭旨退職）」とは、通例、辞表の提出（辞職（任意退職））（⇒145頁）を勧告して、これに応ずれば辞職（任意退職）の形式をとり（退職金は、通例、

---

[2] 役職とは、管理体系（ライン）における位置付けをいい、等級とは、賃金の基本部分（基本給）がそれに応じて定められる職務の格付けをいいます。

支給されます)、応じなければ懲戒解雇にする措置をいいます。懲戒解雇よりも若干軽い懲戒です。

3 懲戒権の濫用

懲戒権の濫用(労働契約法第15条)(⇒92頁)にあたらないかどうかの判断にあたっては、次の諸点が考慮されます。

(1)相当性の原則

懲戒が、労働者の行為の程度(性質・態様)に照らして均衡のとれた相当なものであること。

(2)平等取扱いの原則

同様の従前の先例に比して均衡を失したものでないこと。

(3)適正手続の要請

本人に弁明の機会を与えるなど手続的に適正なものであること。

第15章　賃金

I　賃金の意義など

1　「賃金」とはなにか

労働基準法第11条は、「この法律で賃金とは、賃金、給料、手当、賞与その他名称の如何を問わず、労働の対償として使用者が労働者に支払うすべてのものをいう」と定めています。

「労働の対償」に関して、労働協約、就業規則、労働契約などによって支給が義務づけられているものは賃金であるが、任意的・恩恵的なもの[1]及び業務必要経費[2]は、賃金ではないと理解されています。

「使用者が支払うもの」に関して、客から直接支払われるチップは、賃金ではないと理解されています。

2　「平均賃金」とはなにか

解雇予告手当（労働基準法第20条）（⇒149頁）、休業手当（同法第26条）（⇒103頁）、年次有給休暇の期間中の賃金（同法第39条）（⇒124頁）などの算定にあたり、「平均賃金」という考え方が用いられます。

労働基準法第12条は、「……平均賃金とは、これを算定すべき事由の発生した日以前3箇月間にその労働者に対して支払われた賃金の総額を、その期間の総日数で除した金額をいう」（第1項本文）と定めています。なお、(1)日給制・時給制または「出来高払制その他の請負制」の場合には、平均賃金は、「賃金の総額をその期間中に労働した日数で除した金額の100分の60」「を下ってはならない」こと（第1項ただし書）、(2)産前休業、産後休業などの各

---

[1]　退職金・賞与が「賃金」かどうかも、任意的・恩恵的なものであれば「賃金」とならないと判断されます。

[2]　実費で弁済されるもので、たとえば出張旅費がこれにあたります。通勤手当は、本来労働者が負担すべきものなので、業務必要経費にあたりません。

種の休業期間及び試みの使用期間の「日数及びその期間中の賃金は、〔算定の基礎となる〕期間及び賃金の総額から控除する」こと（第3項）、(3)「〔算定の基礎となる〕賃金の総額には、臨時に支払われた賃金及び3箇月を超える期間ごとに支払われる賃金並びに通貨以外のもので支払われた賃金で一定の範囲に属しないものは算入しない」こと（第4項）が定められています。

Ⅱ 賃金の支払いに関する諸原則

　労働基準法第24条は、「賃金は、通貨で、直接労働者に、その全額を支払わなければならない」（第1項本文）、「賃金は、毎月1回以上、一定の期日を定めて支払わなければならない」（第2項本文）と定めています。

　労働者の生活を支える重要なものである賃金が労働者の手に確実に渡るようにする趣旨です。そこには、以下の原則が含まれています。

1 「通貨」払いの原則

　いわゆる現物給与は認められないことになります。ただし、労働基準法第24条第1項ただし書きは、例外として、「……法令[3] 若しくは労働協約に別段の定めがある場合又は厚生労働省令で定める賃金について確実な支払の方法で厚生労働省令で定めるものによる場合[4] においては、通貨以外のもので支払……うことができる」としています。

2 「直接」払いの原則

　使用者が、労働者の親権者その他の法定代理人（⇒79頁）や労働者の委任を受けた任意代理人（⇒79頁）に賃金を支払うことは、直接払いの原則に違反すると理解されています。しかし、労働者本人が病気欠勤中に配偶者や子が賃金の受領を求める場合のように、社会通念上、本人に支払うのと同一の効果を生ずる、使者に対する支払いは差支えないと理解されています。最高裁判例は、「労働者が……賃金債権を他に譲渡した場合においても、……〔労働基準

---

 3) 現在、この「法令」は、存在しません。
 4) 厚生労働省令（労働基準法施行規則第7条の2）では、労働者の同意を得た場合には、賃金の支払について、労働者が指定する金融機関の預金口座への振込みなどによることができ、退職手当の支払については、そのほかに、金融機関によって振り出された当該金融機関を支払人とする小切手の交付などによることができることとされています。

法第24条〕が適用され、使用者は直接労働者に対し賃金を支払わなければならず、……債権の譲受人は自ら使用者に対してその支払を求めることは許されない」（最判昭43（1968）・3・12、小倉電話局事件）としています。

3 「全額」払いの原則

この原則に対する例外として、「法令に別段の定めがある場合[5]又は〔労働者の過半数代表者〕との書面による協定〔以下、「労使協定」といいます〕[6]がある場合においては、賃金の一部を控除して支払うことができる」（労働基準法第24条第1項ただし書）こととされています。

最高裁の判例は、「労働基準法〔第〕24条〔第〕1項……は、労働者の賃金債権に対しては、使用者は、使用者が労働者に対して有する反対債権をもって相殺〔⇒78頁〕することを許さないとの趣旨を包含するものと解するのが相当である」としています（最大判昭36（1961）・5・31、日本勧業経済会事件）。ただし、最高裁の判例は、(1)過払賃金を、その後に支払われるべき賃金から控除すること（「調整的相殺」と呼ばれます）については、「時期、方法、金額等からみて労働者の経済生活の安定との関係上不当と認められないものであれば、〔労働基準法第24条第1項〕の禁止するところではない」とし（最判昭44（1969）・12・18、福島県教組事件）、また、(2)使用者と労働者との合意による相殺についても、「使用者が労働者の同意を得て労働者の退職金債権に対してする相殺は、〔その〕同意が労働者の自由な意思に基づいてされたものであると認めるに足りる合理的な理由が客観的に存在するときは、労働基準法〔第〕24条〔第〕1項本文に違反しない」（最判平2（1990）・11・26、日新製鋼事件）としています。(2)の判例に対して、学説では、労働者の同意があっても使用者の法違反は成立するのが労働基準法の建前であることなどを理由として、疑問であるとする見解があります（私は、この見解は的確なものであると考えます）。

---

[5] 給与所得税の源泉徴収（所得税法第183条）、社会保険料の源泉控除（厚生年金保険法第84条など）などの場合です。

[6] いわゆるチェック・オフ協定（⇒174頁）などです。

4 「毎月1回以上一定期日」払いの原則

この原則に対する例外として、「……臨時に支払われる賃金、賞与その他これに準ずるもので厚生労働省令で定める賃金（……「臨時の賃金等」……）[7]については、この限りでない」（第24条第2項ただし書）と定められています。

なお、「非常時払」に関して、労働基準法第25条は、「使用者は、労働者が出産、疾病、災害その他厚生労働省令で定める非常の場合[8] の費用に充てるために請求する場合においては、支払期日前であっても、既往の労働に対する賃金を支払わなければならない」（第25条）と定めています。

Ⅲ 賃金額の保障

1 最低賃金制度

最低賃金制度は、国が、労働契約における賃金の最低額を定めて、使用者に対してその遵守を強制する制度です。労働基準法第28条は、「賃金の最低基準に関しては、最低賃金法……の定めるところによる。」と規定し、「最低賃金法」で、その内容が定められています。

最低賃金には、地域別最低賃金と特定最低賃金の2つの種類があります。

(1) 地域別最低賃金について

最低賃金法第9条は、「賃金の低廉な労働者について、賃金の最低額を保障するため、地域別最低賃金（一定の地域ごとの最低賃金をいう……）は、あまねく全国各地域について決定されなければならない」（第1項）、「地域別最低賃金は、地域における労働者の生計費及び賃金並びに通常の事業の賃金支払能力を考慮して定められなければならない」（第2項）、「〔第2項の〕労働者の生計費を考慮するに当たっては、労働者が健康で文化的な最低限度の生活〔日本国憲法第25条第1項（⇒7頁）〕を営むことができるよう、生活保護に係る施策との整合性に配慮するものとする」[9]（第3項）と定め、同法第10条は、「厚

---

7) 厚生労働省令（労働基準法施行規則第8条）では、1箇月をこえる期間についての精勤手当、勤続手当、奨励加給・能率手当が定められています。

8) 厚生労働省令（労働基準法施行規則第9条）では、(1)労働者の収入によって生計を維持する者の出産、疾病、災害、(2)労働者又はその収入によって生計を維持する者の結婚、死亡、やむを得ない事由による1週間以上の帰郷、が定められています。

9) 最低賃金が生活保護を下回らない水準となるよう配慮するという趣旨である、とされています。

生労働大臣又は都道府県労働局長は、一定の地域ごとに、中央最低賃金審議会又は地方最低賃金審議会〔いずれも、労働者代表委員、使用者代表委員、公益代表委員各同数の三者構成（第22条）〕（……「最低賃金審議会」……）の調査審議を求め、その意見を聴いて、地域別最低賃金の決定をしなければならない」（第1項）と定めています[10]。

(2)特定最低賃金について

最低賃金法第15条は、「労働者又は使用者の全部又は一部を代表する者は、……厚生労働大臣又は都道府県労働局長に対し、〔その〕労働者若しくは使用者に適用される一定の事業若しくは職業に係る最低賃金（……「特定最低賃金」……）の決定……をするよう申し出ることができる。」（第1項）、「厚生労働大臣又は都道府県労働局長は、〔第1項の規定による〕申出があった場合において必要があると認めるときは、最低賃金審議会の調査審議を求め、その意見を聴いて、〔その〕申出に係る特定最低賃金の決定……をすることができる」（第2項）、と定め、同法第16条は、「……特定最低賃金において定める最低賃金額は、〔その〕特定最低賃金の適用を受ける使用者の事業場の所在地を含む地域について決定された地域別最低賃金において定める最低賃金額を上回るものでなければならない」と定めています[11]。

最低賃金の効力に関し、最低賃金法第4条は、「使用者は、最低賃金の適用を受ける労働者に対し、その最低賃金額以上の賃金を支払わなければならない。」（第1項）、「最低賃金の適用を受ける労働者と使用者との間の労働契約で最低賃金額に達しない賃金を定めるものは、その部分については無効とする。この場合において、無効となった部分は、最低賃金と同様の定〔め〕をしたものとみなす。」（第2項）と定めています。最低賃金の減額の特例として、最低賃金法第7条は、「使用者が……都道府県労働局長の許可を受けたときは、〔①精神・身体障害により著しく労働能力が低い者、②試みの使用期間中の者、③職業訓練中の者、④軽易な業務に従事する者等〕については、……最低賃金額に労働能力その他の事情を考慮して……定める率を乗じて得た額を減額した額により第4条〔最低賃金の効力〕の規定を適用する」と定めています。

地域別最低賃金の定めに違反した者には、最低賃金法が定める罰則（50万

---

10) 派遣中の労働者の地域別最低賃金（最低賃金法第13条）については、⇒67頁。
11) 派遣中の労働者の特定最低賃金（最低賃金法第18条）については⇒67頁。

円以下の罰金）が適用されます（第40条）[12]。

2 請負制の保障給

　労働基準法第27条は、「出来高払制その他の請負制で使用する労働者については、使用者は、労働時間に応じ、一定額の賃金の保障をしなければならない」と定めています。保障すべき一定額については、規定されていませんが、行政解釈は、「常に通常の実収賃金と余りへだたらない程度の収入が保障されるように保障給の額を定める」べきであるとしており、大体の目安としては、休業の場合についても労働基準法第26条（⇒103頁）が平均賃金の100分の60以上の手当を要求していることからすれば、労働者が現実に就業している本条の場合については、少なくとも平均賃金の100分の60程度を保障することが妥当と思われるとされています。

◆「行政解釈」

　行政の統一性確保のため、行政機関が行政部内での統一的な法令（法律・命令）の解釈を定めたものを「行政解釈」といい、訓令や通達等の形式をとります。

Ⅳ　休業手当

　労働基準法第26条は、「使用者の責〔め〕に帰すべき事由による休業の場合においては、使用者は、休業期間中〔その〕労働者に、その平均賃金の100分の60以上の手当を支払わなければならない」と定めています。この手当を「休業手当」と呼びます。

　「休業」とは、労働契約上労働義務がある時間について、労働ができなくなることをいいます。

　民法第536条第2項は、「債権者〔労働契約に基づき、労働者を労働させる債権については、使用者が債権者です〕の責めに帰すべき事由によって債務〔労働者の労働する債務が、これにあたります〕を履行することができなくな

---

[12] 特定最低賃金の定めに違反した者については、最低賃金法では刑罰が定められていませんが、労働基準法第24条の全額払いの原則違反についての刑罰（労働基準法第120条第1号による30万円以下の罰金）の適用を受けると理解されています。

ったときは、債務者〔労働者〕は、反対給付〔賃金〕を受ける権利を失わない。この場合において、自己の債務〔労働する債務〕を免れたことによって利益を得たときは、これを債権者〔使用者〕に償還しなければならない」と定めており、労働基準法第26条と民法第536条第2項との関係が問題となります。

この点について、最高裁の判例は、「労働基準法第26条の「使用者の責〔め〕に帰すべき事由」……とは、……民法〔第〕536条〔第〕2項の〔「債権者の責めに帰すべき事由」〕〔故意、過失又は信義則上これと同視すべき事由を意味すると理解されています〕よりも広く、使用者側に起因する経営、管理上の障害を含むものと解するのが相当である」(最判昭62 (1967)・7・17、ノース・ウエスト航空事件) としています。

通説も、「使用者の責めに帰すべき事由」について、最高裁の判例と同様に理解したうえ、民法では、債権者(使用者)の義務を特約によって排除することができ、また、民事訴訟による以外に履行を強制する手段がないのに対し、労働基準法では、平均賃金の100分の60に相当する部分について、使用者の義務は特約によって排除することができず、また、罰則と付加金によって履行が強制されるとともに、民法第536条第2項後段に規定されている、債務者(労働者)が債務を免れたことによる利益の償還を定めないことにより、労働者への平均賃金の100分の60相当額の支払を確保する点で、労働者保護を強化したものであると理解しています。

V 割増賃金

労働基準法第37条第1項は、「使用者が、第33条〔災害等による臨時の必要がある場合の時間外労働等 (⇒114頁)〕又は〔第36条〕〔労使協定による時間外及び休日の労働 (⇒114頁)〕第1項の規定により労働時間を延長し、又は休日に労働させた場合においては、その時間又はその日の労働については、通常の労働時間又は労働日の賃金の計算額の2割5分〔25％〕以上5割〔50％〕以下の範囲内でそれぞれ政令で定める率[13]以上の率で計算した割増賃金を支払わなければならない。ただし、当該延長して労働させた時間が1箇月

---

13) 「労働基準法第37条第1項の時間外及び休日の割増賃金に係る率の最低限度を定める政令」により、時間外労働については2割5分 (25％)、休日労働については3割5分 (35％) の率とされます。なお、特別条項付き協定の場合の割増賃金の率については、⇒115頁。

について60時間を超えた場合においては、その超えた時間の労働については、通常の労働時間の賃金の計算額の5割〔50％〕以上の率で計算した割増賃金を支払わなければならない」と定め[14]、同条第3項は「使用者が、〔労働者の過半数代表者〕との書面による協定により、第1項ただし書の規定により割増賃金を支払うべき労働者〔1か月につき60時間超の時間外労働に対する5割（50％）以上の率で計算した割増賃金を支払うべき労働者〕に対して、〔その〕割増賃金の支払に代えて、通常の賃金が支払われる休暇〔代替休暇〕……を……与えることを定めた場合において、〔その〕労働者が〔その〕休暇を取得したときは、……〔その〕取得した休暇に対応する……時間の労働については、〔第1〕項ただし書の規定による割増賃金を支払うことを要しない」と定めています。

労働基準法第37条第4項は、「使用者が、午後10時から午前5時まで……の間において労働させた〔深夜労働をさせた〕場合においては、その時間の労働については、通常の労働時間の賃金の計算額の2割5分〔25％〕以上の率で計算した割増賃金を支払わなければならない」と定めています。

以上の、時間外労働・休日労働・深夜労働の場合の割増賃金の支払いの義務づけは、労働基準法が定める労働時間・休日制（⇒110頁以下）の維持を図るとともに、過重な労働に対する労働者への補償を行おうとするものです。

2点、説明を付け加えます。

(1)割増賃金を支払わなければならない「時間外労働」は、法定の労働時間（原則として、労働基準法第32条第2項（⇒110頁）に定める1日8時間）を延長して労働させる場合であり、就業規則で、労働時間が法定の労働時間より短く（たとえば、7時間と）定められている場合に、法定労働時間の範囲内で延長して（たとえば、1時間延長して8時間）労働させても（いわゆる法内残業をさせても）、ここでいう「時間外労働」ではなく、割増賃金の支払義務は生じません。同様に、割増賃金を支払わなければならない「休日労働」は、法定の休日（原則として、労働基準法第35条第1項（⇒120頁）に定める1週1回の休日）に労働させる場合であり、就業規則で、法定の休日より多く（たとえば、1週2回と）定められている場合に、法定の休日をこえる休日（たと

---

[14] なお、ただし書の規定は、平成20（2008）年の改正で追加されましたが、中小事業主の事業については、当分の間、適用しないこととされています（附則第138条）。

えば、1週2回の休日のうち1回）に労働させても、ここでいう「休日労働」にはあたらず、割増賃金の支払義務は生じません。

(2) (1か月60時間以下の) 時間外労働と深夜労働が重複した場合は、25＋25＝50％以上の、1か月60時間超の時間外労働と深夜労働が重複した場合は、50＋25＝75％以上の割増賃金を支払わなければならず（労働基準法施行規則第20条第1項）、休日労働と深夜労働が重複した場合は、35＋25＝60％以上の割増賃金を支払わなければなりません（同条第2項）。以上に対し、休日労働が8時間をこえても、割増賃金は、35％だけで足りることとされています。休日労働も時間外労働も、法定外労働という点では同性質であり、異なる割増原因が重複したものではないと理解されているからです。

Ⅵ 賃金債権の保護

1 民法による先取特権

(1) 一般の先取特権

民法は、第306条で、「雇用関係」（第2号）「によって生じた債権を有する者は、債務者の総財産について先取特権を有する」と定め、第308条で、「雇用関係の先取特権は、給料その他債務者〔使用者〕と使用人〔労働者〕との間の雇用関係に基づいて生じた債権について存在する」と定めています。

(2) 動産の先取特権

民法は、第311条で、「農業の労務」（第7号）・「工業の労務」（第8号）「によって生じた債権を有する者は、債務者の特定の動産について先取特権を有する」と定め、第323条・第324条で、「農業（工業）の労務の先取特権は、その労務に従事する者の最後の1年（3箇月）間の賃金に関し、その労務によって生じた果実（製作物）について存在する」と定めています。

◆「先取特権」

「先取特権」（さきどりとっけん）とは、法律の定める特殊の債権をもつ者が、債務者の総財産又は特定の財産（動産・不動産）から、一般の債権者に優先して、弁済（債務の履行）を受けることができる権利をいいます。先取特権には、一般の先取特権（債務者の総財産から優先して弁済を受けることができる先取特権）と特別の先取特権（債務者の特定の動産又は不動産から優先して弁済を受けることができる先取特権）が、あります。一般の先取特権と特別の先取特権が競合する場合には、原則として、特別の先取特権が一般の先取特権に優先します（民法第329条第2

項）。

2 倒産手続における賃金債権の保護

　企業倒産時の賃金債権の保護は、倒産手続（破産手続、会社更生手続、民事再生手続など）によって異なりますが、たとえば、破産手続の場合、①「破産手続開始前3月間の破産者の使用人〔労働者〕の給料の請求権」は、「財団債権」とされ（破産法第149条第1項）、②「破産手続の終了前に退職した破産者の使用人〔労働者〕の退職手当の請求権（……）は、退職前3月間の給料の総額（……）に相当する額」が「財団債権」とされ（同条第2項）、「財団債権は、破産債権〔「破産者に対し破産手続開始前の原因に基づいて生じた財産上の請求権（……）であって、財団債権に該当しないもの」（破産法第2条第3項）〕に先立って、弁済する」（破産法第151条）こととされています。

　それ以外の賃金債権は、「一般の先取特権……がある〔⇒106頁〕破産債権（……「優先的破産債権」……）」として、「他の破産債権に優先する」（破産法第98条第1項）こととされ、さらに、「優先的破産債権である給料の請求権又は退職手当の請求権について届出をした破産債権者が、これらの破産債権の弁済を受けなければその生活の維持を図るのに困難を生ずるおそれがあるときは、裁判所は〔配当（破産債権者に平等に債務を弁済すること）に先立ち〕……その全部又は一部の弁済をすることを許可することができる」（破産法第101条第1項）こととされています。

◆「破産手続」

　「破産手続」とは、債務者の財産状態が悪化し、その総財産をもって総債権者に対する債務を完済することができなくなった場合に、その財産関係を清算して、総債権者に公平な弁済をするための裁判上の手続をいい、破産法で定められています。

---

3 賃金債権の消滅時効

　労働基準法第115条は、「この法律の規定による賃金（退職手当を除く。）、災害補償その他の請求権は2年間、……退職手当の請求権は5年間行わない場合においては、時効によつて消滅する」と定めています。

　消滅時効の期間が、民法の（「使用人の給料に係る債権」についての）1年

間（第174条第1号）より延長され、時効による消滅がしにくくされているわけです。

◆「消滅時効」
「消滅時効」とは、権利を行使しない状態が一定期間継続することにより、その権利を消滅させる制度をいいます。

4 賃金の支払の確保等に関する法律

「賃金の支払の確保等に関する法律」（「賃確法」と略称されます）は、次の措置について定めています。
(1)貯蓄金及び退職手当の保全措置

「事業主……は、労働者の貯蓄金をその委託を受けて管理する場合〔(⇒78頁)〕において、貯蓄金の管理が労働者の預金の受入れであるときは、……毎年3月31日における受入預金額……について、同日後1年間を通ずる貯蓄金の保全措置（……払戻しに係る債務を……金融機関において保証することを約する契約の締結〔など〕）を講じなければならない」（賃確法第3条）こととされています。

「事業主……は、労働契約又は労働協約、就業規則その他これらに準ずるものにおいて労働者に退職手当を支払うことを明らかにしたときは、〔その〕退職手当の支払に充てるべき額として厚生労働省令で定める額[15]について、〔前記の〕第3条……で定める措置に準ずる措置を講ずるように努めなければならない」（賃確法第5条）こととされています。

(2)退職労働者の賃金に係る<u>遅延利息</u>

「事業主は、その事業を退職した労働者に係る賃金（退職手当を除く。……）の全部又は一部をその退職の日……までに支払わなかった場合には、〔その〕労働者に対し、〔その〕退職の日の翌日からその支払をする日までの期間について、その日数に応じ、〔その〕退職の日の経過後まだ支払われていない賃金の額に年14.6パーセントを超えない範囲内で政令で定める率[16]を乗じて得

---

15) 賃確法施行規則第5条により、労働者全員が自己都合退職すると仮定した場合の退職手当の見積り額の4分の1相当額など以上の額とされています。
16) 賃確法施行令第1条により、年14.6％とされています。

た金額を遅延利息として支払わなければならない」(賃確法第6条第1項)こととされています。

> ◆「遅延利息」
> 「遅延利息」とは、金銭債務の不履行の場合に損害賠償として支払わなければならない金銭をいい、民法では、原則として年4%とされています(第419条第1項・第404条)。

(3)未払賃金の立替払

「政府は、労働者災害補償保険〔(⇒132頁)〕の適用事業に該当する事業……の事業主(厚生労働省令で定める期間[17]以上の期間にわたって〔その〕事業を行っていたものに限る。)が破産手続開始の決定を受け、その他政令で定める事由[18]に該当することとなった場合において、〔その〕事業に従事する労働者で政令で定める期間[19]内に〔その〕事業を退職したものに係る未払賃金……があるときは、……〔その〕労働者……の請求に基づき、〔その〕未払賃金に係る債務のうち政令で定める範囲[20]のものを〔その〕事業主に代わって弁済するものとする」(賃確法第7条)こととされています。この未払賃金の立替払は、労働者災害補償保険の事業の一環として行われます(賃確法第9条)。

---

17) 賃確法施行規則第7条により、1年とされています。
18) 賃確法施行令第2条及び同法施行規則第8条により、①特別清算の開始命令を受けたこと②民事再生手続開始決定があったこと③更生手続開始決定があったこと④中小企業事業主が、事業活動が停止し、再開する見込みがなく、賃金支払能力がないことについて、労働基準監督署長の認定があったことが事由とされています。
19) 賃確法施行令第3条により、破産手続開始の決定等の申立ての日又は認定の申請のあった日の6月前の日以降2年間とされています。
20) 賃確法施行令第4条により、未払賃金総額(2万円以上であるもの。年齢に応じ最高限度額が定められている)の80%に相当する額とされています。

第16章　労働時間、休憩、休日及び休暇

I　「法定労働時間」とはなにか

「法定労働時間」とは、労働基準法で定められている、それをこえる労働は一定の要件のもとに例外的に許容されるという意味での、労働時間の原則的な上限をいいます[1]。

労働基準法第32条第1項は、「使用者は、労働者に、休憩時間を除き1週間について40時間を超えて、労働させてはならない」と定め、同条第2項は、「使用者は、1週間の各日については、労働者に、休憩時間を除き1日について8時間を超えて、労働させてはならない」と定めています。

週40時間、1日8時間が、法定労働時間の原則です。

労働基準法第40条は、「〔製造業、鉱業、建設業等の事業〕以外の事業で、公衆の不便を避けるために必要なものその他特殊の必要あるものについては、……労働時間及び……休憩に関する規定について、厚生労働省令〔労働基準法施行規則〕で別段の定めをすることができる」(第1項)と定めています。

この労働基準法第40条に基づく特例として、常時10人未満の労働者を使用する商業、サービス業については、週44時間(1日8時間)が法定労働時間とされています(労働基準法施行規則第25条の2)。

II　変形労働時間制とフレックスタイム制
　　　——労働時間規制の弾力化

労働基準法の、昭和62(1987)年の改正により、変形労働時間制とフレックスタイム制による、労働時間規制の弾力化が行われ、その後数次の改正により、変形労働時間制の拡大などが行われました。

---

[1]　これに対し、就業規則などで定められている労働時間を「所定労働時間」といいます。

1 「変形労働時間制」とはなにか

　変形労働時間制とは、一定の単位となる期間における所定労働時間が、平均して、週の法定労働時間をこえないこととした場合は、ある週又は日の所定労働時間が、週又は日の法定労働時間をこえても、法定労働時間をこえたものとしないという制度をいいます。

　変形労働時間制は、業務の繁閑がある事業において、所定労働時間を業務の繁閑に応じたものとし、労働時間をより効率的に配分できるようにするための制度であるとされています。変形労働時間制による労働時間規制の弾力化に対しては、労働者の生活の不規則化、それによる事実上家事責任を担っている女性などの就業の困難化と、労働者の収入の減少（従来の時間外労働が法定労働時間内労働となり、その分、割増賃金を請求できなくなる）をもたらすものであるという見解もあります（私は、この見解は的確な指摘を含んでいると考えます）。

　変形労働時間制には、次の3種類があります。

(1) 1か月単位の変形労働時間制

　1か月中に、業務に、繁忙な時期（月末・月初など）と閑散な時期（月央など）がある場合を想定した制度であるとされています。

(2) 1年単位の変形労働時間制

　季節などによって業務に繁閑がある場合を想定した制度であるとされています。

(3) 1週間単位の非定型的変形労働時間制

　日ごとの業務に著しい繁閑があり、これを予測して労働時間を特定することが困難な事業を想定した制度であるとされています。

2 「フレックスタイム制」とはなにか

　フレックスタイム制とは、一定の単位となる期間における総労働時間（総所定労働時間）について、各労働者の各日の始業及び終業の時刻を、その労働者の決定にゆだねることとした場合は、その総労働時間が、平均して、週の法定労働時間をこえない範囲内において、ある週又は日の労働時間が、週又は日の法定労働時間をこえても、法定労働時間をこえたものとしないという制度をいいます。

　コアタイム（かならず労働しなければならない時間帯）、フレキシブルタイ

第4表 変形労働時間制・フレックスタイム制の概要

	変形労働時間制			フレックスタイム制 (第32条の3)
	1か月単位 (第32条の2)	1年単位 (第32条の4)	1週間単位 (非定型的) (第32条の5)	
業種・規模による制限	なし	なし	日ごとの業務に著しい繁閑が生ずることが多く、これを予測した上で労働時間を特定することが困難な事業(小売業、旅館、料理店、飲食店)で、常時使用労働者数30人未満	なし
手続	労使協定(行政官庁(注1)に届出)、就業規則等	労使協定(行政官庁(注1)に届出)	労使協定(行政官庁(注1)に届出)	就業規則等+労使協定(届出不要)
1週間当たりの労働時間の総枠	40時間(特例対象事業は44時間)	40時間(特例対象事業も)	40時間(特例対象事業も)	40時間(特例対象事業は44時間)
1日・1週の所定労働時間の上限	なし	1日 10時間 1週 52時間	1日 10時間 1週 40時間	なし
連続労働日数の限度	なし	連続6日(特定期間においては、1週間に1日の休日を確保)	なし	なし
その他			1週間の各日の労働時間を、1週間開始前に通知	

(注1)「行政官庁」は、労働基準監督署長

ム(選択により労働することができる時間帯)を定めることもできます。
　フレックスタイム制は、労働者が生活と仕事の都合との調和を図りながら、より効率的に働くことができるようにするための制度であるとされています。

3　変形労働時間制・フレックスタイム制に関する規定
(1)規定の概要
　労働基準法(・同法施行規則)の規定の概要は、第4表のとおりです。

(2)適用の制限など

変形労働時間制に適応することが困難な労働者のために、年少者についての適用の除外（労働基準法第60条第1項（なお、同条第3項第3号））（⇒127頁）、妊産婦についての適用の制限（同法第66条第1項）（⇒128頁）、育児等の時間の確保の配慮義務（同法施行規則第12条の6）（⇒128頁）が定められています。

III 労働時間などに関する規定の適用除外

性質又は態様が、労働基準法の労働時間などに関する規定を適用するに適しない事業又は業務に従事する労働者について、それらの規定の適用除外が定められています。

労働基準法第41条は、「〔第4章　労働時間、休憩、休日及び年次有給休暇〕、第6章〔年少者〕及び第6章の2〔妊産婦等〕で定める労働時間、休憩及び休日に関する規定は、次の各号の一に該当する労働者については適用しない。
一　別表第1第6号〔農林業〕（林業を除く。）又は第7号〔畜産・養蚕・水産業〕に掲げる事業に従事する者
二　事業の種類にかかわらず監督若しくは管理の地位にある者又は機密の事務を取り扱う者
三　監視又は断続的労働に従事する者で、使用者が行政官庁[2]の許可を受けたもの」と定めています。

第1号の事業は、天候などの自然的条件に左右される性質の事業です。

第2号の「監督若しくは管理の地位にある者」（管理監督者）とは、労働条件の決定その他労務管理について経営者と一体的な立場にあるものの意味であり、管理職一般ではなく、名称にとらわれず、実態に即して判断すべきものであり、また、「機密の事務を取り扱う者」とは、秘書その他職務が経営者又は監督若しくは管理の地位にある者の活動と一体不可分であって、厳格な労働時間管理になじまない者をいうとされています（行政解釈）。

第3号の「監視又は断続的労働に従事する者」とは、前者は、一定の場所にあって監視するのを本来の業務とし、常態として身体の疲労又は精神的緊張の少ない者のことであり、また、後者は、作業自体が間歇的に行われるものであ

---

[2]　労働基準監督署長。以下、この章の中で、同じです。

るとされています（行政解釈）。

　適用が除外される規定には、深夜労働及び年次有給休暇に関する規定は含まれないとされています（行政解釈）。

Ⅳ　時間外労働など

1　時間外（・休日）労働が許される場合

　時間外（・休日）労働が許されるのは、次の2つの場合です。

　(1)労働基準法第33条は、「災害その他避けることのできない事由によつて、臨時の必要がある場合においては、使用者は、行政官庁の許可を受けて、……〔法定の〕労働時間を延長（し、又は〔法定の〕休日に労働させることが）できる。ただし、事態急迫のために行政官庁の許可を受ける暇がない場合においては、事後に遅滞なく届け出なければならない」（第1項）と定めています。

　なお、労働基準法第33条は、さらに「〔第1項〕ただし書の規定による届出があつた場合において、行政官庁がその労働時間の延長又は休日の労働を不適当と認めるときは、その後にその時間に相当する休憩又は休日を与えるべきことを、命ずることができる」（第2項）と定めています。

　(2)労働基準法第36条は、「使用者は、〔労働者の過半数代表者との書面による協定（労使協定）3)〕をし、これを行政官庁に届け出た場合においては、〔法定の〕労働時間……（又は〔法定の〕休日……）に関する規定にかかわらず、その協定で定めるところによつて労働時間を延長（し、又は休日に労働させることが）できる。ただし、坑内労働その他〔一定の〕健康上特に有害な業務の労働時間の延長は、1日について2時間を超えてはならない」（第1項）と定めています。

　なお、労働基準法第36条は、さらに、「厚生労働大臣は、……〔第1項〕の協定で定める労働時間の延長の限度、……その他の必要な事項について、……基準を定めることができる」（第2項）、「第1項の協定をする使用者及び〔労働者の過半数代表者〕は、……〔その〕協定の内容が〔第2項〕の基準に適合したものとなるようにしなければならない」（第3項）と定めています。

　「労働基準法第36条第2項の規定に基づき労働基準法第36条第1項の協定で定める労働時間の延長の限度等に関する基準を定める告示」（平成21(2009)年厚生労働省告示第316号）は、一定期間ごとの限度時間を、第5表

---

　3)　「三六協定」と呼ばれます。

第 5 表　時間外労働の限度に関する基準

期　間	限度時間
1 週間	15 時間（ 14 時間）
2 週間	27 時間（ 25 時間）
4 週間	43 時間（ 40 時間）
1 箇月	45 時間（ 42 時間）
2 箇月	81 時間（ 75 時間）
3 箇月	120 時間（110 時間）
1 年間	360 時間（320 時間）

注　（　）内は、対象期間が 3 箇月を超える 1 年単位の変形労働時間制の対象とされる労働者の場合

のとおり定めています。

なお、告示は、特別の事情（臨時的なものに限る）が生じたときに限り、限度時間をこえる一定の時間まで労働時間を延長する旨の定め（特別条項）を認めていますが、その場合、限度時間をこえる時間の労働に係る割増賃金の率は、通常の時間外労働の割増賃金の率（25％）（⇒ 104 頁）を超（こ）える率とするように努めなければならないこととされています。

2　時間外（・休日）労働義務

三六協定が締結され、行政官庁に届け出られた場合には、使用者がその協定に従って、時間外（・休日）労働をさせても、労働基準法違反の（刑事）責任を問われることがないこと（三六協定が免罰的効果をもつこと）は、当然ですが、三六協定によって当然に、個々の労働者に時間外（・休日）労働の義務が生ずるわけではありません。

この点について、最高裁の判例は、「使用者が……就業規則に……三六協定の範囲内で一定の業務上の事由があれば労働契約に定める労働時間を延長して……労働させることができる旨定めているときは、〔その〕就業規則の規定の内容が合理的なものである限り、それが具体的労働契約の内容をなすから、……労働者は、その定めるところに従い、……労働時間を超えて労働をする義務を負う」（最判平 3 (1991)・11・28、日立製作所武蔵工場事件）としています。

学説では、この判例法理を前提としながら、時間外（・休日）労働を命ずる

業務上の必要性が実質的に認められなければ、命令は有効要件を欠くことになるし、また、労働者に時間外（・休日）労働を行わないやむを得ない事由があるときは、その命令は権利濫用になりうるとする見解があります（私は、この見解は的確なものであると考えます）。学説では、ほかに、労働者は、原則として、日時と業務内容が特定された所定外労働に事前に同意した場合に限って、所定外労働義務を負うとする見解もあります。

V 「労働時間」とはなにか

労働基準法では、「労働時間」は、使用者が労働者を「労働させ」る時間であることは明らかです。たとえば、第32条第1項（⇒110頁）は、「使用者は、労働者に、……40時間を超えて、労働させてはならない」と定めています。けれども、それ以上に「労働時間」とは何であるかを定めた規定（「労働時間」の定義規定）は、置かれていません。

これについて、最高裁の判例は、「「労働基準法上の労働時間」……とは、労働者が使用者の指揮命令下に置かれている時間をいい、〔その〕労働時間に該当するか否かは、労働者の行為が使用者の指揮命令下に置かれたものと評価することができるか否かにより客観的に定まるものであって、労働契約、就業規則、労働協約等の定めいかんにより決定されるべきものではない」（最判平12(2000)・3・9、三菱重工業長崎造船所（一次訴訟・会社側上告）事件）としています。そのうえで、この判例は、「労働者が、就業を命じられた業務の準備行為等を事業所内において行うことを使用者から義務づけられ、又はこれを余儀なくされたときは、〔その〕行為を所定労働時間外において行うものとされている場合であっても、〔その〕行為は、特段の事情のない限り、使用者の指揮命令下に置かれたものと評価することができ、〔その〕行為に要した時間は、それが社会通念上必要と認められるものである限り、労働基準法上の労働時間に該当する」としています。

「労働時間」に該当するかどうかが問題となるものとして、この判例で取り扱われた、業務の準備行為等の時間のほか、作業と作業との間の、いわゆる手待時間があります。これに関連して、最高裁のその後の判例は、「不活動仮眠時間〔実作業に従事していない仮眠時間〕において、労働者が実作業に従事していないというだけでは、使用者の指揮命令下から離脱しているということはできず、〔その〕時間に労働者が労働から離れることを保障されていて初めて、

労働者が使用者の指揮命令下に置かれていないものと評価することができる。したがって、不活動仮眠時間であっても労働からの解放が保障されていない場合には労基法上の労働時間に当たるというべきである」とし、「仮眠室における待機と警報や電話等に対して直ちに相当の対応をすることを義務付けられている」「本件仮眠時間は労基法上の労働時間にあたる」（最判平14（2002）・2・28、大星ビル管理事件）としています。

Ⅵ みなし労働時間制

労働基準法の、昭和62（1987）年の改正により、実労働時間の長さと切り離して、一定時間労働したものと「みなす」制度（みなし労働時間制）（事業場外労働及び裁量労働制）が設けられ、その後数次の改正により、裁量労働制の適用の拡大などが行われました。

1 事業場外労働

労働基準法第38条の2は、次のとおり定めています。
(1)「労働者が労働時間の全部又は一部について事業場外で業務に従事した場合において、労働時間を算定し難いときは、所定労働時間労働したものとみなす」（第1項本文）。
(2)「ただし、〔その〕業務を遂行するためには通常所定労働時間を超えて労働することが必要となる場合においては、……〔その〕業務の遂行に通常必要とされる時間労働したものとみなす」（第1項ただし書）。
(3)「〔(2)〕の場合において、〔（労働者の過半数代表者との）労使協定〕があるときは、その協定で定める時間〔労働したものとみなす〕。」（第2項）「使用者は、……〔労使協定で定める時間が法定労働時間以下である場合を除き、〕〔労使協定〕を行政官庁に届け出なければならない」（第3項）。

2 裁量労働制

「裁量労働制」とは、業務の遂行の方法を大幅に労働者の裁量にゆだねる必要がある業務について、実際の労働時間に関係なく、一定の（労使協定で定める）時間、労働したものとみなす、という制度です。

裁量労働制は、労働者の主体的な働き方と能力発揮を促進し、また、労働の量によってではなく質・成果によって賃金を支払うことを可能とする制度であ

るとされています。これに対しては、裁量労働制は、事実上の長時間労働、過密な労働、サービス残業（割増賃金の支払いなしの時間外労働）をもたらすものであるという見解もあります（私は、この見解は、的確な指摘を含んでいると考えます）。

(1)専門業務型裁量労働制

労働基準法第38条の3は、次のとおり定めています。

「使用者が、〔労使協定〕により、次に掲げる事項を定めた場合において、労働者を第一号に掲げる業務に就かせたときは、〔その〕労働者は、……第二号に掲げる時間労働したものとみなす」。

第1号は、「業務の性質上その遂行の方法を大幅に……労働者の裁量にゆだねる必要があるため、〔その〕業務の遂行の手段及び時間配分の決定等に関し使用者が具体的な指示をすることが困難なものとして厚生労働省令で定める業務[4]のうち、労働者に就かせることとする業務（……「対象業務」……）」と定めています。

第2号は、「対象業務に従事する労働者の労働時間として算定される時間」と定めています。

第3号は、「対象業務の遂行の手段及び時間配分の決定等に関し、……労働者に対し使用者が具体的な指示をしないこと」と定めています。

第4号は、「……労働者の健康及び福祉を確保するための措置を……使用者が講ずること」と定めています。

第5号は、「……労働者からの苦情の処理に関する措置を……使用者が講ずること」と定めています。

第6号は、「……厚生労働省令で定める事項[5]」と定めています。（以上第1項）

「〔使用者は、……〔労使協定〕を行政官庁に届け出なければならない〕」（第2項）。

---

4) (i)新商品・新技術の研究開発、(ii)情報処理システムの分析・設計、(iii)取材・編集、(iv)デザイナー、(v)プロデューサー・ディレクター、(vi)その他厚生労働大臣の指定する業務（労働基準法施行規則第24条の2の2第2項）です。

5) (i)有効期間の定め、(ii)記録の保存（労働基準法施行規則第24条の2の2第3項）です。

(2)企画業務型裁量労働制

労働基準法第38条の4は、次のとおり定めています。

「賃金、労働時間その他の〔その〕事業場における労働条件に関する事項を調査審議し、事業主に対し〔その〕事項について意見を述べることを目的とする委員会（使用者及び当該事業場の労働者を代表する者を構成員とするものに限る。）〔労使委員会〕が設置された事業場において、〔その〕委員会がその委員の5分の4以上の多数による議決により次に掲げる事項に関する決議をし、かつ、使用者が、……〔その〕決議を行政官庁に届け出た場合において、第二号に掲げる労働者の範囲に属する労働者を……第一号に掲げる業務に就かせたときは、〔その〕労働者は、……第三号に掲げる時間労働したものとみなす」。

第1号は、「事業の運営に関する事項についての企画、立案、調査及び分析の業務であつて、〔その〕業務の性質上これを適切に遂行するにはその遂行の方法を大幅に労働者の裁量にゆだねる必要があるため、〔その〕業務の遂行の手段及び時間配分の決定等に関し使用者が具体的な指示をしないこととする業務〔……「対象業務」……〕」と定めています。

第2号は、「対象業務を適切に遂行するための知識、経験等を有する労働者であつて、〔その〕対象業務に就かせたときは〔その〕決議で定める時間労働したものとみなされることとなるものの範囲」と定めています。

第3号は、「対象業務に従事する……労働者の労働時間として算定される時間」と定め、第4号は、「……労働者の健康及び福祉を確保するための措置を……使用者が講ずること」と定め、第5号は、「……労働者からの苦情の処理に関する措置を……使用者が講ずること」と定め、第6号は、「……労働者を対象業務に就かせたときは第三号に掲げる時間労働したものとみなすことについて〔その〕労働者の同意を得なければならないこと及び〔その〕同意をしなかった〔その〕労働者に対して解雇その他不利益な取扱いをしてはならないこと」と定め、第7号は、「……厚生労働省令で定める事項[6]」と定めています。(以上、第1項)

「〔第1〕項の委員会〔労使委員会〕」の「委員の半数については、〔労働者の過半数代表者〕に……任期を定めて指名されている」「ものでなければならない」(第2項)。

---

6) (i)有効期間の定め、(ii)記録の保存（労働基準法施行規則第24条の2の3第3項）です。

「第1項の委員会においてその委員の5分の4以上の多数による議決により」労働時間に係る労使協定（三六協定（⇒114頁）など）に代わる決議をすることができる（第5項）。

Ⅶ 休憩

労働基準法第34条は、次のとおり定めています。
(1)「使用者は、労働時間が、6時間を超える場合においては少くとも45分、8時間を超える場合においては少くとも1時間の休憩時間を労働時間の途中に与えなければならない」（第1項）。
(2)「〔第1〕項の休憩時間は、一斉に与えなければならない」（休憩時間一斉付与の原則）。「ただし、〔労働者の過半数代表者との労使協定〕があるときは、この限りでない」（第2項）。
(3)「使用者は、第1項の休憩時間を自由に利用させなければならない」（休憩時間自由利用の原則）（第3項）。

「休憩時間」とは、労働者が使用者の指揮命令下から離脱している（労働からの解放が保障されている）時間をいいます（前掲（⇒117頁）、最判平14（2002）・2・28、大星ビル管理事件参照）。

休憩に関して、労働基準法第40条（⇒110頁）に基づく特例[7]が定められています。

休憩時間自由利用の原則と、休憩時間中における事業場内の政治活動等の規制の関係については、前掲（⇒94頁）の最高裁の判例（最判昭52（1977）・12・13、電電公社目黒電報電話局事件）を参照してください。

Ⅷ 休日

労働基準法第35条は、次のとおり定めています。
(1)「使用者は、労働者に対して、毎週少くとも1回の休日を与えなければならない」（週休制の原則）（第1項）。
(2)「〔第1〕項の規定は、4週間を通じ4日以上の休日を与える使用者につい

---

[7] 運送・郵便事業の長距離乗務員などについて休憩時間を与えなくてもよいこと（労働基準法施行規則第32条）、運送事業、商業などについての一斉付与の原則の適用除外（同規則第31条）、警察官などについての休憩時間自由利用の原則の適用除外（同規則第33条）が特例です。

ては適用しない。」（変形週休制）（第2項）。

　「休日」とは、労働者が労働契約において労働義務を負わない日をいいます。これに対し、休日でない日（労働日）において、労働者が権利として労働から離れることができる日は、「休暇」と呼ばれます。

　休日の振替、すなわち、休日と定められた特定の日を労働日とし、その前後の労働日である特定の日を休日に変更することは①事前の変更、すなわち、休日と定められた特定の日に労働させる前に行われる場合は、その休日と定められた特定の日の労働は休日労働ではなく、したがって、労使協定（三六協定）（労働基準法第36条（⇒114頁））や割増賃金（労働基準法第37条（⇒104頁））を必要としませんが、②事後の変更、すなわち、休日と定められた特定の日に労働させる後に行われる場合は、その休日の労働は休日労働となり、労使協定や割増賃金が必要となります（事後に休日（代休）を与えても、この事実は変わりません）。

IX　年次有給休暇

　「年次有給休暇」とは、労働者の心身の疲労を回復させ、労働力の維持培養を図るとともに、ゆとりのある生活の実現にも資する趣旨で、休日のほかに毎年一定日数の休暇を有給で保障する制度をいいます。

　労働基準法第39条及び附則第136条は、年次有給休暇について定めています。

1　年次有給休暇権の成立、年次有給休暇の日数

　労働基準法第39条は、「使用者は、その雇入れの日から起算して6箇月間継続勤務し全労働日の8割以上出勤した労働者に対して、継続し、又は分割した10労働日の有給休暇を与えなければならない」（第1項）と定めています。

　また「使用者は、1年6箇月以上継続勤務し〔、直前の1年間に全労働日の8割以上出勤した労働者に対して、勤続勤務期間に応じ、第6表に掲げる日数の〕有給休暇を与えなければならない」（第2項）と定めています。（⇒129頁）

　加えて、パート労働者（⇒49頁）について、①(i)〔「1週間の所定労働日数が通常の労働者の週所定労働日数に比し相当程度少ないものとして厚生労働省令で定める日数[8]以下の労働者」又は(ii)「週以外の期間によって所定労働日数が定められている労働者については、1年間の所定労働日数が、……厚生労働

第6表　年次有給休暇の日数（通常の労働者）

継続勤務年数	6箇月	1年6箇月	2年6箇月	3年6箇月	4年6箇月	5年6箇月	6年6箇月以上
有給休暇の日数	10	11	12	14	16	18	20

省令で定める日数[9] 以下の労働者」であって、②「1週間の所定労働時間が厚生労働省で定める時間[10] 以上の者を除く」労働者の「有給休暇の日数については、……〔第1項（⇒121頁）・第2項（⇒121頁）〕による〔通常の労働者の〕有給休暇の日数を基準とし、通常の労働者の1週間の所定労働日数として厚生労働省令で定める日数[11]（……）と〔その〕労働者の1週間の所定労働日数又は1週間当たりの平均所定労働日数との比率を考慮して厚生労働省令で定める日数〔第7表に掲げる日数（労働基準法施行規則第24条の3第3項）〕とする」（第3項）と定めています。パート労働者にも、その所定労働日数に応じて、年次有給休暇権を比例（的に）付与すること（年次有給休暇の比例的付与）を定めたものです。

さらに、「使用者は、〔労働者の過半数代表者との労使協定〕により、……定めた場合において、……労働者が……請求したときは、……〔5日以内の日数〕……については、時間を単位として有給休暇を与えることができる」（第4項）と定めています。

まとまった日数の休暇を取得するという年次有給休暇制度の本来の趣旨を踏まえつつ、労働者の希望がみられることから、年次有給休暇を有効に活用できるようにするために、時間単位（で）付与（すること）（年次有給休暇の時間単位付与）を可能としたものであるとされています。

なお「労働者が業務上負傷し、又は疾病にかかり療養のために休業した期間及び〔育児休業（⇒45頁）〕又は〔介護休業（⇒46頁）〕をした期間並びに〔産前産後休業（⇒128頁）〕をした期間は、第1項及び第2項の規定の適用については、これを出勤したものとみなす」（第8項）と定めています。年次

---

8) 4日（労働基準法施行規則第24条の3第4項）です。
9) 216日（労働基準法施行規則第24条の3第5項）です。
10) 30時間（労働基準法施行規則第24条の3第1項）です。
11) 5.2日（労働基準法施行規則第24条の3第2項）です。

第7表　パート労働者の年次有給休暇の日数

週所定労働日数	1年間の所定労働日数	継続勤務期間							
		6箇月	1年6箇月	2年6箇月	3年6箇月	4年6箇月	5年6箇月	6年6箇月以上
4日	169日から216日まで	7日	8日	9日	10日	12日	13日	15日
3日	121日から168日まで	5日	6日	6日	8日	9日	10日	11日
2日	73日から120日まで	3日	4日	4日	5日	6日	6日	7日
1日	48日から72日まで	1日	2日	2日	2日	3日	3日	3日

有給休暇を取得した日も、出勤したものとして取り扱うこととされています（行政解釈）。

2　年次有給休暇の取得時期の特定

　労働基準法第39条は、「使用者は、……有給休暇を労働者の請求する時季に与えなければならない。ただし、請求した時季に有給休暇を与えることが事業の正常な運営を妨げる場合においては、他の時季にこれを与えることができる」（第5項）と定めています。「時季」とは、季節を含めた時期をいう、とされています（行政解釈）。

　最高裁の判例は、「年次有給休暇の権利は、……〔労働基準法第39〕条〔第〕1、〔第〕2項の要件が充足されることによつて法律上当然に労働者に生ずる権利であつて、労働者の請求をまつて始めて生ずるものではなく、また、同条〔第〕3項〔現行法第5項〕にいう「請求」とは、休暇の時季にのみかかる文言であつて、その趣旨は、休暇の時季の「指定」にほかならない」、「労働者が……時季指定をしたときは、……使用者が時季変更権の行使をしないかぎり、……年次有給休暇が成立……する」、「休暇の時季指定の効果は、使用者の適法な時季変更権の行使を解除条件として発生するのであつて、年次休暇の成立要件として、労働者による「休暇の請求」や、これに対する使用者の「承認」の観念を容れる余地はない」（最判昭48（1973）・3・2、林野庁白石営林署事件）としています。

◆「解除条件」
　「解除条件」とは、法律行為（⇒ 14 頁）の効力の消滅を、将来発生するかどうか不確実な事実の成否にかからせる、法律行為に付加された制限をいいます。なお、これに対し、法律行為の効力の発生を、将来発生するかどうか不確実な事実の成否にかからせるものを「停止条件」といいます。

　上記の使用者の時季変更権の行使に関して、最高裁の判例は、「〔労働基準〕法の趣旨は、使用者に対し、できる限り労働者が指定した時季に休暇を取ることができるように、状況に応じた配慮をすることを要請しているものとみることができ、そのような配慮をせずに時季変更権を行使することは、〔その〕法の趣旨に反する」（最判昭 62（1987）・9・22、横手統制電話中継所事件）、としています。また、最高裁の別の判例は、「労働者が長期かつ連続の年次有給休暇を取得しようとする場合においては、……使用者の業務計画、他の労働者の休暇予定等との事前の調整を図る必要が生ずるのが通常である」、「労働者が〔その〕調整を経ることなく、……時季指定をした場合には、これに対する使用者の時季変更権の行使については、……使用者にある程度の裁量的判断の余地を認めざるを得ない」（最判平 4（1992）・6・23、時事通信社事件）としています。

　労働基準法第 39 条は、「使用者は、〔労働者の過半数代表者との労使協定〕により、……有給休暇を与える時季に関する定めをしたときは、……有給休暇の日数のうち 5 日を超える部分については、……その定めにより有給休暇を与えることができる」（第 6 項）と定めています（年次有給休暇の計画的付与）。年次有給休暇の取得率を向上させるために、気がねなく取得できる仕組みにすることが有効と考えられるので、労働者の個人的事由による取得のために一定の日数を留保しつつ、それをこえる日数については、労使協定による計画的付与を認めることとしたものであるとされています。

3　年次有給休暇中の賃金

　労働基準法第 39 条は、「使用者は、……有給休暇の期間又は……有給休暇の時間については、……平均賃金若しくは所定労働時間労働した場合に支払われる通常の賃金……を支払わなければならない。ただし、〔労働者の過半数代表者との労使協定〕により……健康保険法……に定める標準報酬日額に相当する

金額……を支払う旨を定めたときは、これによらなければならない」（第7項）と定めています。

4　年次有給休暇の利用目的

　最高裁の判例は、「年次休暇の利用目的は労〔働〕基〔準〕法の関知しないところであり、休暇をどのように利用するかは、使用者の干渉を許さない労働者の自由である」（前掲（⇒ 123 頁）、最判昭 48（1973）・3・2、林野庁白石営林署事件）、としています。この考え方は、年休自由利用の原則と呼ばれます。

　年休自由利用の原則との関係で最も問題となるのが、争議行為（⇒ 184 頁）目的利用の可否です。これに関して、最高裁の判例は、「労働者がその所属の事業場において、その業務の正常な運営の阻害を目的として、全員一斉に休暇届を提出して職場を放棄・離脱する」「一斉休暇」闘争は、「その実質は、年次休暇に名を藉りた同盟罷業〔（⇒ 186 頁）〕にほかならない。したがつて、……本来の年次休暇権の行使ではないのであるから、これに対する使用者の時季変更権の行使もありえず、一斉休暇の名の下に同盟罷業に入つた労働者の全部について、賃金請求権が発生しないことになる〔（⇒ 190 頁）〕」。しかし、「他の事業場における争議行為等に休暇中の労働者が参加したか否かは、なんら当該年次休暇の成否に影響するところはない」（前掲（⇒ 123 頁）、最判昭 48（1973）・3・2、林野庁白石営林署事件）としています。

5　未消化の年次有給休暇の処理

　年次有給休暇権が発生した年度に行使されなかった年次有給休暇は、次年度に繰り越され、労働基準法第 115 条（⇒ 107 頁）の適用により、2 年間で消滅するとされています（行政解釈）。

　年次有給休暇の買上げの予約をし、これに基づいて労働基準法第 39 条の規定により請求し得る年次有給休暇日数を減じ、ないし請求された日数を与えないことは、年次有給休暇の保障の趣旨に反し、同条の違反になるとされています（行政解釈）。

　他方、労働者が年次有給休暇権を行使せず、その後時効、退職等の理由でこれが消滅するような場合に、残日数に応じて調整的に金銭の給付をすることは、事前の買上げと異なり、かならずしも同条に違反するものではないとされています（行政解釈）。

6　年次有給休暇の取得にともなう不利益取扱い

　労働基準法附則第136条は、「使用者は、……有給休暇を取得した労働者に対して、賃金の減額その他不利益な取扱いをしないようにしなければならない」と定めています。

　最高裁の判例は、「〔労働基準法第134条（現行法第136条）〕の規定は、それ自体としては、使用者の努力義務を定めたものであつて、労働者の年次有給休暇の取得を理由とする不利益取扱い〔何らかの経済的不利益と結びつける措置〕の私法上の効果を否定するまでの効力を有するものとは解されない。」「〔年次有給休暇の取得を何らかの経済的不利益と結びつける措置〕の効力については、その趣旨、目的、労働者が失う経済的利益の程度、年次有給休暇の取得に対する事実上の抑止力の強弱等諸般の事情を総合して、年次有給休暇を取得する権利の行使を抑制し、ひいては〔労働基準〕法が労働者に〔その〕権利を保障した趣旨を実質的に失わせるものと認められるものでない限り、公序に反して無効となるとすることはできないと解するのが相当である」とし、年次有給休暇を取得した場合には皆勤手当の全部又は一部を支給しない措置について、無効とはいえないとしています（最判平5（1993）・6・25、沼津交通事件）。

　なお、最高裁の別の判例に、(1)年次有給休暇、生理休暇、産前産後の休業、育児時間などを含む「〔労働基準法〕又は〔労働組合法〕上の権利に基づく不就労を稼動率算定の基礎とし」、「前年の稼動率が80％以下の従業員を翌年度の賃金引上げ対象者から除外する」労働協約の条項について、「権利の行使を抑制し、ひいては、〔それらの各法〕が労働者に各権利を保障した趣旨を実質的に失わせるものというべきであるから、公序に反し無効である」としたもの（最判平元（1989）・12・14、日本シェーリング事件）、(2)「労働基準法〔第〕39条〔第〕4項〔現行法第7項〕の規定の趣旨からすれば、使用者は、年次休暇の取得日の属する期間に対応する賞与の計算上この日を欠勤として扱うことはできない」としたもの（最判平4（1992）・2・18、エス・ウント・エー事件）があります。

　学説では、以上の判例（なお、生理休暇に関する、後掲（⇒129頁）、最判昭60（1985）・7・16、エヌ・ビー・シー工業事件も参照）に対し、附則第136条が、労働者の年次有給休暇取得を理由とする不利益取扱い（何らかの経済的不利益と結びつける措置）の私法上の効果を否定する効力を有しないとする点

については、労働基準法が、年次有給休暇の取得日につき一定額の賃金の支払いを義務づけている趣旨には、精皆勤手当や賞与など年休取得日の属する期間に対応する賃金につき年休取得日を出勤した日と同様に取り扱うべしとの要請が含まれており、それを欠勤扱いすることは私法上違法であると解され、また、年休権保障の趣旨に照らせば、昇給・昇格などの処遇において年休取得を理由に不利益取扱いをすることも私法上違法であると理解され、附則第136条は、そのことを確認したものであって、最高裁の判例は、この附則第136条の趣旨と整合しないとする見解があります。

さらに、労働基準法などで保障された権利の行使を理由として、単なる賃金の不支給をこえる賃金上（経済上）の不利益を与えること一般について、諸般の事情を総合して、権利の行使を抑制し、法が権利を保障した趣旨を実質的に失わせるものと認められない限り、公序に反し無効とすることはできないとする点に関して、学説では、最高裁の判例は、権利の行使を理由とする賃金上（経済上）の不利益が一般的に労働者の権利行使を抑制するものであるとの認識を欠いており、また基準の明確性という点からも問題を残していると指摘し、(年次有給休暇と異なり、労働基準法が賃金の支払いを義務づけていない、産前産後休業や生理日の休暇を含め）権利行使に対して、法律上許された単なる賃金の不支給をこえる実質的不利益を課すような措置は、原則として公序に反し無効と理解すべきであろうとする見解があります（私は、これらの見解は的確なものであると考えます）。

X 年少者および妊産婦等についての規制

年少者及び妊産婦等を保護するために、労働基準法で、労働時間などに関して、特別の規制が定められています。

1 年少者[12]についての規制

(1)変形労働時間制・フレックスタイム制（第32条の2—第32条の5）、労使協定による時間外・休日労働（第36条）、一定業種の零細規模事業等についての労働時間及び休憩の特例（第40条）の規定の適用除外など（第60条）、(2)深夜業の原則的禁止（第61条）が定められています。

---

12) 満18歳に満たない者です（第60条など）。

2 妊産婦等についての規制

(1)産前産後休業等

「使用者は、6週間（多胎妊娠の場合にあつては、14週間）以内に出産する予定の女性が休業を請求した場合においては、その者を就業させてはならない」（産前休業）（第65条第1項）と定められています。

また、「使用者は、産後8週間を経過しない女性を就業させてはならない。ただし、産後6週間を経過した女性が請求した場合において、その者について医師が支障がないと認めた業務に就かせることは、差し支えない」（産後休業）（第65条第2項）と定められています。

さらに「使用者は、妊娠中の女性が請求した場合においては、他の軽易な業務に転換させなければならない」（第65条第3項）と定められています。

産前休業及び産後休業を有給にするか無給にするかは、労働協約、就業規則などの定めるところにゆだねられます。

(2)変形労働時間制の適用、時間外・休日労働、深夜労働の制限

「使用者は、妊産婦〔妊娠中の女性及び産後1年を経過しない女性〕が請求した場合においては、〔変形労働時間制の規定（第32条の2第1項、第32条の4第1項、第32条の5第1項）〕にかかわらず、〔1週又は1日の法定労働時間（第32条第1項・第2項）〕を超えて労働させてはならない」（第66条第1項）、「使用者は、〔変形労働時間制の規定〕により労働者に労働させる場合には、育児を行う者、……その他特別の配慮を要する者については、これらの者が育児等に必要な時間を確保できるような配慮をしなければならない」（労働基準法施行規則第12条の6）と定められています。

また、「使用者は、妊産婦が請求した場合においては、〔災害等により、又は公務のために臨時の必要がある場合における時間外・休日労働（第33条第1項・第3項）〕並びに〔労使協定による時間外・休日労働（第36条第1項）〕の規定にかかわらず、時間外労働をさせてはならず、又は休日に労働させてはならない」（第66条第2項）、「使用者は、妊産婦が請求した場合においては、深夜業をさせてはならない」（第66条第3項）と定められています。

(3)育児時間

「生後満1年に達しない生児を育てる女性は、〔法定（第34条）〕の休憩時間のほか、1日2回各々少なくとも30分、その生児を育てるための時間を請求することができる」（第67条第1項）、「使用者は、〔第1項〕の育児時間中

は、その女性を使用してはならない」（第67条第2項）と定められています。

育児時間を有給にするか無給にするかは、労働協約、就業規則などの定めるところにゆだねられます。

(4)生理日の就業が著しく困難な女性に対する措置

「使用者は、生理日の就業が著しく困難な女性が休暇を請求したときは、その者を生理日に就業させてはならない」（第68条）（生理日の休暇）と定められています。

生理日の休暇を有給にするか無給にするかは、労働協約、就業規則などの定めるところにゆだねられます。

最高裁の判例に、「〔精皆勤手当〕の算定に当たつて生理休暇〔昭和60（1985）年改正前第67条で規定されていた、現行法第68条の休暇に相当する休暇〕の取得日数を出勤不足日数に算入する」措置について、「生理休暇の取得を著しく困難とし労働基準法が……生理休暇について特に規定を設けた趣旨を失わせるものとは認められないから、同法〔旧第67条〕に違反するものとはいえず、また同法〔第〕1条〔第〕2項〔労働条件のあり方の原則（⇒18頁）〕、〔第〕13条〔労働基準法の強行的・直律的効力（⇒26頁）〕に違反するものでもない」（最判昭60（1985）・7・16、エヌ・ビー・シー工業事件）とするものがあります（こうした判例の考え方に対する学説の見解については、⇒126頁）。

(121頁⇒)最高裁の判例は、「休日以外の不就労日のうち、労働者の責めに帰すべき事由によるとはいえないものは、不可抗力や使用者側に起因する経営、管理上の障害による休業日等のように当事者間の衡平等の観点から出勤日数に算入するのが相当でなく全労働日から除かれるべきものは別として、……出勤率の算定に当たっては、出勤日数に算入すべきものとして全労働日に含まれるものと解する」とし、「無効な解雇の場合のように労働者が使用者から正当な理由なく就労を拒まれたために就労することができなかった日は、……〔労働基準〕法〔第〕39条〔第〕1項及び〔第〕2項における出勤率の算定に当たっては、出勤日数に算入すべきものとして全労働日に含まれる」（最判平25（2013）・6・6、八千代交通事件）としています。

第17章　安全衛生及び災害補償

I　安全衛生

　労働基準法第42条は、「労働者の安全及び衛生に関しては、労働安全衛生法……の定めるところによる」と規定し、「労働安全衛生法」は、第1章「総則〔事業者等の責務、など〕」のほか、第2章「労働災害防止計画」、第3章「安全衛生管理体制」、第4章「労働者の危険又は健康障害を防止するための措置」、第5章「機械等並びに危険物及び有害物に関する規制」、第6章「労働者の就業に当たつての措置」、第7章「健康の保持増進のための措置」、第7章の2「快適な職場環境の形成のための措置」、第9章「安全衛生改善計画等」などについて定めています。

　なお、労働基準法は、年少者及び妊産婦等を保護するために、安全及び衛生に関して特別の規制を定めています。

1　年少者についての規制

　危険有害業務の就業制限（第62条）、坑内労働の禁止（第63条）が定められています。

2　妊産婦等についての規制

　坑内業務の就業制限（第64条の2）、危険有害業務の就業制限（第64条の3）が定められています。

II　災害補償

　仕事の上での怪我や病気など、労働災害が発生した場合、その救済のための制度としては、労働基準法上の災害補償、労働者災害補償保険、民事上の損害賠償があります。

1 労働基準法上の災害補償

　労働基準法は、第75条－第88条で、労働者の「負傷」、「疾病」、「障害」又は「死亡」について、使用者に、(1)療養補償（使用者の「費用で必要な療養を行い、又は必要な療養の費用を負担」すること）、(2)休業補償（「療養のため、労働することができないために賃金を受けない場合において」、「療養中平均賃金の100分の60」の補償を行うこと）、(3)障害補償（「治つた場合において、その身体に障害が存するとき」、「その障害の程度に応じて」定められる金額（平均賃金の1,340日分（障害等級第1級）〜50日分（障害等級第14級））の補償を行うこと）、(4)遺族補償（「死亡した場合において」、「遺族に対して、平均賃金の1,000日分」の補償を行うこと）、(5)葬祭料（「……死亡した場合において」、「葬祭を行う者に対して、平均賃金の60日分」を支払うこと）を行うことを義務づけており、なお、(6)打切補償[1]及び(7)分割補償[2]についても定めています。

　業務上の負傷、疾病、障害又は死亡については、労働者は、使用者に対し、民法上、不法行為（⇒68頁）を理由として、損害賠償請求を行うことが考えられますが、これについては、①労働者は、使用者の故意又は過失を立証しなければならないこと、②労働者は、受けた損害額を立証しなければならないこと、③使用者が支払いに応じない場合に、労働者は、裁判所に民事訴訟を提起する以外に、履行を求める有効な方途がないこと、という点で、労働者の救済として十分ではない、と考えられます（なお、近年、民法上、不法行為責任としてではなく、債務不履行（⇒73頁）責任として、損害賠償を求める、という構成も用いられていることについては、あとで（⇒138頁）説明します。）。

　そこで、労働基準法は、①企業に内在する危険性から発生する労働災害による損害は、企業の経営により利益を得ている使用者に負担させるのが公平に適う、という考え方から、使用者の故意又は過失を要件とせずに、補償を義務づけ（<u>無過失責任</u>）、②補償の額も、労働者の生活の確保という観点から定型的

---

[1] 療養「補償を受ける労働者が、療養開始後3年を経過しても負傷又は疾病がなおらない場合において」、「平均賃金の1,200日分」の「補償を行」うことにより、使用者にその後の補償義務を免除するものです。

[2] 使用者が「支払能力のあることを証明し、補償を受けるべき者の同意を得た場合において」、障害補償又は遺族補償に替え、一定の金額を、「6年にわたり毎年補償することができる」ものです。

に定め、③労働基準監督機関による監督と罰則によって、履行の確保を図ることとしているのです。

> ◆「無過失責任」
> 「無過失責任」とは、近代私法の基本原理の1つである「過失責任の原則」、すなわち、各個人は、損害の発生について、故意又は過失がある場合にのみ損害賠償の責任を負うという考え方（民法では、原則として、この考え方がとられています）に対して修正を加え、一定の場合には、故意又は過失がなくても損害賠償の責任を負うとする考え方をいいます。

なお、実際上は、労災保険（⇒132頁）制度が、休業補償の最初の3日分を除き（労災保険の休業補償給付は、4日目から支給されます）、いずれの事由による災害補償についても、より有利な保険給付を定めており（⇒134頁）、それらの保険給付が行われるべき場合には、使用者は、労働基準法上の災害補償の責任を免れます（⇒137頁）ので、労働基準法上の災害補償責任が問題となるのは、極めて僅かな場面[3]に限られることになります。

2　労働者災害補償保険

労働基準法上の災害補償と表裏の関係に立つものとして、労働者災害補償保険法（以下、「労災保険法」と略称します）に基づく、労働者災害補償保険（以下「労災保険」と略称します）の制度があります。

これは、労働基準法による、個々の使用者による補償の方式では、使用者に資力がない場合などに、実際上補償が行われないおそれがあることから、政府が管掌する保険の方式のもとに、使用者の共同負担によって危険の分散を図り、補償が確実に行われるようにするために設けられているものです。

なお、労災保険は、(1)①「労働者の業務上の負傷、疾病、障害又は死亡」（「業務災害」といいます）に加え、②「労働者の通勤による負傷、疾病、障害又は死亡」（「通勤災害」といいます）を対象とするほか、③発症後の補償ではなく、事前の予防を目的とする給付（「二次健康診断等給付」といいます）を行い、さらに、以上の「保険給付」とは別に、(2)労働者の社会復帰の促進等を

---

3)　労災保険が適用されない事業（⇒133頁）、最初の3日分の休業補償といった場面です。

目的とする事業（「社会復帰促進等事業」といいます）を行います。
(1)適用事業など

労災保険法は、「労働者を使用する事業」に強制的に適用されます。ただし、①国の直営事業及び非現業の官公署については、適用が除外され、また、②農林水産業の一部（おおむね、常時使用する労働者が5人未満の個人事業）は、暫定的に任意適用事業とされています（第3条、昭和44（1969）年改正法附則第12条）。

中小事業主等、いわゆる一人親方等、海外派遣者、については、特別加入する途が開かれています（第33条－第37条）。

(2)保険給付など

業務災害（又は通勤災害）に対して、保険給付として、①療養補償給付（又は療養給付）、②休業補償給付（又は休業給付）、③障害補償給付（又は障害給付）、④遺族補償給付（又は遺族給付）、⑤葬祭料（又は葬祭給付）、⑥傷病補償年金（又は傷病年金）、⑦介護補償給付（又は介護給付）があり（第12条の8、第21条）、別に、社会復帰促進等事業（第29条）の一環として行われる特別支給金があります。さらに、業務災害（又は通勤災害）以外に対する保険給付として、二次健康診断等給付があります（第26条）。

以上の内容は、第8表のとおりです。

(3)費用の負担

政府は、労災保険に要する費用に充てるため、「労働保険〔労災保険及び雇用保険の総称〕の保険料〔労働保険料〕の徴収等に関する法律」（「労働保険徴収法」と略称されます）の定めるところにより、保険料（労働保険料）を徴収します（第30条）。

労働保険料のうち、労災保険に係るのは、①一般保険料のなかの労災保険分と、②（第1種・第2種・第3種）特別加入保険料です。①は、事業主が労働者に支払う賃金の総額に労災保険率を乗じて得た額であり（労働保険徴収法第11条・第12条）、②は、特別加入者の種類（第1種・第2種・第3種）ごとに定められる額です（第13条－第14条の2）。

労災保険に係る保険料は、上記①は、事業主が負担し、労働者の負担分はなく（労働保険徴収法第31条）、②は、特別加入者が負担します。

第8表　労働者災害補償保険の保険給付など（概要）

保険給付の種類		支給事由	保険給付の内容	特別支給金の内容
療養補償給付 療養給付		業務災害又は通勤災害による傷病により療養するとき（労災病院や労災指定医療機関等で療養を受けるとき）。	必要な療養の給付	
^		業務災害又は通勤災害による傷病により療養するとき（労災病院や労災指定医療機関等以外で療養を受けるとき）。	必要な療養費の全額	
休業補償給付 休業給付		業務災害又は通勤災害による傷病の療養のため労務することができず、賃金を受けられないとき。	休業4日目から、休業1日につき給付基礎日額の60％相当額	休業4日目から、休業1日につき給付基礎日額の20％相当額
障害（補償）給付	障害補償年金 障害年金	業務災害又は通勤災害による傷病が治った後に障害等級第1級から第7級までに該当する障害が残ったとき。	障害の程度に応じ、給付基礎日額の313日分から131日分の年金	（障害特別支給金） 障害の程度に応じ、342万円から159万円までの一時金 （障害特別年金） 障害の程度に応じ、算定基礎日額の313日分から131日分の年金
^	障害補償一時金 障害一時金	業務災害又は通勤災害による傷病が治った後に障害等級第8級から第14級までに該当する障害が残ったとき。	障害の程度に応じ、給付基礎日額の503日分から56日分の一時金	（障害特別支給金） 障害の程度に応じ、65万円から8万円までの一時金 （障害特別一時金） 障害の程度に応じ、算定基礎日額の503日分から56日分の一時金
遺族（補償）給付	遺族補償年金 遺族年金	業務災害又は通勤災害により死亡したとき。	遺族の数等に応じ、給付基礎日額の245日分から153日分の年金	（遺族特別支給金） 遺族の数にかかわらず、一律300万円 （遺族特別年金） 遺族の数に応じ、算定基礎日額の245日分から153日分の年金
^	遺族補償一時金 遺族一時金	(1) 遺族（補償）年金を受け得る遺族がないとき (2) 遺族（補償）年金を受けている方が失権し、かつ、他に遺族（補償）年金を受け得る者がない場合であって、すでに支給された年金	給付基礎日額の1000日分の一時金（ただし(2)の場合は、すでに支給した年金の合計を差し引いた額）	（遺族特別支給金） 遺族の数にかかわらず、一律300万円 （遺族特別一時金） 算定基礎日額の1000日分の一時金（ただし(2)の場合は、すでに支

		の合計額が給付基礎日額の1000日分に満たないとき。		給した特別年金の合計額を差し引いた額)
葬祭料 葬祭給付	業務災害又は通勤災害により死亡した方の葬祭を行うとき。	315,000円に給付基礎日額の30日分を加えた額(その額が給付基礎日額の60日分に満たない場合は、給付基礎日額の60日分)		
傷病補償年金 傷病年金	業務災害又は通勤災害による傷病が療養開始後1年6ヶ月を経過した日又は同日後において次の各号のいずれにも該当することとなったとき (1) 傷病が治っていないこと (2) 傷病による障害の程度が傷病等級に該当すること	障害の程度に応じ、給付基礎日額の313日分から245日分の年金		(傷病特別支給金) 障害の程度により114万円から100万円までの一時金 (傷病特別年金) 障害の程度により算定基礎日額の313日分から245日分の年金
介護補償給付 介護給付	障害(補償)年金又は傷病(補償)年金受給者のうち第1級の者又は第2級の者(精神神経の障害及び胸腹部臓器の障害の者)であって、現に介護を受けているとき	常時介護の場合は、介護の費用として支出した額(ただし、104,290円を上限とする)。 ただし、親族等により介護を受けており介護費用を支出していないか、支出した額が56,600円を下回る場合は56,600円。 随時介護の場合は、介護の費用として支出した額(ただし、52,150円を上限とする)。 ただし、親族等により介護を受けており介護費用を支出していないか、支出した額が28,300円を下回る場合は28,300円。		
二次健康診断等給付	事業主が実施する定期健康診断等の結果、脳・心臓疾患に関連する一定の項目(血圧、血中脂質、血糖、肥満度)の全てについて異常の所見があると認められたとき。	(1)二次健康診断 　1年度内に1回に限る。 (2)特定保健指導 　二次健康診断1回につき1回に限る。		

注1)「保険給付の種類」欄の上段は業務災害、下段は通勤災害に係るもの。
注2) 給付基礎日額は、平均賃金相当額(最低保障額がある)。
注3) 二次健康診断等給付は、過労死(⇒136頁)を発症前段階で予防するための給付。

(4)業務上の災害及び通勤災害
①業務上の災害
　労働基準法上の災害補償も、労災保険の業務災害に関する給付も、「業務上」の災害に対して行われます。
　「業務上」の災害とは、(ⅰ)労働者が事業主の支配ないし管理下にあるなかで(業務遂行性)、(ⅱ)業務との間に社会的に見て相当と認められる因果関係のもとに(業務起因性)、生じた災害をいうと理解されています（行政解釈など）。
　災害のうち、疾病については、負傷に起因する疾病のほか、長期間にわたり有害作業が徐々に蓄積されて発病に至る疾病があり、業務上の疾病であることの判断に困難をともないますので、労働基準法（第75条第2項）は、「業務上の疾病……の範囲は、厚生労働省令で定める」と規定し、同法施行規則第35条・別表第1の2が、具体的に定めています。
　近年、社会問題となっている、いわゆる過労死（長期間の業務上の疲労の蓄積による脳・心臓疾患死）及びうつ病・過労自殺に関しては、別表第2で、それぞれ、「長期間にわたる長時間の業務その他血管病変等を著しく増悪させる業務による〔疾病〕又はこれらの疾病に付随する疾病」（第8号）及び「人の生命にかかわる事故への遭遇その他心理的に過度の負担を与える事象を伴う業務による精神及び行動の障害又はこれに付随する疾病」（第9号）として掲げられ、厚生労働省の通達により、認定基準が示されています。
②通勤災害
　労災保険の給付の対象とされる、通勤災害における「通勤」について、労災保険法第7条は、次のとおり定めています。
　「……通勤とは、労働者が、就業に関し、次に掲げる移動」－「一　住居と就業の場所との間の往復」、「二〔一定の〕就業の場所から他の就業の場所への移動」（複数の事業場で就業している労働者の事業場間の移動）、「三〔一〕に掲げる往復に先行し、又は後続する住居間の移動（厚生労働省令で定める要件[4]に該当するものに限る。）」－「を、合理的な経路及び方法により行うことをいい、業務の性質を有するものを除くものとする」（業務の性質を有するものが除かれるのは、業務災害として、労災保険の対象とされるからです。）（第

4）　厚生労働省令（労災保険法施行規則第7条）では、単身赴任者の赴任先住居と帰省先住居との間の移動に当たる移動が定められています。

2項)。

「労働者が〔上記第7条第2項一～三の〕移動の経路を逸脱し、又は〔上記同項一～三の〕移動を中断した場合においては、〔その〕逸脱又は中断の間及びその後の〔上記同項一～三の〕移動は、〔通勤災害に関する保険給付に係る〕通勤としない。ただし、〔その〕逸脱又は中断が、日常生活上必要な行為であつて厚生労働省令で定めるもの[5]をやむを得ない事由により行うための最小限度のものである場合は、〔その〕逸脱又は中断の間を除き、この限りでない」(第3項)。

(5)災害補償・労災保険給付と損害賠償の調整

労働基準法第84条は、次のとおり定めています。

「〔労働基準法〕に規定する災害補償の事由について、〔労災保険法〕……に基づいて〔労働基準法〕の災害補償に相当する給付が行なわれるべきものである場合においては、使用者は、補償の責〔め〕を免れる」(第1項)。

「使用者は、〔労働基準法〕による補償を行った場合においては、同一の事由については、その価額の限度において民法による損害賠償の責〔め〕を免れる」(第2項)。

最高裁の判例は、「事故が使用者の行為によつて生じた場合において、……政府が〔労災保険法〕に基づく保険給付をしたときは労働基準法〔第〕84条〔第〕2項の規定を類推適用し、……使用者は、同一の事由については、その価額の限度において民法による損害賠償の責〔め〕を免れると解するのが、相当である」(最判昭52 (1977)・10・25、三共自動車事件)、としています。

(6) 民事上の損害賠償

労働基準法上の災害補償や労災保険は、民事上の損害賠償が、労働者の救済として十分でないことにかんがみ、これを強化するものとして、生まれたものです (⇒ 131頁、132頁)。

しかし、そこでは逆に、補償額が定型的に (定額又は定率で) 定められ、財産的損害についても、その全額を補填するものではないこと、精神的損害の補

---

[5] 厚生労働省令 (労災保険法施行規則第8条) では、①日用品の購入その他これに準ずる行為、②一定の教育訓練を受ける行為、③選挙権の行使その他これに準ずる行為、④病院・診療所において診察・治療を受けることその他これに準ずる行為、⑤一定の親族の介護、が定められています。

填（慰謝料）はされないことなどの弱点があります。

　そこで、労働災害の場合に、被災労働者（又は、その遺族）から、使用者に対し、民事上の損害賠償を請求する、いわゆる労災民事訴訟（労災民訴）が行われることになります。

　民事上の損害賠償を請求する法的根拠としては、早くから、不法行為（⇒68頁）責任が用いられてきています。

　企業自体の、一般的な不法行為責任（民法第709条）（⇒68頁）としての構成のほか、上司・同僚の行為についての企業の使用者責任（民法第715条）としての構成も用いられています。

◆「使用者責任」

　「使用者責任」とは、民法第715条が、「ある事業のために他人を使用する者〔企業が、これにあたります〕は、被用者〔上司・同僚が、これにあたります〕がその事業の執行について第三者〔被災労働者が、これにあたります〕に加えた損害を賠償する責任を負う」（第1項本文）と定めている、その使用者としての責任（不法行為責任）をいいます。

　このような不法行為責任としての構成のほか、近年は、債務不履行責任としての構成も多く用いられています。

◆「債務不履行」

　「債務不履行」とは、民法第415条が、「債務者がその債務の本旨に従った履行をしないときは、債務者は、これによって生じた損害の賠償を請求することができる」（前段）と定めている、その「債務者がその債務の本旨に従った履行をしない」ことをいいます。

　債務不履行の要件として、（民法第415条前段に明文で定められているわけではありませんが、同項後段に、「債務者の責めに帰すべき事由によって履行をすることができなくなったときも、同様とする」と定められているのと同様に、解釈上、）債務者の責めに帰すべき事由によることが必要であり、その「責めに帰すべき事由」とは、故意、過失又は信義則（⇒24頁）上これと同視すべき事由をいう、と理解されています。

　債務不履行の効果としては、損害賠償のほか、契約の解除（民法第541条）が定められています。

債務不履行責任としての構成は、使用者は、労働者に対し安全配慮義務を負うとし、労働災害の発生を、その安全配慮義務という債務の不履行としてとらえる考え方です。

　最高裁の判例は、まず、「国は、公務員に対し、……「安全配慮義務」……を負つているものと解すべきである。……安全配慮義務は、ある法律関係に基づいて特別な社会的接触の関係に入つた当事者間において、〔その〕法律関係の付随義務として当事者の一方又は双方が相手方に対して信義則上負う義務として一般的に認められるべきもの」である（最判昭50（1975）・2・25、陸上自衛隊八戸車両整備工場事件）とし、次いで、私企業の労働者に関しても、「使用者は、……労働者が労務提供のため設置する場所、設備もしくは器具等を使用し又は使用者の指示のもとに労務を提供する過程において、労働者の生命及び身体等を危険から保護するよう配慮すべき義務（……「安全配慮義務」……）を負つているものと解するのが相当である」（最判昭59（1984）・4・10、川義事件）としました。その後、平成19（2007）年に制定された労働契約法第5条（⇒25頁）は、安全配慮義務を明文で規定しています。

　民事上の損害賠償を、不法行為責任として構成する場合と、債務不履行責任として構成する場合とを対比しますと、不法行為責任の場合は、「不法行為による損害賠償の請求権は、被害者……が損害及び加害者を知った時から3年間行使しないときは、時効によって消滅する」（民法第724条前段）と定められ、消滅時効の期間が短く、また、被害者（労働者）側で加害者（使用者）側の故意又は過失を立証しなければならないと理解されているのに対し、債務不履行責任の場合は、「債権は、10年間行使しないときは、消滅する」（民法第167条第1項）という債権一般の消滅時効の期間によることとなり、また、(債務者（使用者）は、そもそも債権成立の時から履行すべきことを予定されているものであるから）債務者（使用者）の側で、その責めに帰すべき事由に基づかないことを立証しない限り、責任を免れない（債務者（使用者）側が、責めに帰すべき事由の不存在について立証責任を負う）と理解されており、以上の点で、不法行為構成よりも債務不履行構成のほうが、労働者に有利であると考えられます。

　そうしたことから、昭和50（1975）年に最高裁が安全配慮義務違反を判例上認めて以後、安全配慮義務違反による債務不履行構成に基づく損害賠償請求が主流となりました。

しかし、その後の最高裁の判例が、立証責任に関し、「〔安全配慮〕義務の内容を特定し、かつ、義務違反に該当する事実を主張・立証する責任は、……義務違反を主張する〔労働者〕にある、と解するのが相当である」(最判昭56(1981)・2・16、航空自衛隊芦屋分遣隊事件)としたことから、立証責任の点では、不法行為構成と安全配慮義務違反による債務不履行構成とで大差はないと考えられることになりました。

また、不法行為構成の場合は、遺族固有の慰謝料が認められる（民法第711条「他人の生命を害した者は、被害者の父母、配偶者及び子に対しては、その財産権が侵害されなかった場合においても、損害の賠償をしなければならない」)のに対し、債務不履行構成では認められないと理解されている（最判昭55(1980)・12・18、大石塗装・鹿島建設事件）など、逆に、不法行為構成のほうが有利な点もあり、かならずしも、債務不履行構成のほうが有利であるとはいえないと考えられるようになってきています。

いずれにせよ、労働者側はいずれの法律構成による主張をすることも可能であると考えられており、また、近時の最高裁の判例には、不法行為上の注意義務を安全配慮義務と同様の内容に構成するものも見られます。すなわち「使用者は、……業務の遂行に伴う疲労や心理的負荷等が過度に蓄積して労働者の心身の健康を損なうことがないよう注意する義務」を負うとし、「その負担を軽減させるための措置を採らなかったことにつき過失があるとして、〔使用者〕の民法〔第〕715条〔(⇒138頁)〕に基づく損害賠償責任を肯定した」原審（⇒22頁）の認定判断を是認した判例（最判平12(2000)・3・24、電通事件）がその例です。

◆「注意義務」

「注意義務」とは、過失の前提とされ、これに違反すると過失があることになり、損害賠償責任が生じることとなる義務をいいます。

第18章　労働契約の終了

Ⅰ　労働契約の終了事由

　労働契約が終了する事由には、労働者・使用者のいずれの意思にもよらないで終了するものと、労働者・使用者の一方又は双方の意思によって終了するものとがあります。

1　労働者・使用者のいずれの意思にもよらない終了事由
(1)期間の満了

　期間の定めのある労働契約（⇒80頁）は、その期間の満了によって終了します。これに関連して、民法第629条は、「雇用の期間が満了した後労働者が引き続きその労働に従事する場合において、使用者がこれを知りながら異議を述べないときは、従前の雇用と同一の条件で更に雇用をしたものと推定する」（第1項前段）と定めています。有期労働契約の更新拒否（雇止め）については、前に（⇒82頁）説明しました。

(2)約定の終了事由の発生

①約定の終了事由の発生（一般）

　約定の終了事由がある労働契約は、その事由の発生によって終了します。なお、一定の事実の発生を「退職理由として予定する定め」は、禁止されています（男女雇用機会均等法第9条第1項（⇒41頁））。

②定年の到達

　労働者が一定の年齢に達したときに労働契約が終了すべき仕組みは、「定年」制と呼ばれます。

　定年制のうち、一定の年齢に達したときに自動的に労働契約が終了するものは、「定年退職制」と呼ばれます（これが、普通の場合です）。その法的性格は、労働契約の約定の終了事由の一種であり、定年到達前の（任意）退職や解雇が格別制限されない点で、労働契約の期間の定めとは異なると理解されています。

　一定の年齢に達したときに使用者が解雇の意思表示をし、これによって労働

契約を修了させるものは、「定年解雇制」と呼ばれます。これは、解雇の事由の定めの一種です。

定年制について、最高裁の判例は、「一般に、老年労働者にあつては〔その〕業種又は職種に要求される労働の適格性が逓減するにかかわらず、給与が却つて逓増することから、人事の刷新・経営の改善等、企業の組織および運営の適正化のために行われるものであつて、一般的にいつて、不合理な制度ということはでき」ない（前掲、最大判昭43（1968）・12・25、秋北バス事件）としています。学説では、①定年制の合理性は企業側の論理でしかなく、定年は、労働能率や適格性に関する個人差を無視し、一定年齢到達のみを理由として、労働の機会を一律に奪うもので、勤労の権利の保障（憲法第27条第1項）（⇒6頁）、法の下の平等の原則（憲法第14条）（⇒7頁）、均等待遇の原則（労働基準法第3条）（⇒19頁）の精神に反し、公序良俗違反（民法第90条）（⇒69頁）として無効であるとする見解、②定年制は、定年までの雇用保障や勤続年数による年功的処遇が維持されている限りで合理性を有するのであり、雇用システムの変動によって、これらが弱体化する場合には、その合理性を失うこととなるとする見解とがあります（私は、これらの見解は的確な指摘を含んでいると考えます）。

なお、高年齢者雇用安定法（⇒211頁）は、高年齢者の雇用保障の観点から、定年を定める場合の年齢について、「事業主がその雇用する労働者の定年（……）の定めをする場合には、〔その〕定年は、60歳を下回ることができない。ただし、〔その〕事業主が雇用する労働者のうち、高年齢者が従事することが困難であると認められる業務として厚生労働省令で定める業務[1]に従事している労働者については、この限りでない」（第8条）と定めています。

また、同法は、高年齢者雇用確保措置として、「定年（65歳〔平成25（2013）年3月31日までは64歳〔附則第4条〕〕未満のものに限る。……）の定めをしている事業主は、その雇用する高年齢者の65歳までの安定した雇用を確保するため」、「一　〔その〕定年の引上げ」、「二　継続雇用制度（現に雇用している高年齢者が希望するときは、〔その〕高年齢者をその定年後も引き続いて雇用する制度……）の導入」、「三　〔その〕定年の定めの廃止」、「のい

---

[1] 厚生労働省令（高年齢者雇用安定法施行規則第40条の2）では、鉱業における坑内作業の業務が、定められています。

ずれかを講じなければならない」(第9条第1項)と定めています。

　従来、「事業主は、〔労働者の過半数代表者〕との書面による協定により、継続雇用制度の対象となる高年齢者に係る基準を定め、〔その〕基準に基づく制度を導入したときは、〔継続雇用制度の導入の〕措置を講じたものとみなす」と定めていた規定(第9条第2項)は、平成24(2012)年の法改正(施行は、平成25年4月1日)で削除されました。この法改正により、希望する高年齢者の全員が、継続雇用制度の対象となることとされました。また、同法改正により、厚生労働大臣は、高年齢者雇用確保措置を講ずべきことの勧告に従わなかった事業主を「公表」することができることとされました(第10条第3項)。

(3)当事者の消滅
①労働者の死亡
　労働契約の一方の当事者である労働者の死亡によって、労働契約は、終了します。
②企業の消滅
(ⅰ)個人企業
　個人企業において、事業主が死亡しても、相続人によって企業経営が継続される限り、労働契約は、終了しないと理解されています。
(ⅱ)会社企業の場合

●会社の解散
　会社の解散の場合は、清算の結了により会社が消滅したとき(会社法第476条)に、または、清算中に労働者が解雇されたときに、労働契約が終了すると理解されています。

●企業再編
ア　合併　合併の場合は、合併して消滅する会社の権利義務は、包括的に、合併後存続する会社(存続会社)又は合併により新設される会社(新設会社)に承継されます(会社法第750条第1項・第754条第1項)ので、労働契約は終了しないと理解されています。
イ　事業譲渡(営業譲渡)　事業譲渡の場合は、合併の場合と異なり、譲渡会社から譲受会社への権利義務の包括承継は行われず、権利義務の個別承継が行われるものであり、労働契約の承継についても、譲渡会社と譲受会社の合意が

必要であり、さらに、労働契約については、民法第625条第1項（⇒89頁）が適用されるので、労働契約の移転についての労働者の同意（承諾）が必要であると理解されています（多数説）。なお、労働契約の承継について譲渡会社と譲受会社との間で（明示の）合意が行われないため、労働契約が承継されないこととなる、労働者の不利益については、（下級裁判所の）判例に、事業譲渡契約の解釈として、黙示の承継合意を認定した事例（大阪地判平11（1999）・12・8、タジマヤ事件、など）や、譲渡会社と譲受会社との間に実質的同一性が認められる場合に法人格否認の法理を用いて労働契約の承継を認めた事例（大阪地決平6（1994）・8・5、新関西通信システムズ事件、など）があります。

◆「法人格否認の法理」
「法人格否認の法理」とは、会社などの法人格が、法律の適用を回避するために濫用される場合、又は全くの形骸にすぎないような場合で、その法人の形式的独立性を認めることが正義・衡平の観点に照らして不当と認められるようなときに、問題となっている事実について法人の形式的独立性を認めずに、その背後にある実態に即した法律的取扱いをする理論をいいます。

ウ　会社分割　会社分割の場合については、「会社の分割に伴う労働契約の承継等に関する法律」（「労働契約承継法」と略称されます）で定められています。

会社分割の場合は、分割をする会社（分割会社）の権利義務は、その権利義務を承継する他の会社（承継会社）との分割契約又はその権利義務を承継する、分割により設立する会社（設立会社）にかかる分割計画に、分割の対象として記載された部分に限り、包括承継されます（「部分的包括承継」）（会社法第761条・第764条）。

労働契約承継法は、承継の対象となる事業と労働者とのかかわり方に着目して、分割会社が雇用する労働者を2つのグループに分け、〈1〉承継会社等（承継会社又は設立会社）に承継される事業に主として従事する労働者との労働契約であって、分割契約等（分割契約又は分割計画）に承継会社等が承継する旨の記載があるものは、「承継会社等に承継されるものとする」こと（第3条）、〈2〉承継会社等に承継される事業に主として従事する労働者であって、分割契約等にその労働契約を承継会社等が承継する旨の定めがないものは、分割会社

に対し、異議を申し出ることができ、申し出たときは、その労働契約は、「承継会社等に承継されるものとする」こと（第4条）、〈3〉承継会社等に承継される事業に主として従事する労働者以外の労働者であって、分割契約等にその労働契約を承継する旨の定めがあるものは、分割会社に対し、異議を申し出ることができ、申し出たときは、その労働契約は、「承継会社等に承継されないものとする」こと（第5条）とし、労働者が従事してきた職務の継続が保障されるように定めています。

以上の反面において、承継会社等に承継される事業に主として従事する労働者であって、分割契約等にその労働契約を承継する旨の定めがあるものは、分割会社への残留を希望しても、それが認められる意味での承認拒否権はないと理解されています[2]。

この点に関し、学説では、承継会社等への労働契約の承継は、転籍（⇒90頁）の一種であることからすれば、これは、転籍については労働者の個別の同意を要するという原則に対する重大な例外であり、特に、会社分割が企業の不採算部門の分離・切り捨てのために利用される場合には、承継される労働者の雇用は極めて不安定となるとし、この問題は、事業譲渡一般にかかわる労働契約承継の問題として、立法的に解決されるべきであるとする見解があります（私は、この見解は的確なものであると考えます）。

2　労働者・使用者の一方又は双方の意思による終了事由

(1)労働者・使用者の一方の意思による場合

これには、労働者の一方的意思による場合、すなわち、任意退職（辞職）と使用者の一方的意思による場合、すなわち、解雇とがあります。

民法は、この2つのいずれについても、第627条で、「当事者が雇用の期間を定めなかったときは、各当事者は、いつでも解約の申入れをすることができる。この場合において、雇用は、解約の申入れの日から2週間を経過することによって終了する」（第1項）ことなどを定め、第628条で、「当事者が雇用の期間を定めた場合であっても、やむを得ない事由があるときは、各当事者は、直ちに契約の解除をすることができる」（前段）ことなどを定めています。

---

2) その旨の（下級裁判所の）判例があります（東京高判平20（2008）・6・26、日本アイ・ビー・エム（会社分割）事件）。

労働法（労働基準法など）は、①労働者の一方的意思による労働契約の終了（任意退職）に関しては、ほとんど修正を加えていませんが、②使用者の一方的意思による労働契約の終了（解雇）に関して、各種の制限を加えています。あとで（⇒147頁）説明します。

①の任意退職の意思表示にかかわる問題については、あとで（⇒146頁）説明します。

(2) 労働者・使用者の双方の意思（合意）による場合

労働契約は、当事者双方、すなわち、労働者及び使用者の合意による解約によっても終了します。

退職にかかわる労働者の意思表示（退職願の提出など）は、もしそれが、①任意退職の意思表示であれば、それが使用者に到達することによって効力を生じ、撤回することができないのに対し、②合意解約の申込みの意思表示であれば、それに対する使用者の承諾の意思表示があってはじめて効力を生じ、その承諾の意思表示があるまでは、労働者は、その意思表示を撤回することができる、と理解されますが、（下級裁判所の）判例は、いずれか曖昧な場合には、できるだけ合意解約の申込みの意思表示であると解釈して、撤回の可能性を認めようとしています（大阪地判平10（1998）・7・17、大通事件など）。

◆「撤回」
「撤回」とは、意思表示をした人が、その効果を将来に向かって消滅させることをいいます。

退職にかかわる労働者の意思表示（任意退職・合意解約の申込みの意思表示）は、使用者の圧力のもとでなされることが少なくなく、その場合には、（下級裁判所の）判例において、意思表示の瑕疵に関する民法の諸規定による処理が行われています（強迫―松江地益田支判昭44（1969）・11・18、石見交通事件、錯誤―横浜地川崎支判平16（2004）・5・28、昭和電線電纜事件、心裡留保―東京地決平4（1992）・2・6、昭和女子大学事件、など）。

◆「瑕疵（かし）」「強迫」「錯誤（さくご）」「心裡（しんり）留保」
「瑕疵」とは、きず、欠陥をいいます。
「……強迫〔他人に害悪を加えることを示して、恐怖心を生じさせる違法な行為

による意思表示は、取り消すことができる」(民法第96条第1項)。
　「意思表示は、法律行為の要素〔重要な部分〕に錯誤〔思いちがい〕があったときは、無効とする」(民法第95条本文)。
　「意思表示は、表意者〔意思表示をする人〕がその真意でないことを知ってしたときであっても、そのためにその効力を妨げられない。ただし、相手方が表意者の真意を知り、又は知ることができたときは、その意思表示は、無効とする」(民法第93条)(心裡留保)。

　学説では、さらに、退職にかかわる労働者の意思表示(任意退職・合意解約の申込みの意思表示)について、意思表示に瑕疵があるとまで認められない場合でも、その効果の重大性にかんがみ、一定期間については、一般的に撤回の可能性を認めるべきであるとする見解があります(私は、この見解は的確な指摘を含んでいると考えます)。
　なお、任意退職に関連し、退職勧奨について、最高裁の判例に、原審(⇒22頁)のした、被勧奨者の任意の意思形成を妨げ、あるいは名誉感情を害するごとき勧奨行為は違法な権利侵害として不法行為を構成する場合があり、本件退職勧奨は違法なものに該当するとして、労働者からの損害賠償請求を認めた認定判断を是認したもの(最判昭55(1980)・7・10、下関商業高校事件)があります。

II　解雇の制限

　解雇については、民法の規定(⇒145頁)に対し、労働法(労働基準法など)によって、各種の制限が加えられています。

1　解雇権濫用法理以外の法令による制限

　解雇については、判例によって形成された解雇権濫用法理と、それを明文化した法令の規定(労働契約法第16条(⇒150頁))によって、一般的な制約が行われるに至っていますが、ここでは、それ以外の、法令による制限について見ておきます。
(1)特定期間・特定事由による解雇の禁止
①特定期間による解雇の禁止
　労働基準法第19条は、「使用者は、労働者が業務上負傷し、又は疾病にかか

り療養のために休業する期間及びその後30日間並びに〔産前休業・産後休業（⇒128頁）〕によって休業する期間及びその後30日間は、解雇してはならない。ただし、使用者が、……打切補償〔（⇒131頁）〕を支払う場合又は天災事変その他やむを得ない事由のために事業の継続が不可能となった場合〔その事由について行政官庁[3]の認定を受けなければならない〕においては、この限りでない」と定めています。

②特定事由による解雇の禁止

(ⅰ)差別禁止事由を理由とする解雇の禁止として、（ア）労働基準法第3条（⇒19頁）が、国籍・信条・社会的身分を理由とする労働条件（解雇（の基準）を含むと理解されています）についての差別的取扱いを禁止し、（イ）労働組合法第7条（⇒196頁）が、労働組合の組合員であることなどを理由とする解雇などを禁止し、（ウ）男女雇用機会均等法が、第6条（⇒37頁）で、解雇などについての性別を理由とする差別的取扱いを禁止し、第9条（⇒41頁）で、婚姻・妊娠、出産などを理由とする解雇などを禁止し、妊娠中・出産後1年を経過しない女性労働者に対してなされた解雇を無効とし、（エ）パート労働法第8条（⇒49頁）が、通常の労働者と同視すべき短時間労働者について、短時間労働者であることを理由とする待遇（解雇（の基準）を含むと理解されています）についての差別的取扱いを禁止しています。

(ⅱ)権利行使を理由とする解雇の禁止として、（ア）男女雇用機会均等法は、第17条・第18条（⇒44頁）で、労働者が紛争の解決の援助を求めたことなどを理由とする解雇などを禁止し、（イ）育児介護休業法は、第10条・第16条・第16条の4・第16条の7・第16条の9・第18条の2・第20条の2・第23条の2（⇒48頁）で、労働者が育児休業申出・育児休業などをしたことを理由とする、第52条の4・第52条の5（⇒48頁）で、労働者が紛争の解決の援助を求めたことなどを理由とする、解雇などを禁止し、（ウ）パート労働法第21条・第22条（⇒51頁）は、短時間労働者が紛争の解決の援助を求めたことなどを理由とする、解雇などを禁止し、（エ）個別労働関係紛争解決促進法第4条・第5条（⇒159頁）は、労働者が紛争の解決の援助を求めたことなどを理由とする解雇などを禁止しています。

(ⅲ)法違反の申告等に対する報復的解雇の禁止として、（ア）労働基準法第

---

3) 労働基準監督署長。以下、この章の中で、同じです。

104条（⇒27頁）は、労働者が事業場における法違反の事実を労働基準監督機関に申告したことを理由とする解雇などを禁止し、その他（イ）最低賃金法第4条、公益通報者保護法第3条（⇒96頁）などにも、同様の趣旨の規定が、置かれています。

③解雇の予告
(i)予告の必要性

労働基準法第20条は、「使用者は、労働者を解雇しようとする場合においては、少くとも30日前にその予告をしなければならない。30日前に予告をしない使用者は、30日分以上の平均賃金〔「解雇予告手当」〕を支払わなければならない。但し、天災事変その他やむを得ない事由のために事業の継続が不可能となつた場合又は労働者の責〔め〕に帰すべき事由に基いて解雇する場合においては、この限りでない」（第1項）、「〔第1項〕の予告の日数は、1日について平均賃金を支払つた場合においては、その日数を短縮することができる」（第2項）、「〔第1項ただし書の場合においては、その事由について行政官庁の認定を受けなければならない〕」（第3項）、と定め、同法第21条は、「〔第20条〕の規定は、」「一　日日雇い入れられる者」（「1箇月を超えて引き続き使用されるに至つた場合」を除く）、「二　2箇月以内の期間を定めて使用される者」（「所定の期間を超えて引き続き使用されるに至つた場合」を除く）、「三　季節的業務に4箇月以内の期間を定めて使用される者」（「所定の期間を超えて引き続き使用されるに至つた場合」を除く）、「四　試の使用期間中の者」（「14日を超えて引き続き使用されるに至つた場合」を除く）、「については適用しない」、と定めています。

民法第627条第1項（⇒145頁）の2週間を30日に延長し、かつ、付加金・罰則・行政監督による実効性の確保（⇒26頁）が図られています。

(ii)予告義務違反の解雇の効力

最高裁の判例は、「使用者が労働基準法〔第〕20条所定の予告期間をおかず、または予告手当の支払をしないで労働者に解雇の通知をした場合、その通知は即時解雇としては効力を生じないが、使用者が即時解雇を固執する趣旨でない限り、通知後同条所定の30日の期間を経過するか、または通知の後に同条所定の予告手当の支払をしたときは、そのいずれかのときから解雇の効力を生ずるものと解すべき」である（最判昭35（1960）・3・11、細谷服装事件）としています（相対的無効説）。学説では、最高裁の判例によれば、労働者は、使

用者が「即時解雇を固執」したという証明困難な場合にしか予告手当を請求できないという不都合が生じる、などとし、解雇の無効を主張するか、解雇の有効を前提として予告手当を請求するかについて労働者に選択権がある、とする見解（選択権説）があります（私は、この見解は的確なものであると考えます）。

2　解雇権濫用法理など

(1)解雇権濫用法理と、その明文化

　解雇を制限する法令の個別の規定（前記（⇒147頁））に反しない限り、使用者は、自由に労働者を解雇することができるのでしょうか？

　この問題について、最高裁の判例は、昭和50（1975）年に、「使用者の解雇権の行使も、それが客観的に合理的な理由を欠き社会通念上相当として是認することができない場合には、権利の濫用として無効になる」（最判昭50（1975）・4・25、日本食塩製造事件）とし、解雇権濫用法理と呼ばれる考え方をとることを明らかにしました。

　平成15（2003）年の労働基準法の改正により、解雇権濫用法理は、第18条の2「解雇は、客観的に合理的な理由を欠き、社会通念上相当であると認められない場合は、その権利を濫用したものとして、無効とする」として明文化（法文化）されました。この規定は、平成19（2007）年の労働契約法制定の際、同文のまま労働契約法第16条に移され、労働基準法第18条の2は削除されました。

(2)「客観的に合理的な理由」と「社会通念上相当」性

　解雇権濫用法理・労働契約法第16条により、解雇が権利の濫用として無効とされないためには、2つの要件が必要です。

● 「客観的に合理的な理由」の存在

　「客観的に合理的な理由」としては、労働者側に起因するものとして、(i)労働者の労働能力・適格性の欠如、(ii)労働者の行為・態度（懲戒解雇との関係については、⇒151頁）、使用者側に起因するものとして、経営上の必要性（整理解雇（⇒151頁））、ユニオン、ショップ協定（⇒172頁）に基づく解雇があります。

●「社会通念上相当」性の存在

　最高裁の判例は、(就業規則所定の)「普通解雇(⇒152頁)事由がある場合においても、使用者は常に解雇しうるものではなく、〔その〕具体的な事情のもとにおいて、解雇に処することが著しく不合理であり、社会通念上相当なものとして是認することができないときには、〔その〕解雇の意思表示は、解雇権の濫用として無効になるものというべきである」とし、アナウンサーが2週間余の間に寝過ごしによって早朝の定時ラジオニュースを2回放送できないという事故を起こして解雇(普通解雇)された事例について、過失行為によるもので悪意・故意によるものではなく、また、第1、第2事故とも、通常先に起きてアナウンサーを起こすことになっていたファクス担当者も寝過ごしたものであることなど諸々の事情を踏まえて、本件解雇の意思表示を解雇権の濫用として無効とした原審(⇒22頁)の判断を是認しています(最判昭52(1977)・1・31、高知放送事件)。

3　整理解雇

　解雇(普通解雇)のうち、使用者側に起因する経営上の必要性(⇒150頁)から、余剰人員削減のために行われる解雇を「整理解雇」と呼びます。

　整理解雇は、何ら責任のない労働者に犠牲を強いるものなので、可能な限り避けるべきであるという発想に基づいて、判例によって「整理解雇法理」と呼ばれるルールが形成されてきています。

　整理解雇法理は、比較的最近まで、次の「4要件」を満たさない解雇を無効とする法理であると理解されてきました(4要件説)。その4要件とは、①人員削減の企業経営上の必要性、②他の手段(残業規制、配転・出向、採用停止など)による解雇回避の努力、③解雇対象者選定の妥当性、④解雇手続(労働者・労働組合に対する説明・協議)の妥当性です。

　そのような4要件説に対し、近時、(下級裁判所の)判例に「整理解雇の4要件は、整理解雇……について解雇権の濫用に当たるかどうかを判断する際の考慮要素を類型化したものであって、各々の要件が存在しなければ法律効果が発生しないという意味での法律要件ではなく、解雇権濫用の判断は、本来事案ごとの個別具体的な事情を総合考慮して行うほかないものである」とするもの(東京地決平12(2000)・1・21、ナショナル・ウエストミンスター銀行事件)が現われ、これを先例として「4要素説」と呼ばれる考え方が、(下級裁判所

の）判例の趨勢となっています。

4　懲戒解雇と普通解雇

懲戒解雇（⇒ 96 頁）は、労働者の企業秩序違反に対する制裁である懲戒のなかで最も重いものであり、契約一般について予定される、契約の一方当事者による解約である、普通の解雇（普通解雇）とは本来異質のものですが、普通解雇の「客観的に合理的な理由」（⇒ 150 頁）の1つとされる、労働者の行為・態度を理由とする普通解雇と重なり合う面をもっています。

両者の関係について、最高裁の判例は「就業規則所定の懲戒事由にあたる事実がある場合において、本人の再就職など将来を考慮して、懲戒解雇に処することなく、普通解雇に処することは、それがたとえ懲戒の目的を有するものとしても、必ずしも許されないわけではない。そして、……〔この〕ような場合に、普通解雇として解雇するには、普通解雇の要件を備えていれば足り、懲戒解雇の要件まで要求されるものではない」（前掲（⇒ 151 頁）、昭 52（1977）・1・31、高知放送事件）、としています。

5　変更解約告知

「変更解約告知」とは、労働条件を変更する手段として行われる、労働契約の解約（解雇）の意思表示をいいます。その態様としては、①労働条件の変更の申込みをしつつ、労働者がそれに応じない場合における（労働者の拒否を停止条件（⇒ 124 頁）とする、あるいは労働者の承諾を解除条件（⇒ 124 頁）とする）労働契約の解約（解雇）の意思表示をする態様と、②新しい（変更された）労働条件による新労働契約の締結の申込みをしつつ、従来の労働契約の解約（解雇）の意思表示をする態様とがあります。

変更解約告知の概念を初めて使用したとされる（下級裁判所の）判例は、「労働条件の変更が〔会社〕業務の運営にとって必要不可欠であり、その必要性が労働条件の変更によって労働者が受ける不利益を上回っていて、労働条件の変更をともなう新契約締結の申込みがそれに応じない場合の解雇を正当化するに足りるやむを得ないものと認められ、かつ、解雇を回避するための努力が十分に尽くされているときは、〔会社〕は新契約締結の申込みに応じない労働者を解雇することができる」（東京地判平 7（1995）・4・13、スカンジナビア航空事件）としています。

他方、(下級裁判所の)判例には「変更解約告知なるものを認めるとすれば、使用者は新たな労働条件変更の手段を得ることになるが、一方、労働者は、新しい労働条件に応じない限り、解雇を余儀なくされ、厳しい選択を迫られることになる……。……ドイツ法と異なって明文のない我国においては、労働条件の変更ないし解雇に変更解約告知という独立の類型を設けることは相当でない」とするもの(大阪地判平10(1998)・8・31、大阪労働衛生センター第一病院事件)もあり、(下級裁判所の)判例の処理は分かれています。

「変更解約告知」という概念を認めて法的処理をするかどうかは、使用者による労働条件の変更の申込みに対して、労働者による「留保付き承諾」を認めるかどうかの問題と関連します。「留保付き承諾」とは、労働条件変更の合理性(有効性)を裁判等で争うことを留保しつつ承諾して暫定的に新しい労働条件に従って就労することによって解雇を回避し、裁判等で労働条件の変更に合理性がないとされれば従前の労働条件に復帰し、合理性があるとされれば新しい労働条件に最終的に従うか解雇されるかを選択することとなるというものです。ドイツ法と異なり、これについて規定のない我が国で、この考え方が認められるかどうかについて、(下級裁判所の)判例は分かれています(肯定－東京地判平14(2002)・3・11、日本ヒルトンホテル事件。否定－東京高判平14(2002)・11・26、同事件控訴審判決)。学説も分かれますが、使用者が解雇という強行手段を背景に労働条件の変更を迫ろうとするときに、使用者に留保付き承諾を受忍させることは、信義則(⇒24頁)からしても均衡を失しているとは思われないなどとして、肯定的に理解する見解があります(私は、この見解は的確なものであると考えます)。

6 解雇をめぐる訴訟

(1)解雇無効の主張及び解雇期間中の賃金

解雇権の濫用にあたるなど、解雇が無効な場合は、労働者は、労働契約上の地位の確認を請求して、裁判所に訴えを提起することができます。

解雇が無効とされた場合、解雇後も労働契約関係が存続していたことになりますが、使用者が労働者を就労させなかったために、労働者は労務を提供していません。そこで、その間の賃金請求権の存否が問題となりますが、これは、民法第536条第2項(⇒103頁)によって処理されます。すなわち、債権者(労働契約に基づき、労働者を労働させる債権についての債権者である使用者)

の責めに帰すべき事由によって債務者（労働する債務についての債務者である労働者）が債務を履行することができなくなったときにあたるので、債務者（労働者）は反対給付（賃金）を受ける権利を失わない（賃金請求権がある）ことになります。

なお、最高裁の判例は「使用者の責〔め〕に帰すべき事由によつて解雇された労働者が解雇期間内に他の職について利益を得たときは、〔その〕利益が副業的なものであつて解雇がなくても当然取得しうる等特段の事情がない限り、民法〔第〕536条〔第〕2項但書〔現行第526条第2項後段（⇒103頁）〕に基づき、これを使用者に償還すべきものとするのを相当とする」としたうえ、「〔労働〕基準法〔第〕26条〔(⇒103頁)〕の規定は、労働者が民法〔第〕536条〔第〕2項にいう「使用者ノ責ニ帰スヘキ事由〔現行「責めに帰すべき事由」〕」によつて解雇された場合にもその適用があるものというべきである。そして、……労働者が使用者に対し解雇期間中の全額賃金請求権を有すると同時に解雇期間内に得た利益を償還すべき義務を負っている場合に、使用者が労働者に平均賃金の6割以上の賃金を支払わなければならないということは、〔その〕決済手続を簡便ならしめるため償還利益の額を予め賃金額から控除しうることを前提として、その控除の限度を、特約なき限り平均賃金の4割まではなしうるが、それ以上は許さないとしたもの、と解する」（最判昭37（1962）・7・20、全駐労小倉支部山田分会事件）とし、さらに（この判決を引用して）「したがつて、使用者が労働者に対して有する解雇期間中の賃金支払債務のうち平均賃金額の6割を超える部分から〔その〕賃金の支給対象期間と時期的に対応する期間内に得た中間利益の額を控除することは許されるものと解すべきであり、〔その〕利益の額が平均賃金額の4割を超える場合には、更に平均賃金算定の基礎に算入されない賃金（労働基準法〔第〕12条〔第〕4項〔(⇒99頁)〕）の全額を対象として利益額を控除することが許されるものと解せられる」（最判昭62（1987）・4・2、あけぼのタクシー事件）としています。この最高裁の判例の、労働者が解雇期間内に他の職について得た利益を使用者に償還すべきであるとする考え方に対し、学説では、民法第536条第2項後段にいう、自己の債務を免れたことによって得た利益とは、履行不能を生じさせたのと同一の原因から生じた利益と考えられるが、解雇期間中に他の使用者に雇用されるのは、労働者の主体的な決断によるものであり、通常は新たな負担をともなうから、それとは同視できないとする見解があります（私は、この見解は

的確なものであると考えます)。

(2)不法行為による損害賠償請求

解雇は、解雇権の濫用により無効とされる場合でも、当然に不法行為(民法第709条(⇒68頁))になるわけではありませんが、不法行為の成立要件(故意・過失など)を満たす場合は、使用者に不法行為による損害賠償義務が生じ得ます。

(下級裁判所の)判例に、(i)労働者が解雇無効の主張に代えて不法行為による賃金相当額の損害賠償を請求した場合につき、認めなかったもの(大阪地判平12(2000)・6・30、わいわいランド事件(解雇無効の主張をしない以上、解雇は有効として扱うべきこととなるから、賃金請求権は認められない))と認めたもの(東京地判平11(1999)・3・12、東京セクシュアルハラスメント(M商事)事件、など)があり、(ii)精神的損害に対する慰謝料請求を認めたもの(千葉地判平5(1993)・9・24、ノース・ウエスト航空事件など)があります。

Ⅲ 労働契約の終了にともなう措置

1 退職金の支払い

労働協約、就業規則、労働契約などで退職金の支払いが定められている場合(「退職手当」は、就業規則の相対的必要記載事項の1つです(労働基準法第89条(⇒29頁)第3号の2))は、使用者は、退職金の支払義務を負います。

退職金には、賃金の後払い的性格(算定基礎賃金に勤続年数別の支給率を乗じて算定されること)と功労報償的性格(支給率が勤続年数に応じて逓増すること、自己都合退職より会社都合退職のほうが支給率が高いことなど)とが混在していると考えられます。

退職事由による、又は懲戒解雇の場合の、退職金の減額・不支給について、判例では、最高裁の判例に、「同業他社に就職した退職社員に支給すべき退職金につき……支給額を一般の自己都合退職による場合の半額と定めることも、……退職金が功労報償的な性格を併せ有することにかんがみれば、合理性のない措置であるとすることはできない」として是認したもの(前掲(⇒77頁)、最判昭52(1977)・8・9、三晃社事件))があり、他方、(下級裁判所の)判例に、痴漢行為を理由として懲戒解雇された従業員の退職金全額を不支給とした事例について、「退職金の支給制限規定は、一方で、退職金が功労報償的な性

格を有することに由来するものである。しかし、他方、退職金は、賃金の後払い的な性格を有し、従業員の退職後の生活保障という意味合いをも有するものである」とし、「退職金全額を不支給とするには、それが当該労働者の永年の勤続の功を抹消してしまうほどの重大な不信行為であることが必要である」とし、「本件については、……一定割合での支給が認められるべきである」として、「その具体的割合については、……本来の退職金の支給額の3割……であるとするのが相当である」としたもの（東京高判平15（2003）・12・11、小田急電鉄事件）があり、総じて判例は、退職金の減額・不支給の合理性を退職金の複合的性格を踏まえて判断する立場をとっているといえます。

2　退職時の証明

　労働基準法第22条は、「労働者が、退職の場合において、使用期間、業務の種類、その事業における地位、賃金又は退職の事由（退職の事由が解雇の場合にあつては、その理由を含む。）について証明書を請求した場合においては、使用者は、遅滞なくこれを交付しなければならない」（第1項）、「労働者が、第20条第1項〔（⇒149頁）〕の解雇の予告がされた日から退職の日までの間において、〔その〕解雇の理由について証明書を請求した場合においては、使用者は、遅滞なくこれを交付しなければならない。ただし、解雇の予告がされた日以後に労働者が〔その〕解雇以外の事由により退職した場合においては、使用者は、〔その〕退職の日以後、これを交付することを要しない」（第2項）、「〔第1項及び第2項〕の証明書には、労働者の請求しない事項を記入してはならない」（第3項）、「使用者は、あらかじめ第三者と謀り、労働者の就業を妨げることを目的として、労働者の国籍、信条、社会的身分若しくは労働組合運動に関する通信をし、又は第1項及び第2項の証明書に秘密の記号を記入してはならない」（第4項）と定めています。

◆「遅滞なく」

　「遅滞なく」は、時間的即時性を強く表す場合に用いられる言葉ですが、「直ちに」とは異なり、正当な又は合理的な理由による遅れは許容されるものと理解されています。

　退職をめぐる紛争を防止し、労働者の再就職活動を容易にする趣旨であると

されています。

3　金品の返還

　労働基準法第 23 条は、「使用者は、労働者の死亡又は退職の場合において、権利者の請求があつた場合においては、7 日以内に賃金を支払い、積立金、保証金、貯蓄金その他名称の如何を問わず、労働者の権利に属する金品を返還しなければならない」（第 1 項）、「〔第 1 項〕の賃金又は金品に関して争がある場合においては、使用者は、異議のない部分を、〔第 1 項〕の期間中に支払い、又は返還しなければならない」（第 2 項）と定めています。

　退職労働者又は死亡労働者の遺族の生活の窮迫の防止などが趣旨であるとされます。

4　年少者の帰郷旅費

　労働基準法第 64 条は、「満 18 才に満たない者が解雇の日から 14 日以内に帰郷する場合においては、使用者は、必要な旅費を負担しなければならない。ただし、満 18 才に満たない者がその責めに帰すべき事由に基づいて解雇され、使用者がその事由について行政官庁の認定を受けたときは、この限りでない」と定めています。

　年少労働者が、帰郷する旅費がなく、淪落の生活をたどるといったことを防止する趣旨であるとされています。

◆「満たない」「以内」

　満 18 歳に「満たない」という場合は、満 18 歳を含まず、14 日「以内」という場合は、14 日を含みます。

　一般に、ある数を基準として、その数を含んだものをいい表す場合は、「以」の字をつけた言葉を用います。「以上」、「以下」、「以内」などです。逆に、基準となる数を含まないものをいい表す場合は、「以」の字をつけない言葉を用います。「以上」に対する「超（こ）える」、「以下」に対する「未満」・「満たない」、「以内」に対する「内」などが、それに当たります。

第19章　個別労働関係紛争の処理

I　労働関係紛争の処理――全体の姿

　労働関係紛争は、個々の労働者と使用者との間の紛争（個別労働関係紛争）と、労働組合（その他の労働者の団結体）と使用者との間の紛争（集団労働関係紛争）とに大別されます。

　集団労働関係紛争の処理については、第3編「集団的労働関係法（労使関係法）」中の第24章Ⅵ2「争議調整手続」（⇒194頁）及び第25章Ⅲ「不当労働行為の救済」（⇒199頁）で説明します。ここでは、個別労働関係紛争の処理について説明します。

　個別労働関係紛争の処理は、行政による処理と裁判所による処理とから成ります。

II　行政による個別労働関係紛争の処理

1　経緯

　労働法の施行（実施）を担当する行政機関（労働基準法の履行確保にかかわる行政監督機関（⇒27頁）など）は、従前から、罰則を背景とする行政指導などを通じて、実質的に、個別労働関係紛争の処理にかかわってきていましたが、個別労働関係紛争の増加に対応して、平成13（2001）年に「個別労働関係紛争の解決の促進に関する法律」（以下「個別労働関係紛争解決促進法」と略称します）が制定されました。

┌─◆「行政指導」─────────────────────────
│　「行政指導」とは、行政機関が、一定の行政目的を達成するため、特定の者に一定
│　の作為（行為を行うこと）又は不作為（行為を行わないこと）を求める、法律上の
│　強制力をともなわない事実行為をいいます。
└─────────────────────────────────────

2 個別労働関係紛争解決促進法の概要

個別労働関係紛争解決促進法の概要は次のとおりです。

(1)この法律で「個別労働関係紛争」とは、「労働条件その他労働関係に関する事項についての個々の労働者と事業主との間の紛争（労働者の募集及び採用に関する事項についての個々の求職者と事業主との間の紛争を含む……）」をいう（第1条）と定められています。

(2)「都道府県労働局〔厚生労働省の地方支分部局（出先機関）〕長は、個別労働関係紛争を未然に防止し、及び個別労働関係紛争の自主的な解決を促進するため、労働者、求職者又は事業主に対し、……情報の提供、相談その他の援助を行う」（第3条）ものと定められています。そのために、都道府県労働局（⇒第9表）、労働基準監督署などに「総合労働相談コーナー」が設置されています。

(3)「都道府県労働局長は、……当事者の双方又は一方からその紛争につき援助を求められた場合には、……当事者に対し、必要な助言又は指導をすることができる」（第4条第1項）、「事業主は、労働者が〔紛争解決〕の援助を求めたことを理由として、……解雇その他不利益な取扱いをしてはならない」（第4条第3項）と定められています。

(4)「都道府県労働局長は、……個別労働関係紛争（労働者の募集及び採用に関する事項についての紛争を除く。）について、……当事者（……「紛争当事者」……）の双方又は一方からあっせんの申請があった場合において……必要があると認めるときは、紛争調整委員会〔学識経験者のうちから厚生労働大臣が任命する3人以上の委員で構成される（第6条・第7条）〕にあっせんを行わせるものとする」「〔事業主は、労働者がこの申請をしたことを理由として、解雇その他不利益な取扱いをしてはならない。〕」（第5条）。「あっせんは、委員のうちから会長が事件ごとに指名する3人のあっせん委員によって行う」（第12条）。「あっせん委員は、……あっせん案を作成し、これを紛争当事者に提示することができる」（第13条）。（あっせん案を当事者が受け入れて合意が成立した場合、民法上の（裁判外の）和解として扱われます）「あっせん委員は、……あっせんによっては紛争の解決の見込みがないと認めるときは、あっせんを打ち切ることができる」（第15条）。「……あっせんが打ち切られた場合において、〔その〕あっせんの申請をした者が……30日以内にあっせんの目的となった請求について訴えを提起したときは、時効の中断に関しては、あっ

第9表　都道府県労働局総合労働相談コーナー一覧

	労働局	郵便番号	所在地	電話番号
01	北海道	060-8566	札幌市北区北8条西2-1-1　札幌第1合同庁舎9階	011-709-2311（内線3577）
02	青森	030-8558	青森市新町2-4-25　青森合同庁舎8階	017-734-4212
03	岩手	020-8522	盛岡市盛岡駅西通1-9-15　盛岡第2合同庁舎5階	019-604-3002
04	宮城	983-8585	仙台市宮城野区鉄砲町1　仙台第4合同庁舎	022-299-8834
05	秋田	010-0951	秋田市山王7-1-3　秋田合同庁舎4階	018-883-4254
06	山形	990-8567	山形市香澄町3-2-1　山交ビル3階	023-624-8226
07	福島	960-8021	福島市霞町1-46　福島合同庁舎5階	024-536-4600
08	茨城	310-8511	水戸市宮町1-8-31	029-224-6212
09	栃木	320-0845	宇都宮市明保野町1-4　宇都宮第2地方合同庁舎	028-634-9112
10	群馬	371-8567	前橋市大渡町1-10-7　群馬県公社総合ビル9階	027-210-5002
11	埼玉	330-6016	さいたま市中央区新都心11-2　明治安田生命さいたま新都心ビルランド・アクシス・タワー16階	048-600-6262
12	千葉	260-8612	千葉市中央区中央4-11-1　千葉第2地方合同庁舎	043-221-2303
13	東京	102-8305	千代田区九段南1-2-1　九段第3合同庁舎14階	03-3512-1608
14	神奈川	231-8434	横浜市中区北仲通5-57　横浜第2合同庁舎13階	045-211-7358
15	新潟	950-8625	新潟市中央区美咲町1-2-1　新潟美咲合同庁舎2号館	025-288-3501
16	富山	930-8509	富山市神通本町1-5-5　富山労働総合庁舎1階	076-432-2728
17	石川	920-0024	金沢市西念3-4-1　金沢駅西合同庁舎6階	076-265-4432
18	福井	910-8559	福井市春山1-1-54　福井春山合同庁舎14階	0776-22-3363
19	山梨	400-8577	甲府市丸の内1-1-11	055-225-2851
20	長野	380-8572	長野市中御所1-22-1　長野労働総合庁舎4階	026-223-0551
21	岐阜	500-8723	岐阜市金竜町5-13　岐阜合同庁舎4階	058-245-8124
22	静岡	420-8639	静岡市葵区追手町9-50　静岡地方合同庁舎3階	054-252-1212
23	愛知	460-8507	名古屋市中区三の丸2-5-1　名古屋合同庁舎第2号館	052-972-0266
24	三重	514-8524	津市島崎町327-2　津第二地方合同庁舎3階	059-226-2110
25	滋賀	520-0057	大津市御幸町6-6	077-522-6648
26	京都	604-0846	京都市中京区両替町通御池上ル金吹町451	075-241-3221
27	大阪	540-8527	大阪市中央区大手町4-1-67　大阪合同庁舎第2号館8階	06-6949-6050
28	兵庫	650-0044	神戸市中央区東川崎町1-1-3　神戸クリスタルタワー15階	078-367-0850
29	奈良	630-8570	奈良市法蓮町387　奈良第3地方合同庁舎2階	0742-32-0202
30	和歌山	640-8581	和歌山市黒田2-3-3　和歌山労働総合庁舎2階	073-488-1020
31	鳥取	680-8522	鳥取市富安2-89-9	0857-22-7000
32	島根	690-0841	松江市向島町134-10　松江地方合同庁舎5階	0852-20-7009
33	岡山	700-8611	岡山市北区下石井1-4-1　岡山第2合同庁舎3階	086-225-2017
34	広島	730-8538	広島市中区上八丁堀6-30　広島合同庁舎2号館5階	082-221-9296
35	山口	753-8510	山口市中河原町6-16　山口地方合同庁舎2号館	083-995-0398
36	徳島	770-0851	徳島市徳島町城内6-6　徳島地方合同庁舎4階	088-652-9142
37	香川	760-0019	高松市サンポート3-33　高松サンポート合同庁舎3階	087-811-8916
38	愛媛	790-8538	松山市若草町4-3　松山若草合同庁舎6階	089-935-5208
39	高知	780-8548	高知市南金田1-39　労働総合庁舎4階	088-885-6027
40	福岡	812-0013	福岡市博多区博多駅東2-11-1　福岡合同庁舎新館5階	092-411-4764
41	佐賀	840-0801	佐賀市駅前中央3-3-20　佐賀第2合同庁舎	0952-32-7167
42	長崎	850-0033	長崎市万才町7-1　住友生命長崎ビル3階	095-801-0023
43	熊本	860-8514	熊本市西区春日2-10-1　熊本地方合同庁舎9階	096-211-1706
44	大分	870-0037	大分市東春日町17-20　大分第2ソフィアプラザビル3階	097-536-0110
45	宮崎	880-0805	宮崎市橘通東3-1-22　宮崎合同庁舎	0985-38-8821
46	鹿児島	892-0816	鹿児島市山下町13-21　鹿児島合同庁舎2階	099-223-8239
47	沖縄	900-0006	那覇市おもろまち2-1-1　那覇第2地方合同庁舎1号館3階	098-868-6060

せんの申請の時に、訴えの提起があったものとみなす」(第16条) と定められています。

◆「和解」

「和解」とは、当事者が互いに譲歩して、その間に存在する争いをやめることをいいます。民法上の（裁判外の）和解と裁判上の和解とがあり、前者は契約の一種です（民法第695条）が、後者は調書に記載すると、確定判決（上訴（⇒22頁）によって取り消したり変更したりすることができない状態になった判決）と同一の効力をもちます（民事訴訟法第267条）。

◆「時効の中断」「みなす」

「時効の中断」とは、それまで進行してきた時効（消滅時効（⇒108頁））の期間がゼロになることをいいます。時効は、訴えの提起（民事訴訟（⇒22頁）を起こすこと）などによって中断します（民法第147条・第149条）。
「みなす」とは、もともとちがうものを、法律のうえで、一定の関係について同じものとして取り扱うことをいいます。

---

(5)「地方公共団体は、国の施策と相まって、……個別労働関係紛争を未然に防止し、及び個別労働関係紛争の自主的な解決を促進するため、労働者、求職者又は事業主に対する情報の提供、相談、あっせんその他の必要な施策を推進するように努めるものとする」(第20条) (⇒194頁) と定められています。

3 男女雇用機会均等法などによる紛争解決の援助及び調停

男女雇用機会均等法、育児介護休業法及びパート労働法上の紛争に関しては、個別労働関係紛争解決促進法の、都道府県労働局長による紛争の解決の援助（助言又は指導）及び紛争調整委員会によるあっせんの規定（⇒159頁）は適用されず、それぞれの法律により、都道府県労働局長による紛争解決の援助（助言、指導又は勧告）及び紛争調整委員会による調停の制度（援助を求めたこと、又は、調停の申請をしたことを理由とする、解雇その他不利益取扱いの禁止を含む）が定められています[1]。両者の違いは、後者においては、前者における「助言」「指導」に加えて、「勧告」もできる点と、前者における「あっせん」については定められていない、関係当事者に対する「調停」案の「受

諾」の「勧告」が定められている点にあります。

Ⅲ　裁判所による個別労働関係紛争の処理

1　経緯

裁判所は、従前から、民事紛争（私人間の生活関係において生ずる紛争）の一分野である労働関係紛争を最終的に解決する公的機関としての役割を担ってきましたが、個別労働関係紛争の増加に対応して、平成15（2003）年に「労働審判法」が制定されました。

2　労働審判法の概要

労働審判法の概要は次のとおりです。

(1)この法律で「個別労働関係民事紛争」とは、「労働契約の存否その他の労働関係に関する事項について個々の労働者と事業主との間に生じた民事に関する紛争」をいう（第1条）と定められています。

(2)「当事者は、個別労働関係民事紛争の解決を図るため、裁判所〔地方裁判所（第2条）〕に対し、労働審判手続の申立てをすることができる」（第5条）とされています。

(3)「裁判所は、労働審判官〔裁判官（第8条）〕1人及び労働審判員〔労働関係に関する専門的な知識経験を有する者のうちから任命される（第9条）〕2人〔実際上、労働者団体・使用者団体から推薦された者各1人〕で組織する労働審判委員会で労働審判手続を行う」（第7条）と定められています。

(4)「労働審判手続においては、特別の事情がある場合を除き、3回以内の期日において、審理を終結しなければならない」（第15条第2項）こととされています。

(5)労働審判委員会は、「調停の成立による解決の見込みがある場合にはこれを試み」（第1条）、調停が成立し、調書に記載されると、「その記載は、裁判上の和解〔すなわち、確定判決（⇒161頁）〕と同一の効力を有する」（第29条、民事調停法第16条）こととなります。

---

1) 男女雇用機会均等法（⇒44頁）第16条、第17条－第27条、育児介護休業法（⇒48頁）第52条の3、第52条の4－第52条の6、パート労働法（⇒51頁）第20条、第21条－第24条を参照してください。

(6)労働審判委員会は、「調停の成立による……解決……に至らない場合には、労働審判（……当事者間の権利関係を踏まえつつ事案の実情に即した解決をするために必要な審判……）を行う」（第1条）と定められています。

「労働審判においては、当事者間の権利関係を確認し、金銭の支払、物の引渡しその他の財産上の給付を命じ、その他個別労働関係民事紛争の解決をするために相当と認める事項を定めることができる」（第20条第2項）こととされ、「当事者は、労働審判に対し、……2週間……内に、裁判所に異議の申立てをすることができ」（第21条第1項）、「適法な異議の申立てがあったときは、労働審判は、その効力を失」い（第21条第3項）、「適法な異議の申立てがないときは、労働審判は、裁判上の和解〔すなわち、確定判決（⇒ 161頁）〕と同一の効力を有する」（第21条第4項）、と定められています。

「労働審判に対し適法な異議の申立てがあったときは、労働審判手続の申立てに係る請求については、……申立ての時に、〔その〕労働審判が行われた際に労働審判事件が係属していた地方裁判所に訴えの提起があったものとみなす」（第22条第1項前段）とされ、「労働審判委員会は、……労働審判手続を行うことが……適当でないと認めるときは、労働審判事件を終了させることができ」、「〔この場合、労働審判手続の申立ての時に、訴えの提起があったものとみなす〕」（第24条）と定められています。

3 通常の民事訴訟

労働審判法の制定以後においても、民事紛争の一分野である労働関係紛争について、民事訴訟法などの定めるところにより、通常の民事訴訟として、裁判所に訴えを提起することができることは当然です。通常の民事訴訟を提起する前に労働審判手続を経ていることは要求されておらず、直接、通常の民事訴訟を提起することが可能です。

通常の民事訴訟についての、第一審（⇒ 22頁）の管轄裁判所は、訴訟の目的の価額（原告（訴えを提起する側の当事者）が訴えで主張する利益の額（民事訴訟法第8条））が140万円を超えない事件は簡易裁判所であり、それ以外の事件は地方裁判所となります（裁判所法第33条第1項第1号・第24条第1号）。

民事紛争の訴訟手続において定められている保全訴訟や少額訴訟は、労働関係紛争についても、当然利用することができます。

◆「保全訴訟」「少額訴訟」

　「保全訴訟」とは、民事訴訟の目的である権利を保全する（時間の経過によって、権利の実現が不可能又は著しく困難になるおそれがあるときに、権利を保護し安全にする）ために、簡易迅速な審理によって、裁判所が仮の措置（仮差え・仮処分）を命ずる手続です。民事保全法で定められています。

　「少額訴訟」とは、訴訟の目的の価額が60万円以下の金銭の支払の請求を目的とする訴えについて、簡易裁判所が簡易迅速な審理によって、処理する手続です（民事訴訟法第368条－第381条）。

第 3 編　集団的労働関係法（労使関係法）

第20章　労働基本権（労働三権）の保障

I　憲法の規定

憲法第28条（⇒6頁）は、「勤労者の団結する権利及び団体交渉その他の団体行動をする権利」を「保障する」と定めています。

1　保障される権利

「団結する権利」は、「団結権」と呼ばれます。「団結する」とは、労働条件の維持・改善などを目的とし、労働組合（などの団結体）を結成（それへの加入を含みます）し、（内部的に）運営することをいいます。

「団体交渉……をする権利」は、「団体交渉権」と呼ばれます。「団体交渉」とは、労働組合が、労働条件の維持・改善などを目的として、相手方である使用者又はその団体と交渉を行うことをいいます。

（団体交渉を含まない）「その他の団体行動をする権利」は、「団体行動権」と呼ばれます。「その他の団体行動」とは、労働組合が、労働条件の維持・改善などを目的として行う活動（労働組合の結成・運営を含まない対外的な活動）のうち、団体交渉を除いたものをいいます。「団体行動権」には、「争議権」、すなわち、争議行為をする権利と、「組合活動権」、すなわち、組合活動[1]をする権利とが含まれます。

団結権、団体交渉権及び団体行動権の三者は、合わせて「労働基本権」あるいは「労働三権」と呼ばれることがあります。

2　「保障」の法的効果

憲法第28条による「保障」は、次のような法的効果をもつと理解されています。

第1は、自由権的効果、すなわち、国は、労働者の団結、団体交渉及び団体

---

1)　（団体交渉を含まない）「その他の団体行動」のうち争議行為を除いたものです。

行動に対し、立法や行政行為による抑圧を行ってはならず、それらの行動を合理的な理由なしに禁止・制限する立法や行政行為は、違憲（憲法違反）・無効とされるという効果です。

> ◆「自由権」
> 「自由権」とは、憲法が国民に保障する基本的人権（人間が人間である以上、当然にもっている基本的な権利）の一種で、国の権力によって干渉・妨害されない権利をいいます。基本的人権の種類としては、ほかに社会権、すなわち、国に対して、人間らしい生活の確保を求める権利などが含まれます。労働法は、全体として、社会権を基盤としています。

　第2は、免責付与の効果、すなわち、労働者のそれらの行動は、一定の限界（正当性）をこえないかぎり、刑事上の免責（違法性の阻却による犯罪の不成立）（⇒185頁）及び民事上の免責（債務不履行又は不法行為による損害賠償責任の不成立）（⇒186頁）を与えられるという効果です。

　第3は、政策義務としての効果、すなわち、国は、憲法第28条の政策目標に沿った立法をすべきであるという政策義務を宣言した意義を有するという効果です。

　第4は、私人間の行為についての効果です。このことに関連して、最高裁の判例に、ユニオン・ショップ協定（⇒171頁）が労働者の団結権を侵害する場合について、「民法第90条〔（⇒34頁）〕の規定により、これを無効と解すべきである」としたもの（最判平元（1989）・12・14、三井倉庫港運事件）があります。この判例は、最高裁が、憲法第28条についても、憲法の人権保障規定の私人間適用（効力）の問題（⇒68頁）に関する間接適用（間接効力）説をとることを示すものであると理解されています。学説では、憲法の人権保障規定一般に関しては、間接適用（間接効力）説をとりつつも、憲法第28条のように、その性質上、私人間[2]に直接適用されることが予定されている人権保障規定は、例外的に、私人間に直接適用される（効力をもつ）のであり、勤労者（労働者）の団結権・団体交渉権・団体行動権を侵害する使用者の行為は、憲法第28条違反のゆえに直接的に（民法第90条などを媒介とすることなく）

2）憲法第28条の場合には、勤労者（労働者）と使用者との間ということです。

違法・無効となると理解する見解があります（私は、この見解は的確なものであると考えます）。

II　労働組合法の規定

　憲法第28条の、団結権・団体交渉権・団体行動権の保障の規定を受けて制定された法律（集団的労働関係法）の中心となるのは、労働組合法です。

　労働組合法第1条第1項は、「この法律は、〔1〕労働者が使用者との交渉において対等の立場に立つことを促進することにより労働者の地位を向上させること、〔2〕労働者がその労働条件について交渉するために自ら代表者を選出することその他の団体行動を行うために自主的に労働組合を組織し、団結することを擁護すること並びに〔3〕使用者と労働者との関係を規制する労働協約を締結するための団体交渉をすること及びその手続を助成することを目的とする」と定めています。

　〔1〕が根本目的であり、〔2〕と〔3〕は、それに奉仕する手段として位置づけられます。

　労働組合法は、この目的に沿って、広く労働者の団結権・団体交渉権・団体行動権にかかわる事項について規定しています。その内容は、この「第3編」の「第21章」から「第25章」までの各章（第21章「労働組合」、第22章「団体交渉」、第23章「労働協約」、第24章「団体行動」、第25章「不当労働行為」）において取り扱われます。その、労働組合・労働運動に対する基本的な姿勢は、資本主義国家が、歴史的に、禁圧から放任へ、さらに助成へと基本的な姿勢を変化させてきた、その助成の段階に照応するものです。

　なお、集団的労働関係法に属する法律としては、労働組合法と並んで労働関係調整法があり、団体行動権のうちの争議権にかかわる事項である労働争議の調整及び争議行為の制限・禁止などについて規定しています。その内容は、第24章「団体行動」のなかで取り扱われます。

　また、公務員などの団結権・団体交渉権・団体行動権（の制限）については、別途、国家公務員法などで規定されています。その内容は、第26章「公務員に関する労働基本権の制限」で取り扱われます。

第 21 章　労働組合

I　「労働組合」とはなにか

1　労働組合の定義（自主性の要件）

　労働組合法第 2 条は、次のとおり定めています。
　「この法律で「労働組合」とは、労働者が主体となつて自主的に労働条件の維持改善その他経済的地位の向上を図ることを主たる目的として組織する団体又はその連合団体をいう。但し、〔次〕の各号の一に該当するものは、この限りでない。
　　一　役員、雇入解雇昇進又は異動に関して直接の権限を持つ監督的地位にある労働者、使用者の労働関係についての計画と方針とに関する機密の事項に接し、そのためにその職務上の義務と責任とが〔その〕労働組合の組合員としての誠意と責任とに直接にてい触する監督的地位にある労働者その他使用者の利益を代表する者の参加を許すもの
　　二　団体の運営のための経費の支出につき使用者の経理上の援助を受けるもの。但し、労働者が労働時間中に時間又は賃金を失うことなく使用者と協議し、又は交渉することを使用者が許すことを妨げるものではなく、且つ、厚生資金又は経済上の不幸若しくは災厄を防止し、若しくは救済するための支出に実際に用いられる福利その他の基金に対する使用者の寄附及び最小限の広さの事務所の供与を除くものとする。
　　三　共済事業その他福利事業のみを目的とするもの
　　四　主として政治運動又は社会運動を目的とするもの」
　「労働組合」の定義に該当するための要件のポイントは、2 つです。
　第 1 は、「労働者が主体となって」「自主的に」組織するものであることです。
　「労働者が主体となって」という要件に関連して、労働組合法第 3 条は、「この法律で「労働者」とは、職業の種類を問わず、賃金、給料その他これに準ずる収入によって生活する者をいう」と定めています。労働基準法（第 9 条）（⇒ 16 頁）・労働契約法（第 2 条第 1 項）（⇒ 16 頁）の「労働者」と異なり、

現に使用者に使用され賃金を支払われる者でない、失業者を含む、より広い概念である、と理解されています。

「自主的に」という要件に関連して、「使用者の利益を代表する者の参加を許すもの」と「団体の運営のための経費の支出につき使用者の経理上の援助を受けるもの」（一定の場合を除く）は、除かれています。「使用者の利益を代表する者」は、管理職一般ではなく名称にとらわれず、実態に即して判断すべきものとされています。

第2は、「労働条件の維持改善その他経済的地位の向上を図ることを主たる目的」とするものであることです。この要件に関連して、「共済事業その他福利事業のみを目的とするもの」と「主として政治運動又は社会運動を目的とするもの」は除かれています。

以上に述べた、第2条で規定されている要件は、「自主性の要件」と呼ばれることがあります。

2　規約の整備（民主性の要件）

労働組合法第5条は、第1項で、「労働組合は、労働委員会〔(⇒ 194頁)〕に証拠を提出して第2条〔((⇒ 169頁)〕及び第2項の規定に適合することを立証しなければ、この法律に規定する手続[1]に参与する資格を有せず、且つ、この法律に規定する救済〔不当労働行為の救済（第27条）(⇒ 199頁)〕を与えられない」（本文）と定め、第2項で、「労働組合の規約には、〔次〕の各号に掲げる規定を含まなければならない」として、「組合員は、その労働組合のすべての問題に参与する権利及び均等の取扱を受ける権利を有すること」（第3号）、「人種、宗教、性別、門地又は身分によつて組合員たる資格を奪われないこと」（第4号）、「役員は、組合員の直接無記名投票により選挙されること」（第5号）、「総会は、少くとも毎年1回開催すること」（第6号）、「会計報告は、……少なくとも毎年1回組合員に公表されること」（第7号）、「同盟罷業〔ストライキ〕は、……直接無記名投票の過半数による決定を経なければならないこと」（第8号）、「規約は、組合員の直接無記名投票による過半数の支持を得

---

1)　法人の登記（第11条）、労働協約の地域的拡張適用の申立て（第18条）(⇒ 182頁)、労働委員会の労働者委員の推薦（第19条の3第2項・第19条の12第3項）、不当労働行為の救済の申立て（第27条）(⇒ 199頁) などです。

なければ改正しないこと」などが掲げられています。

　規約に以上のような事項が含まれていることという要件は、労働組合の民主的な運営を確保することを主眼として設けられているものであり、「民主性の要件」と呼ばれることがあります。

II　組合員資格

1　原則——加入・脱退の自由

　労働組合に加入するかどうかは、個々の労働者の自由であり、個々の労働者の加入を認めるかどうかは労働組合の自由ですが、特定の人種、宗教、性別、門地又は身分を理由に加入を認めないことは、違法・無効であると理解されます（労働組合法第5条第2項第4号（⇒170頁）参照）。

　労働組合から脱退するかどうかも、個々の労働者の自由であり、最高裁の判例も、脱退には組合の承認を要するという組合規約の規定は無効であるとした原審（⇒22頁）の判断を維持し（最判平元（1989）・12・21、日本鋼管鶴見製作所事件）、さらに、労働者が、所属組合の対応に不満を持ち、別組合に加入し、所属組合に脱退届を提出した後に、会社、労働者、別組合の間で成立した合意のうち、「〔所属組合〕から脱退する権利をおよそ行使しないことを〔労働者〕に義務付けて、脱退の効力そのものを生じさせないとする部分は、脱退の自由という重要な権利を奪い、組合の統制への永続的な服従を強いるものであるから、公序良俗に反し、無効である」としています（最判平19（2007）・2・2、東芝労働組合小向支部・東芝事件）。

2　例外——組織強制（ショップ協定）

　個々の労働者の労働組合への加入、労働組合からの脱退の自由を制約するものとして、組織強制（ショップ協定）があります。

　組織強制とは、労働者の組合員資格と従業員資格を関連させ、労働組合の組織の維持・拡大を図る仕組みをいい、そのことを内容とする労働組合と使用者との協定を「ショップ協定」といいます。

　ショップ協定の主な形態は、2つあります。

　1つは、「ユニオン・ショップ協定」と呼ばれ、組合員でなくても従業員になれますが、ひとたび従業員となった以上は、組合員でなければならず、加入により組合員の資格を取得しなかったり、脱退や除名[2]により組合の資格を

喪失した場合には解雇されるというものです。

　他の1つは、「クローズド・ショップ協定」と呼ばれ、組合員でなければ従業員になれず、脱退や除名により組合員の資格を喪失した場合には解雇されるというものです。

　日本で実際に行われているショップ協定は、ほとんどが、ユニオン・ショップ協定であり、「原則として解雇する」とか「会社と組合とが協議してきめる」というように、使用者の解雇義務をあいまいにした、「不完全ユニオン」、「尻抜けユニオン」などと呼ばれるものが多く見られます。

　なお、とくにショップ協定が置かれていない場合[3]は、「オープン・ショップ」と呼ばれます。

　ショップ協定に関連して、労働組合法第7条第1号ただし書は、「労働組合が特定の工場事業場に雇用される労働者の過半数を代表する場合において、その労働者がその労働組合の組合員であることを雇用条件とする労働協約を締結することを妨げるものではない」と規定していますが、この規定は、そのような協定（ユニオン・ショップ協定又はクローズド・ショップ協定）が、不当労働行為（⇒196頁）とされないことを定めるにとどまり、かならずしも、積極的にその有効性を定めているものではありません。

　ショップ協定の有効性の問題について、最高裁の判例は、「ユニオン・ショップ協定は、労働者が労働組合の組合員たる資格を取得せず又はこれを失った場合に、使用者をして〔その〕労働者との雇用関係を終了させることにより間接的に労働組合の組織の拡大強化を図ろうとするものであるが、他方、労働者には、自らの団結権を行使するため労働組合を選択する自由があり、また、ユニオン・ショップ協定を締結している労働組合（以下「締結組合」という。）の団結権と同様、同協定を締結していない他の労働組合の団結権も等しく尊重されるべきであるから、ユニオン・ショップ協定によって、労働者に対し、解雇の威嚇の下に特定の労働組合への加入を強制することは、それが労働者の組合選択の自由及び他の労働組合の団結権を侵害する場合には許されないというべきである。したがって、ユニオン・ショップ協定のうち、締結組合以外の他の労働組合に加入している者及び締結組合から脱退し又は除名されたが、他の

---

2) 組合の統制に違反した組合員について、その意思に反して組合員の資格を奪うことです。

3) 組合員資格と従業員資格を関連させない旨の協定が置かれている場合を含みます。

労働組合に加入し又は新たな労働組合を結成した者について使用者の解雇義務を定める部分は、〔そ〕の観点からして、民法〔第〕90条〔(⇒34頁)〕の規定により、これを無効と解すべきである（憲法〔第〕28条〔(⇒6頁)〕参照）。そうすると、使用者が、ユニオン・ショップ協定に基づき、このような労働者に対してした解雇は、同協定に基づく解雇義務が生じていないのにされたものであるから、客観的に合理的な理由を欠き、社会通念上相当なものとして是認することはできず、他に解雇の合理性を裏付ける特段の事由がない限り、解雇権の濫用〔(⇒150頁)〕として無効であるといわざるを得ない」（最判平元(1989)・12・14、三井倉庫港運事件）としています。

なお、ユニオン・ショップ協定の有効性について、学説では、憲法第13条(⇒7頁)の自己決定の理念と憲法第21条[4]の結社の自由を踏まえた憲法第28条(⇒6頁)は、消極的団結権（団結しない自由）をも保障しているのであり、ユニオン・ショップ協定を積極的に肯定する見解は、個々の労働者の自由という視点を欠落させているとし、また、ユニオン・ショップ協定は、労働権（憲法第27条第1項(⇒6頁)）の理念にも反するので、憲法違反・無効であるとする見解もあります。

Ⅲ　組合費

1　組合費納入義務の範囲

組合費は、労働組合の活動のほとんど唯一の財源であり、組合員が通常の組合費の納入義務を負うことは当然ですが、特定の目的のための臨時組合費については、納入義務の存否が問題となり得ます。この問題は、労働組合が組合員に対し、どの範囲で統制権をもつかということと関連します。

最高裁の判例は、「労働組合の活動が……多様化するにつれて、組合による統制の範囲も拡大し、組合員が一個の市民又は人間として有する自由や権利と矛盾衝突する場合が増大し、……労働組合の〔活動として許されたものである〕というだけで、そのことから直ちにこれに対する組合員の協力義務を無条件で肯定することは、相当でな」いとし、「問題とされている……組合活動の内容・性質、これについて組合員に求められる協力の内容・程度・態様等を比

---

[4] 「集会、結社及び言論、出版その他一切の表現の自由は、これを保障する」（第1項）と定めています。

較考量し、多数決原理に基づく組合活動の実効性と組合員個人の基本的利益の調和という観点から、組合の統制力とその反面としての組合員の協力義務の範囲に合理的な限定を加えることが必要である」とし、「以上のような見地から……各臨時組合費の徴収の許否について判断する」として、(一方で、たとえば、)いわゆる安保反対闘争のような「一定の政治的活動の費用としてその支出目的との個別的関連性が明白に特定されている資金についてその拠出を強制することは、……許されない」とし、(他方で、たとえば、)「安保反対闘争のような政治的活動に参加して不利益処分を受けた組合員に対する〔救援資金については、〕……政治的活動を直接の目的とする資金とは異なり、組合の徴収決議に対する組合員の協力義務を肯定することが相当である」(最判昭50(1975)・11・28、国労広島地本事件) としています。

2 チェック・オフ

チェック・オフとは、労働組合と使用者との間の協定（チェック・オフ協定）に基づき、使用者が組合員である労働者の賃金から組合費を控除して、それをまとめて労働組合に引き渡すという仕組みをいいます。

最高裁の判例は、「チェック・オフも労働者の賃金の一部を控除するものにほかならないから、〔労働基準法第24条第1〕項但書〔(⇒100頁)〕の要件[5]を具備しない限り、これをすることができないことは当然である」(最判平元(1989)・12・11、済生会中央病院事件)、としています。

これに対し、学説では、労働基準法が全額払いの原則に対する例外を認めるのに、労働者の過半数代表者との書面による協定を要求するのは、その効力が事業場の全従業員に及ぶからであり、その性質上組合員にしか効力が及ばないチェック・オフにこの規定を機械的に適用するのは適切さを欠くとして、(労働者の過半数で組織していない) 少数組合も、使用者とチェック・オフ協定を締結することは可能であり、それに基づく組合費控除は、労働基準法第24条第1項に違反しないと理解する見解があります（私は、この見解は的確なものであると考えます)。

最高裁の判例は、また、「労働基準法……〔第〕24条〔第〕1項ただし書の

---

[5] 労働者の過半数代表者（労働者の過半数で組織する労働組合、それがないときは労働者の過半数を代表する者）との書面による協定。

要件を具備するチェック・オフ協定の締結は、これにより、〔その〕協定に基づく使用者のチェック・オフが同項本文所定の賃金全額払の原則の例外とされ〔る〕……という効力を有するにすぎないものであって、それが労働協約の形式により締結された場合であっても、当然に使用者がチェック・オフをする権限を取得するものでないことはもとより、組合員がチェック・オフを受忍すべき義務を負うものではない……。したがって、……使用者が有効なチェック・オフを行うためには、〔その〕協定の外に、使用者が個々の組合員から、賃金から控除した組合費相当分を労働組合に支払うことにつき委任を受けることが必要であつて、〔その〕委任が存〔在〕しないときには、使用者は当該組合員の賃金からチェック・オフをすることはできない」とし、「そうすると、チェック・オフ開始後においても、組合員は使用者に対し、いつでもチェック・オフの中止を申し入れることができ、〔その〕中止の申入れがされたときには、使用者は〔その〕組合員に対するチェック・オフを中止すべきものである」としています（最判平5（1993）・3・25、エッソ石油事件）。

　これに対し、学説では、チェック・オフ協定が労働協約であれば、賃金から組合費が控除されることは、労働組合法第16条（⇒ 178頁）の「**労働条件その他の労働者の待遇に関する基準**」にあたるので、あるいは（チェック・オフ協定が労働協約でない場合を含め）チェック・オフ協定には組合員全員の支払委任の趣旨が含まれているので、個々の組合員はチェック・オフ協定に拘束され、その労働組合に留まっている限りはチェック・オフの中止を申し入れることはできないと理解する見解があります（私は、この見解は的確なものであると考えます）。

第22章　団体交渉

I　団体交渉の当事者・担当者

　団体交渉（権）の意義については、憲法第28条（⇒6頁）の規定に関連して、前に（⇒166頁）説明しました。

　労働組合法第6条は、「労働組合の代表者又は労働組合の委任を受けた者は、労働組合又は組合員のために使用者又はその団体と労働協約の締結その他の事項に関して交渉する権限を有する」として、労働組合側の団体交渉の担当者などについて定めています。

　団体交渉の主体については、団体交渉の「当事者」と「担当者」とは、区別されます。前者は、団体交渉がその名において行われ、その成果としての労働協約の締結主体（当事者）となる者であり、労働組合と使用者（企業又はその団体）が、それにあたり、後者は、団体交渉の当事者のために、団体交渉を実際に担当する者であり、労働組合側では、（労働組合法第6条が定めているとおり、）労働組合の代表者（組合委員長など）又は労働組合の委任を受けた者（格別制限はありません）が、使用者側では、（労働組合法第6条に定められていませんが、）個人事業主・法人企業の代表者のほか、その企業で交渉権限を与えられた者がそれにあたると理解されています。

II　団体交渉（応諾）義務
——団体交渉の対象事項・誠実交渉義務

　労働組合側が団体交渉権をもつことに対応して、使用者側は、団体交渉に応ずる義務（団体交渉（応諾）義務）を負います。

　労働組合法第7条（⇒196頁）は、「使用者は、次の各号に掲げる行為をしてはならない。」として、（その各号の1つとして、）「二　使用者が雇用する労働者の代表者と団体交渉をすることを正当な理由がなくて拒むこと」（第2号）を掲げ、団体交渉の拒否を不当労働行為（⇒196頁）として、禁止しています。団体交渉の拒否として不当労働行為にあたるかどうかについて、主に2つのこ

とが問題となります。

まず団体交渉の対象事項（義務的団体事項）の問題があります。

当事者は、合意により団体交渉の対象とする事項を定めることができますが、使用者が憲法及び労働組合法上、団体交渉に応ずる義務を負う事項（応じない場合に、団体交渉の拒否として不当労働行為にあたる事項）（義務的団交事項）は、一般的にいえば、団体交渉を申し入れた労働組合の組合員である労働者の労働条件その他の待遇[1]又は当該労働組合と使用者との集団的労働関係の運営に関する事項であつて、使用者に処分可能なものであると理解されています。本来は使用者の経営権に属するとされる事項[2]であっても、労働者の労働条件と「密接な関連を有する事項」[3]あるいは「労働条件を左右する部分」[4]は、その限りで義務的団交事項となると理解されています。

つぎに誠実交渉義務の問題があります。

使用者は、誠実に団体交渉にあたる義務、すなわち、（下級裁判所の）判例を引用すれば、「労働組合に対し、自己のよって立つ主張の根拠を具体的に説明したり、必要な資料を提示するなど……のような誠実な対応を通じて合意達成の可能性を模索する義務」（東京地判平9（1997）・3・27、シムラ事件）があり、一応交渉に応じていても、交渉態度が誠実でない場合は、団体交渉拒否として不当労働行為にあたると理解されています。

---

[1] 労働組合法第16条は、（団体交渉の結果として締結される）労働協約に関して「労働条件その他の労働者の待遇に関する基準」という表現を用いています（⇒ 178頁）。
[2] 生産計画、事業場の統廃合など
[3] （下級裁判所の判例ですが、）東京高判昭34（1959）・12・23、栃木化成事件。
[4] （下級裁判所の判例ですが、）東京高決平16（2004）・9・8、日本プロフェッショナル野球組織事件。

第23章　労働協約

I　「労働協約」とはなにか

労働組合法第14条は、「労働組合と使用者又はその団体との間の労働条件その他に関する労働協約は、書面に作成し、両当事者が署名し、又は記名押印することによってその効力を生ずる」と定めています。

> ◆「署名」「記名押印」
> 「署名」とは、自分で氏名を書き記すことをいい、「記名押印」とは、署名以外の何らかの方法で氏名を記載し印章を押すことをいいます。

従って、「労働協約」とは、労働組合と使用者又はその団体との間の、労働条件その他に関して、両当事者が署名し又は記名押印して書面に作成した合意であるということになります。

II　労働協約の効力(1)――本来的効力

労働協約の効力には、本来的効力として、規範的効力と債務的効力があり、その他に、一般的拘束力があります。一般的拘束力については、あとで（⇒181頁）説明します。

1　規範的効力

労働組合法第16条は、「労働協約に定める労働条件その他の労働者の待遇に関する基準に違反する労働契約の部分は、無効とする。この場合において無効となった部分は、基準の定めるところによる。労働契約に定〔め〕がない部分についても、同様とする」と定めています。

労働組合法第16条が労働協約について定めている効力を「規範的効力」といい、そのうち、前段が定めている効力を「強行的効力」、中段・後段が定めている効力を「直律的効力」といいます。

規範的効力は、労働協約のうち、「労働条件その他の労働者の待遇に関する基準」を定めた部分について、生じます。この部分を、労働協約の「規範的部分」といいます。

なお、労働協約のうち、規範的部分以外の部分、すなわち、労働組合と使用者又はその団体との間の集団的労働関係の運営についてのルール[1]などを定めた部分を、労働協約の「債務的部分」といいます。

労働協約の規範的効力に関しては、次のような問題があります。

(1) 有利性の原則

労働協約で定める基準は最低基準であり、労働契約でそれより有利な定めをすることは有効である（これを「有利性の原則」といいます）のか、それとも、それより有利な内容の定めも無効とされるのかという問題です。

これについては、労働協約の当事者の意思の解釈の問題として処理すべきであり、その意思が不明の場合は、有利性の原則は否定されるべきだとするのが多数説[2]です。

しかし、これに対して、当事者の意思が不明の場合は、有利性の原則が肯定されるべきだとする見解[3]もあります（私は、この見解は的確な指摘を含んでいると考えます）。

(2) 不利な内容の労働協約の効力——協約自治の限界

労働組合には労働者に不利な内容の労働協約を締結する権限があり、そのような労働協約も組合員に対して効力をもつのかどうか、それには限界があるのではないか、という問題です。

これについて、最高裁の判例は、「労働協約に定める基準が〔組合員である本件労働者〕の労働条件を不利益に変更するものであることの一事をもってそ

---

1) ユニオン・ショップ、団体交渉の手続、労働協約の有効期間・解約、争議行為の手続などのルールです。
2) ドイツでは、有利性の原則を認めることが法律で定められています。その背景には、団体交渉・労働協約の締結が産業レベルで行われるので、その産業に一般的に妥当し得る最低基準の設定にとどまらざるを得ないという事情があります。これに対して日本の場合は、団体交渉・労働協約の締結が企業レベルで、その企業における具体的な労働条件を定めるという趣旨で行われるのが普通です。そこで労働協約の当事者の意思が不明の場合は、有利性の原則は否定されるべきであると説かれています。
3) 労働条件の個別化が進行するなかで、労働協約より有利な労働条件に合理的な根拠が認められる事例が増加していくことが予想されることなどが、理由とされています。

の規範的効力を否定することはできないし……、また、〔組合員である本件労働者〕の個別の同意又は組合に対する授権がない限り、その規範的効力を認めることができないものと解することもできない」(最判平9 (1997)・3・27、朝日火災海上保険(石堂)事件)としています。

　労働組合の労働者に不利な内容の労働協約の締結権限、そのような内容の労働協約の効力が、一般的には否定されないとしても、それが否定されるべき場合があることは、判例・学説によって認められています。

　第1に、強行法規違反、公序良俗違反の協約条項が無効とされることは、当然です(公序良俗違反につき、前掲(⇒126頁)、最判平元(1989)・12・14、日本シェーリング事件、参照)。

　第2に、個々の労働者の処分にゆだねられるべき事項については、協約当事者に処分権限がなく、協約で規定しても無効であると理解されています。すでに発生した個人の債権や、個々の労働者の雇用契約の成立(採用)・終了(退職)などが、それにあたります[4]。

　第3に、労働協約の不利益変更(従前の労働協約により設定されていた労働条件を新しい労働協約によって変更すること)については、労働組合と使用者との合意によって行われるものであるので、使用者によって一方的に行われる就業規則の不利益変更(⇒33頁)と異なり、合理性の有無といった観点からの立ち入った審査はされるべきではないが、新しい労働協約の締結手続などに瑕疵がある場合は、規範的効力が否定され得る、と理解されています。最高裁の判例は、「本件労働協約は、……特定の又は一部の組合員を殊更不利益に取り扱うことを目的として締結されたなど労働組合の目的を逸脱して締結されたものとはいえず、その規範的効力を否定すべき理由はない」(前掲(⇒180頁)、最判平9 (1997)・3・27、朝日火災海上保険(石堂)事件)として、例外的に規範的効力が否定され得ることを示唆しています。

2　債務的効力

　労働協約の「債務的効力」とは、労働協約の当事者である、労働組合と使用

---

[4] 最高裁の判例は、「具体的に発生した賃金請求権を事後に締結された労働協約……により処分又は変更することは許されない」(最判平8 (1996)・3・26、朝日火災海上保険(高田)事件)としています。

者の間の契約としての効力をいいます。債務的効力が生ずることについては、労働組合法に明文の規定は置かれていませんが、当然のことと理解されています。債務的効力は、労働協約全体（規範的部分・債務的部分）を通じて、認められる効力です。

債務的効力の主要な内容は、履行義務と平和義務です。

履行義務とは、労働協約の当事者が、労働協約の規定全体について、当事者として、相手方当事者に対して、当然に、それを遵守・履行する義務（履行義務）を負うことです。

当事者の一方が履行義務に違反した場合は、相手方当事者は、履行の請求や、損害賠償の請求をすることができると理解されます。

平和義務とは、労働協約の当事者が、労働協約の有効期間中に、協約で定められた事項の改廃を目的とした争議行為（⇒184頁）を行わない義務をいいます。

労働組合が平和義務に違反して争議行為を行った場合は、他方当事者（使用者）は損害賠償の請求をすることができると理解されますが、差止請求については否定した（下級裁判所の）判例（東京地決昭35（1960）・6・15、日本信託銀行事件）があり、また、平和義務に違反する争議行為に参加した労働者に対する懲戒（処分）（⇒91頁）については、最高裁の判例は、「平和義務に違反する争議行為は……たんなる契約上の債務の不履行であつて、これをもって……企業秩序の侵犯にあたるとすることはでき」ないと、否定的に判断しています（最判昭43（1968）・12・24、弘南バス事件）。

III 労働協約の効力(2)——一般的拘束力（拡張適用）

労働協約は、本来、その当事者である使用者及び労働組合と後者の構成員である組合員にしか効力を及ぼさないものですが、労働組合法第17条及び第18条によって、これらの者以外の者にその効力を及ぼす仕組みが定められています。これを「一般的拘束力」の制度といいます。

1　工場事業場単位の一般的拘束力

労働組合法第17条は、「一の工場事業場に常時使用される同種の労働者の4分の3以上の数の労働者が一の労働協約の適用を受けるに至つたときは、〔その〕工場事業場に使用される他の同種の労働者に関しても、〔その〕労働協約

が適用されるものとする」と定めています。

　これを「工場事業場単位の一般的拘束力」と呼びます。

　この制度の趣旨について、最高裁の判例は、「〔労働組合法第17条の〕規定の趣旨は、主として一の事業場の４分の３以上の同種労働者に適用される労働協約上の労働条件によって〔その〕事業場の労働条件を統一し、労働組合の団結権の維持強化と〔その〕事業場における公正妥当な労働条件の実現を図ることにあると解される」（前掲（⇒160頁）、最判平８(1996)・３・26、朝日火災海上保険（高田）事件）としています。

　拡張適用されるのは、「規範的部分に限られ」ると理解されています（最判昭48(1973)・11・８、三菱重工業長崎造船所事件）。

　４分の１未満の少数・未組織労働者が、労働協約の基準よりも有利な内容の労働契約を締結している場合に、拡張適用により基準まで引き下げられるかどうかについて、最高裁の判例（前掲（⇒160頁）、最判平８(1996)・３・26、朝日火災海上保険（高田）事件）は、（この制度の趣旨についての前記記述に続けて、）「未組織の同種労働者の労働条件が一部有利なものであることの故に、労働協約の規範的効力がこれに及ばないとするのは相当でない」としつつ、「しかしながら他面、未組織労働者は、労働組合の意思決定に関与する立場になく、また逆に、労働組合は、未組織労働者の労働条件を改善し、その他の利益を擁護する立場にないことからすると、……〔その〕労働協約を特定の未組織労働者に適用することが著しく不合理であると認められる特段の事情があるときは、労働協約の規範的効力を当該労働者に及ぼすことはできない」とし、拡張適用が例外的に否定される場合を認めています。

　４分の１未満の少数労働者が別個に労働組合を結成している場合の拡張適用の可否については、最高裁の判例はなく、下級裁判所の判例・学説は分かれますが、少数派組合にも団体交渉権が保障されており、拡張適用を認めると少数派組合の団体交渉権を侵害することとなることを根拠に、拡張適用を否定する見解が、近時の多数説です。

2　地域単位の一般的拘束力

　労働組合法第18条は、「一の地域において従業する同種の労働者の大部分が一の労働協約の適用を受けるに至つたときは、〔その〕労働協約の当事者の双方又は一方の申立てに基づき、労働委員会〔(⇒195頁)〕の決議により、厚生

労働大臣又は都道府県知事は、〔その〕地域において従業する他の同種の労働者及びその使用者も〔その〕労働協約……の適用を受けるべきことの決定をすることができる」(第1項)、と定めています。

これを「地域単位の一般的拘束力」と呼びます。

この制度の趣旨は、一定の地域において支配的意義を有する労働協約上の労働条件をその地域の同種労働者のための公正労働基準とみなすことによって、使用者間及び労働者間の労働条件切下げ競争を排除することにあると理解されています。

拡張適用されるのは、やはり、規範的部分に限られると理解されています。

第 24 章　団体行動

I　「団体行動」―「争議行為」・「組合活動」とはなにか

　団体行動（権）の意義については、憲法第 28 条（⇒ 6 頁）の規定に関連して、前に（⇒ 166 頁）説明しました。

　そこで述べましたとおり、団体行動（権）には、争議行為（争議権）と組合活動（権）が、含まれます。

1　争議行為

　「争議行為」に関しては、労働関係調整法第 7 条が、「この法律において争議行為とは、同盟罷業、怠業、作業所閉鎖その他労働関係の当事者が、その主張を貫徹することを目的として行ふ〔う〕行為及びこれに対抗する行為であつて、業務の正常な運営を阻害するものをいふ〔う〕」と定めています。

　この規定は、労働委員会が労働争議[1]の調整を行うことなどに関連して置かれているもので、一般的に争議行為の概念を定めたものではありませんが、この規定を手がかりとして、「労働者の団結（体）が、その意思決定に基づき、団結目的達成のために行う行為であって、業務の正常な運営を阻害するもの」をいうなどとするのが多数説です。

2　組合活動

　団体行動権のなかに争議権と並んで含まれる組合活動権の保障の対象となる「組合活動」とは、団体交渉以外の団結体の活動のうち、争議行為以外のものをいい、ビラ貼り、ビラ配布、リボン闘争（⇒ 189 頁）などが含まれます。

---

[1] 労働関係調整法第 6 条は「この法律において労働争議とは、労働関係の当事者間において、労働関係に関する主張が一致しないで、そのために争議行為が発生してゐ〔い〕る状態又は発生する虞がある状態をいふ〔う〕。」と定めています。

II　団体行動（争議行為・組合活動）の法的保護

1　争議行為の法的保護

労働組合法は、正当な争議行為について、次の保護を与えています。

(1) 刑事上の免責

労働組合法第1条第2項は、「<u>刑法……第35条</u>の規定は、労働組合の団体交渉その他の行為であつて〔第1項（⇒168頁）〕に掲げる目的を達成するためにした正当なものについて適用があるものとする。但し、いかなる場合においても、暴力の行使は、労働組合の正当な行為と解釈されてはならない」と定めています。

これを「刑事上の免責」といいます。争議行為は、当然、「その他の行為」にあたり、そして、刑事上の免責が問題となるのは、争議行為に関してである場合が多いので、ここで、刑事上の免責について、説明することにします。

> ◆刑法第35条「正当業務行為」
>
> 刑法第35条は、「法令又は正当な業務による行為は、罰しない」と定めています。
> 一般に、犯罪が成立し、刑罰が科されるためには、ある行為が、構成要件（法律で定められている、犯罪の定型。たとえば、「威力を用いて人の業務を妨害した」（刑法第234条）というのが、威力業務妨害罪の構成要件です）に該当し、違法（形式的にでなく、実質的に、法秩序に違反すること）であり、有責（その行為について、行為者が非難されるべきであること）であるという3つの要件を満たすことが必要とされます。そして、違法ということ（及び有責ということ）については、そもそも構成要件は、違法（有責）な行為を類型化したものなので、構成要件に該当する行為は、違法（有責）であるという推定をうけ、ただ例外的に違法性（有責性）を否定する根拠となる事由（違法性（有責性）阻却事由）がある場合に限って、違法（有責）でないこととされるのですが、この違法性阻却事由の1つとして、刑法第35条で、「法令又は正当な業務による行為」が定められているのです。

憲法第28条（⇒6頁）と労働組合法第1条第2項との関係については、憲法第28条による団結権・団体交渉権・団体行動権の保障は、当然に刑事上の免責の効果を含むものであり（⇒167頁）、労働組合法第1条第2項は、刑事上の免責の効果を確認的に定めたものにすぎない（創設的に定めたものではない）と理解されています。

刑事上の免責により、正当な争議行為は、かりに何らかの構成要件（具体的には、威力業務妨害罪など）に該当しても、違法性を阻却され、犯罪は成立せず、刑罰を科されないことになります。

(2) 民事上の免責

労働組合法第8条は、「使用者は、同盟罷業その他の争議行為であつて正当なものによつて損害を受けたことの故をもつて、労働組合又はその組合員に対し賠償を請求することができない」と定めています。

これを「民事上の免責」といいます。

憲法第28条（⇒6頁）と労働組合法第8条との関係については、憲法第28条による団結権・団体交渉権・団体行動権の保障は、当然に民事上の免責の効果を含むものであり（⇒167頁）、労働組合法第8条は、実際上、民事上の免責の必要性が最も高い争議行為を取り出して、民事上の免責の効果を確認的に定めたものにすぎない（創設的に定めたものではない）と理解されています。

民法本来の理論からいいますと、争議行為において、たとえば同盟罷業（ストライキ）（⇒188頁）により、労務の提供が停止される場合は、参加した個々の労働者については、雇用契約（労働契約）に基づき、労働者が使用者に対して負っている労働に従事する（使用されて労働する）義務[2]を履行しないという、債務不履行による損害賠償責任[3]が生じ得、また、個々の労働者を同盟罷業に参加させた労働組合については、使用者が労働者に対して有する、労働に従事させる（使用して労働させる）という雇用契約（労働契約）上の債権を侵害したことについての不法行為による損害賠償責任[4]が生じ得ることになりますが、正当な争議行為については、民事上の免責により、そのような損害賠償責任が生じないことになります[5]。

(3) 不利益な取扱いからの保護（不当労働行為制度による救済）

労働組合法第7条は、「使用者は、次の各号に掲げる行為をしてはならない」として、第1号に、「労働者が……労働組合の正当な行為〔正当な争議行為は、

---

[2] 民法第623条（⇒14頁）・労働契約法第6条（⇒14頁）参照。
[3] 民法第415条（⇒138頁）参照。
[4] 民法第709条（⇒68頁）参照。
[5] 責任免除の法律的構成は、そのような責任の成立要件に含まれる（と理解される）違法性が阻却されるということです。

当然これに含まれます〕をしたことの故をもつて、その労働者を解雇し、その他これに対して不利益な取扱いをすること」[6]を掲げ、労働者を使用者による不利益な取扱いから保護し、不当労働行為（⇒196頁）制度による救済の対象としています。

2 組合活動の法的保護

争議行為に対する法的保護と対比して、組合活動に対する法的保護について考えますと、刑事上の免責については、労働組合法第1条第2項は、労働組合の団体交渉「その他の行為であつて……正当なもの」一般について、免責を規定し、不利益な取扱いからの保護（不当労働行為制度による救済）については、労働組合法第7条第1号は、「労働組合の正当な行為」一般について、不利益な取扱いを禁止していますので、以上の2つについては、当然、組合活動も、保護の対象となります。

これに対し、民事上の免責については、労働組合法第8条は、「争議行為であつて正当なもの」についてだけ、免責を規定しており、このことから、組合活動については、民事上の免責が認められないのではないか、という疑問が生じ得ますが、正常な日常的組合活動も使用者の施設管理権の侵害などを理由とする損害賠償責任に当面することがあり得るし、憲法第28条の団体行動権の保障が組合活動への民事上の免責を特に除外したと解する根拠はみあたらないとし、組合活動についても民事上の免責を肯定するのが多数説です。

Ⅲ 団体行動（争議行為・組合活動）の正当性

団体行動（争議行為・組合活動）に対する法的保護（民事上の免責・刑事上の免責・不利益な取扱いからの保護（不当労働行為制度による救済））は、「正当な」団体行動について、認められます（労働組合法第1条第2項（⇒185頁）・第8条（⇒186頁）・第7条第1号（⇒196頁））。

---

6) このような行為は、憲法第28条（⇒6頁）の、私人間の行為についての効果として、違法・無効とされることは、前に（⇒167頁）説明しました。

1　争議行為の正当性
(1)争議行為の目的の正当性
　団体交渉の対象事項のために行われる争議行為が正当であることについては、問題がありません。最高裁の判例は、「使用者に対する経済的地位の向上の要請とは直接関係があるとはいえない……政治的目的のために争議行為を行うがごときことは、……憲法〔第〕28条の保障とは無関係なもの」（最大判昭48（1973）・4・25、全農林警職法事件）として、いわゆる「政治スト」の正当性を否認しています。
(2)争議行為の開始時期・手続の正当性
　団体交渉を全く経ない争議行為は、正当性がない、とするのが、多数説・（下級裁判所の）判例ですが、多数説でも、団体交渉がいったん開始された以上、どの段階で争議行為を行うかは組合が戦術として決し得ることであり、交渉における話合いが尽くされたのちの最後の手段としてのみ行い得ると理解すべきではないとされています。
(3)争議行為の態様の正当性
　最高裁の判例は、「同盟罷業は必然的に業務の正常な運営を阻害するものではあるが、その本質は労働者が労働契約上負担する労務供給義務の不履行にあり、その手段方法は労働者が団結してその持つ労働力を使用者に利用させないことにあるのであつて、これに対し使用者側がその対抗手段の一種として自らなさんとする業務の遂行行為に対し暴行脅迫をもつてこれを妨害するがごとき行為はもちろん、不法に、使用者側の自由意思を抑圧し或はその財産に対する支配を阻止するような行為をすることは許されないものといわなければならない」（最大判昭33（1958）・5・28、羽幌炭礦事件）、としています。
　これに対し、学説では、同盟罷業の定義は「労務供給義務の不履行」にあるとしても、それをもって争議行為の正当性の限界とすることには論理の飛躍があるとし、争議行為は団結の意思決定に基づき、「業務の正常な運営を阻害する行為」であり、そこには、使用者の権利ないし自由を抑圧・妨害することによって経済的損失を与えることが当然のこととして予定されており、業務運営の阻害は、典型的には不作為の労務提供の拒否によってなされるが、それに限定されなければならないという論理的な必然性はなく、積極的な業務阻害行為も、一定の態様においては正当な争議行為と評価されるとする見解があります（私は、この見解は的確なものであると考えます）。

2 組合活動の正当性

　争議行為は、いわば「非常時」に行われる行為であるのに対し、組合活動は、いわば「平常時」に行われる行為であるという性格の違いから、正当性判断の基準も異なって考えられることになります。

(1)目的に関しては、団体交渉の対象事項のために行われるかどうかは問題とならず、政治活動や社会活動も労働組合の目的の範囲内の活動といえる（労働組合法第2条第4号（⇒169頁）が労働組合の定義から除外しているのは、「主として政治運動又は社会運動を目的とするもの」です）ので、正当性が認められ得ると理解されます。

(2)開始時期・手続に関する、団体交渉を経ているかどうかということも、問題とならないと理解されます。

(3)態様に関しては、業務の正常な運営を阻害するものでないことという観点から、次の点が問題となります。

①就業時間中の組合活動

　最高裁の判例は、いわゆるリボン闘争[7]に関して、「就業時間中に行われた組合活動であつて〔労働〕組合の正当な行為にあたらない、とした原審（⇒22頁）の判断を、特段の判断枠組みを示すことなく是認しています（最判昭57（1982）・4・13、大成観光事件）。この判決には、「一般に、就業時間中の組合活動は、使用者の明示又は黙示の承諾があるか又は労使の慣行上許されている場合のほかは認められないとされているが、これは、労働者の負う職務専念義務……に基づくものとされている。」「職務専念義務……も、労働者が労働契約に基づきその職務を誠実に履行しなければならないという義務であつて、この義務と何ら支障なく両立し、使用者の業務を具体的に阻害することのない行動は、必ずしも職務専念義務に違背するものではないと解する」とする補足意見が付されています（私は、この見解は的確なものであると考えます）。

②企業施設管理権・企業秩序との関係

　最高裁の判例は、いわゆるビラ貼りに関して、「労働組合又はその組合員が使用者の許諾を得ないで……企業の物的施設を利用して組合活動を行うことは、……その利用を許さないことが当該物的施設につき使用者が有する権利の濫用であると認められるような特段の事情がある場合を除いては、……正当な組合

---

7)　要求事項などを書き入れたリボンなどを着用して就労する形態の組合活動。

活動として許容されるところであるということはできない」(最判昭54 (1979)・10・30、国鉄札幌運転区事件)としています。

いわゆるビラ配布が事業場内で行われた場合もビラ貼りと同様、使用者の施設管理権との関係が問題となり得ますが、直接従業員に手渡す、机の上に置くなどの方法で行われるため、企業の物的施設の侵害となることはほとんどなく、ただ、企業秩序違反としての懲戒の可否は問題となり得ます。ビラ配布について、最高裁の判例は、個人の政治活動としてのビラ配布の事案について、「実質的に〔事業場〕内の秩序風紀を乱すおそれのない特別の事情」が認められない限り、懲戒の対象となる（前掲 (⇒ 94頁)、最判昭52 (1977)・12・13、電電公社目黒電報電話局事件）とし、組合活動としてのビラ配布についても同じ理論が適用されていますが、「特別の事情」を認め懲戒を否定した事例も少なくありません[8]。

Ⅳ　争議行為と賃金

争議行為の正当性の問題は、刑事上の免責、民事上の免責、不利益取扱いからの保護（不当労働行為制度による救済）を受けられるかどうかということにかかわる事柄であり、正当な争議行為であっても、賃金請求権の有無については、別途の検討が必要です。これについては、争議参加者の賃金と争議不参加者の賃金に分けて検討する必要があります。

1　争議行為参加者の賃金

(1) ノーワーク・ノーペイの原則と賃金カットの範囲

「同盟罷業」（ストライキ）は、労務の提供を完全に停止する争議行為であり、雇用契約[9] では、労働することと、その報酬（賃金）の支払いとは対価関係に立ち、労働者は労働を終わった後でなければ報酬（賃金）の支払いを請求できない[10]（このことを、「ノーワーク・ノーペイの原則」と呼びます）ので、ス

---

8) 会社敷地内ではあるが一般人が自由に立ち入ることができた正門前広場でのビラ配布（最判昭54 (1979)・12・14、住友化学名古屋製造所事件）、私立学校の職員室内でのビラ配布（最判平6 (1994)・12・20、倉田学園事件）などがあります。
9) 民法第623条 (⇒ 14頁)、労働契約に関する労働契約法第6条 (⇒ 14頁) 参照。
10) 民法第624条第1項は「労働者は、その約した労働を終わった後でなければ、報酬を請求することができない」と定めています。

トライキに参加した労働者の賃金請求権は、（それが正当な争議行為であろうとなかろうと）発生しません。

ストライキによる賃金の削減[11]の範囲について、最高裁の判例は、「ストライキ期間中の賃金削減の対象となる部分の存否及びその部分と賃金削減の対象とならない部分の区別は、〔その〕労働協約等の定め又は労働慣行の趣旨に照らし個別的に判断するのを相当」とする（最判昭 56（1981）・9・18、三菱重工業長崎造船所事件）としています。

(2)怠業と賃金カット

「怠業」（スローダウン）は、労務の提供を不完全に停止する争議行為であり、労務の不完全さの度合いに応じて削減された賃金請求権しか発生しない、と理解されています。

2 争議不参加者の賃金（休業手当）

争議不参加者の賃金については、部分スト（自分の入っている組合の、他の組合員によるストライキ）の場合と、一部スト（自分の入っていない組合によるストライキ）の場合に分けて検討する必要があり、また、賃金のほかに休業手当も問題となります。

(1)賃金

賃金に関して、最高裁の判例は、「ストライキは労働者に保障された争議権の行使であつて、使用者がこれに介入して制御することはできず、また、団体交渉において組合側にいかなる回答を与え、どの程度譲歩するかは使用者の自由であるから、団体交渉の決裂の結果ストライキに突入しても、そのことは、一般に使用者に帰責さるべきものということはできない。したがつて、労働者の一部によるストライキが原因でストライキ不参加労働者〔部分スト、一部スト、双方の場合を含む趣旨と理解されます〕の労働義務の履行が不能となつた場合は、使用者が不当労働行為の意思その他不当な目的をもつてことさらストライキを行わしめたなどの特別の事情がない限り、〔その〕ストライキは民法〔第〕536 条〔危険負担〕〔第〕2 項〔（⇒ 103 頁）〕の「債権者ノ責ニ帰スヘキ

---

11) 「賃金カット」と呼ばれます。法的には、発生した賃金から差し引くのではなく、そもそも賃金が発生しないので支払わないにすぎませんが、予定されていた賃金額からストライキがされた日数・時間数分の賃金を差し引いて支払われるので、このように呼ばれます。

事由」〔現行法では、「債権者の責めに帰すべき事由」〕には当たらず、当該不参加労働者は賃金請求権を失うと解するのが相当である」(前掲 (⇒ 104 頁) 最判昭 62（1987）・7・17、ノース・ウエスト航空事件)、としています。

◆「危険負担」

「民法第 536 条」は危険負担、すなわち、双務契約（当事者の双方が相互に対価的関係にある債務を負担する契約）において、一方の債務の履行が不能となって消滅した場合に、そのリスク（危険）を当事者のいずれが負担するか（他方の債務が、消滅するか、消滅しないか）という問題に関する規定であり、第 1 項は、「……当事者双方の責めに帰することができない事由によって債務を履行することができなくなったときは、債務者は、反対給付を受ける権利を有しない」と定め、第 2 項は、「債権者の責めに帰すべき事由によって債務を履行することができなくなったときは、債務者は、反対給付を受ける権利を失わない」（前段）と定めています。

ここでは、「労働する」という債務（「労働させる」という債権）については、労働者が債務者、使用者が債権者であり、「反対給付」は「賃金の支払い」であるということを前提に、民法第 536 条の規定にあてはめて考えることになります。

---

(2) 休業手当

休業手当に関して、最高裁の判例（前掲 (⇒ 192 頁)、昭 62（1967）・7・17、ノース・ウエスト航空事件）は、「労働基準法第 26 条〔(⇒ 103 頁)〕の「使用者の責〔め〕に帰すべき事由」……とは、……民法〔第〕536 条〔第〕2 項〔(⇒ 103 頁)〕の〔「債権者の責めに帰すべき事由」〕よりも広く、使用者側に起因する経営、管理上の障害を含む」と解した (⇒ 104 頁) うえで、部分ストの場合について、「本件ストライキは、もっぱら……〔組合〕が自らの主体的判断とその責任に基づいて行ったものとみるべきであって、……休業は、〔会社側〕に起因する経営、管理上の障害によるものということはできないから……〔スト不参加労働者〕は……〔会社〕に対し休業手当を請求することはできない」としています。

この判決は、一部ストの場合の休業手当については言及しておらず[12]、学説は分かれ、一部ストの場合は、ストライキ不参加組合員とストライキ参加組合

---

12) （下級裁判所の）判例には、休業手当請求権を肯定したもの（前橋地判昭 38（1963）・11・14、明星電気事件）があります。

員との一体性がある部分ストの場合と異なり、他組合の組合員や非組合員には休業手当の請求権が生ずるとする見解があります（私は、この見解は的確なものであると考えます）。

V　使用者の争議行為——作業所閉鎖（ロックアウト）

労働関係調整法第 7 条（⇒ 184 頁）は、「争議行為」の定義のなかに、「作業所閉鎖」を含めています。

「作業所閉鎖」（ロックアウト）とは、労働者の争議行為に対する使用者の対抗手段としての、労務の受領を集団的に拒否する行為をいいます。

労働関係調整法の争議行為の定義規定は、労働委員会が労働争議の調整を行うことなどに関連して置かれているもので、ロックアウトを使用者の権利として認める趣旨のものではなく、憲法上も労働組合法上も、使用者の争議権を根拠づける規定は、存在しません。ロックアウトについては、そもそも、それを労働法上の使用者の権利として認めるべきかどうかという問題があります。

これについて、最高裁の判例は、「個々の具体的な労働争議の場において、労働者側の争議行為によりかえつて労使間の勢力の均衡が破れ、使用者側が著しく不利な圧力を受けることになるような場合には、衡平の原則に照らし、使用者側においてこのような圧力を阻止し、労使間の勢力の均衡を回復するための対抗防衛手段として相当と認められるかぎりにおいては、使用者の争議行為も正当なものとして是認されると解すべきである」（最判昭 50（1975）・4・25、丸島水門製作所事件）としています。

ロックアウトの正当性と法的効果について、この判決は、「ロックアウト……が正当な争議として是認されるかどうか……も、……個々の具体的労働争議における……具体的な事情に照らし、衡平の見地から見て労働者側の争議行為に対する対抗防衛手段として相当と認められるかどうかによつてこれを決すべく、このような相当性を認めうる場合には、使用者は、正当な争議行為をしたものとして、〔その〕ロックアウト期間中における対象労働者に対する個別労働契約上の賃金支払義務をまぬかれるものといわなければならない」としています。

VI　労働争議の調整

争議行為が行われますと、使用者は操業の停止により、労働者は賃金の喪失

により、ともに損失を受けることになりますので、労使間の紛争は平和的に解決されることが、当事者にとって利益となることは、当然であり、そのことは、社会全体にとっても望ましいことです。そこで、労働関係調整法は、国の機関である労働委員会による、労働争議の調整手続を設けています。

1 労働委員会

労働委員会の設置などについては、労働組合法（第4章（第19条－第26条））で、定められています。

労働委員会には、中央労働委員会（「中労委」と略称されます。厚生労働大臣の所轄の下に置かれます）と、都道府県労働委員会（「都道府県労委」と略称されます。都道府県知事の所轄の下に置かれます）が、あります。

労働委員会は、使用者を代表する者（使用者委員）、労働者を代表する者（労働者委員）及び公益を代表する者（公益委員）各同数をもって組織されます。

労働委員会の2大任務は、労働関係調整法が規定する労働争議の調整と労働組合法が規定する不当労働行為の審査・救済（⇒199頁）です。

中労委と都道府県労委の関係では、中労委は、二以上の都道府県にわたり、又は全国的に重要な問題に係る事件について、優先して管轄します。

なお、都道府県労委は、個別労働関係紛争解決促進法第20条（⇒161頁）に基づく地方公共団体の施策に関し、都道府県知事の委任を受けて、個別労働関係紛争の調整を行います。

2 争議調整手続

(1)自主的調整の原則

「労働関係の当事者は、……労働争議が発生したときは、……自主的に……解決するや〔よ〕うに、……努力しなければならない」（第2条）、「政府は、……労働関係の当事者が……自主的に調整することに対し助力を与へ〔え〕、……争議行為をできるだけ防止することに努めなければならない」（第3条）、とされています。

(2)調整の対象

調整の対象となる「労働争議」の定義（第6条（⇒184頁））及び「争議行為」の定義（第7条（⇒184頁））が定められています。

(3)斡旋・調停・仲裁・緊急調整

(i)「斡旋」は、労働委員会が作製しておく斡旋員候補者名簿に記されている者のなかから労働委員会の会長が指名する斡旋員が、「関係当事者……双方の主張の要点を確め、事件が解決されるように努め」る手続です（第10条－第16条）。

(ii)「調停」は、労働委員会の公労使それぞれの代表委員又は特別調整委員（調停又は仲裁に参与させるために、公労使三者構成で置かれるもの）のうちから労働委員会の会長が指名する調停委員から成る、公労使三者構成の調停委員会が、「関係当事者から意見を徴」し、「調停案を作成して、……関係当事者に……受諾を勧告する」手続です（第17条－第28条）。

(iii)「仲裁」は、労働委員会の公益委員又は公益を代表する特別調整委員のうちから関係当事者が合意により選定した者につき労働委員会の会長が指名する仲裁委員3人から成る仲裁委員会が「仲裁裁定」を行うもので、「仲裁裁定は、労働協約と同一の効力を有する」とされ、関係当事者を法的に拘束します（第29条－第35条）。

(iv)「緊急調整」は、「事件が公益事業に関するものであるため、又はその規模が大きいため若しくは特別の性質の事業に関するものであるために、争議行為により〔その〕事業が停止されるときは国民経済の運行を著しく阻害し、又は国民の日常生活を著しく危くする虞があると認める」事件について、内閣総理大臣が、中労委の意見を聴いて、50日間争議行為を禁止する効果をともなう、「緊急調整の決定」を行い、中労委は、他のすべての事件に優先して、その事件を処理するという手続です（第35条の2－第35条の5、第38条）。

第 25 章　不当労働行為

I 「不当労働行為」とはなにか

　「不当労働行為」とは、労働者の団結権・団体交渉権・団体行動権を侵害する使用者の行為であって、労働組合法により、禁止され（第 7 条）、それに対する労働委員会による救済が定められている（第 27 条）ものをいいます。
　労働者の団結権・団体交渉権・団体行動権を侵害する使用者の行為は、違法・無効であり（⇒ 167 頁）、それに対しては、裁判所による司法的救済として、損害賠償の請求や、行為の無効確認（解雇無効による労働契約上の地位の確認など）の請求を行うことが考えられますが、裁判所による司法的救済は、通常、長い時間と多くの費用を必要とし、また、過去ないし現在の権利義務の確定を使命とし、労働関係の実態を踏まえて、将来に向けて正常化を図ることにはかならずしも適しません。そこで、裁判所による司法的救済（⇒ 202 頁）とは別個に、労働委員会という行政機関による、簡易・迅速な、また、労働関係の実態を踏まえて、将来に向けて正常化を図る制度として、不当労働行為の制度が、設けられているのです。

II 不当労働行為の禁止

　労働組合法第 7 条は、次のとおり定めています。
　「使用者は、次の各号に掲げる行為をしてはならない。
　一　労働者が労働組合の組合員であること、労働組合に加入し、若しくはこれを結成しようとしたこと若しくは労働組合の正当な行為をしたことの故をもつて、その労働者を解雇し、その他これに対して不利益な取扱いをすること又は労働者が労働組合に加入せず、若しくは労働組合から脱退することを雇用条件とすること。ただし、労働組合が特定の工場事業場に雇用される労働者の過半数を代表する場合において、その労働者がその労働組合の組合員であることを雇用条件とする労働協約を締結することを妨げるものではない。
　二　使用者が雇用する労働者の代表者と団体交渉をすることを正当な理由が

なくて拒むこと。

　三　労働者が労働組合を結成し、若しくは運営することを支配し、若しくはこれに介入すること、又は労働組合の運営のための経費の支払につき経理上の援助を与えること。ただし、労働者が労働時間中に時間又は賃金を失うことなく使用者と協議し、又は交渉することを使用者が許すことを妨げるものではなく、かつ、厚生資金又は経済上の不幸若しくは災厄を防止し、若しくは救済するための支出に実際に用いられる福利その他の基金に対する使用者の寄附及び最小限の広さの事務所の供与を除くものとする。

　四　労働者が労働委員会に対し使用者がこの条の規定に違反した旨の申立てをしたこと若しくは中央労働委員会に対し第27条の12第1項の規定による命令〔救済命令等（⇒200頁）〕に対する再審査の申立てをしたこと又は労働委員会がこれらの申立てに係る調査若しくは審問をし、若しくは当事者に和解を勧め、若しくは労働関係調整法（……）による労働争議の調整をする場合に労働者が証拠を提示し、若しくは発言したことを理由として、その労働者を解雇し、その他これに対して不利益な取扱いをすること。」

1　使用者

　労働組合法には、「使用者」の定義規定は置かれていませんが、不当労働行為の制度は、使用者の契約責任を追及するものではないので、不当労働行為の主体としての使用者は、労働契約の一方の当事者に限られるものではなく、最高裁の判例は、「雇用主〔労働契約上の使用者〕以外の事業主であっても、雇用主から労働者の派遣を受けて自己の業務に従事させ、その……労働者の基本的な労働条件等について、雇用主と部分的とはいえ同視できる程度に現実的かつ具体的に支配、決定することができる地位にある場合には、その限りにおいて、〔その〕事業主は〔労働組合法第7〕条の「使用者」に当たる……ものと解するのが相当である」（最判平7（1995）・2・28、朝日放送事件）としています。

2　禁止される行為

　不当労働行為として禁止される行為は、(1)不利益取扱い、(2)団体交渉拒否、(3)支配介入の3つの種類に大別されます。

(1) 不利益取扱い（第7条第1号・第4号）

　労働組合の組合員であることなどを理由とする採用の拒否が不利益取扱い（第7条第1号）に該当するかどうか、という問題があり、最高裁の判例は、「〔労働組合法第7条第1号は、〕雇入れにおける差別的取扱いが〔不当労働行為の〕類型に含まれる旨を明示的に規定しておらず、……雇入れの段階と雇入れ後の段階とに区別を設けたものと解される。そうすると、雇入れの拒否は、それが従前の雇用契約関係における不利益な取扱いにほかならないとして不当労働行為の成立を肯定できる場合に当たるなど特段の事情がない限り、労働組合法〔第〕7条〔第〕1号本文にいう不利益な取扱いに……当たらないと解する」（最判平15（2003）・12・22、JR北海道・日本貨物鉄道事件）としています。

　これに対し、学説では、日本では（各個の企業ごとの労働者によって組織される）企業別組合が大多数であるため、組合員であることなどを理由とする採用差別は一般的には想定し難いが、日本でも（同一職種の労働者によって、企業の枠をこえて組織される）職種別組合、（同一産業の労働者によって、企業の枠わくをこえて組織される）産業別組合、（職種や産業に関係なく各種の労働者によって、企業の枠をこえて組織される）一般組合などの企業外組合はかなり存在するし、雇用の多様化が進むなかで増加することが予想されること、「労働者が労働組合に加入せず、若しくは労働組合から脱退することを雇用条件とすること」を禁止している労働組合法第7条が、採用前から組合員である者の採用差別を禁止しない趣旨であるとは理解し難いことなどを理由として、不利益取扱いにあたるとする見解[1]があります（私は、この見解は的確なものであると考えます）。

　「労働者が労働組合に加入せず、若しくは労働組合から脱退することを雇用条件とすること」は「黄犬契約」（yellow-dog contract）と呼ばれます。第1号ただし書については、ショップ協定（⇒172頁）についての説明を参照してください。

(2) 団体交渉拒否（第7条第2号）

　これについては、団体交渉（権）、とくに団体交渉（応諾）義務に関する説明（⇒176頁）を参照してください。

---

[1]　「採用の自由」との関係については、69頁を参照。

(3)支配介入（第 7 条第 3 号）

「支配」「介入」とは、労働組合の結成運営に対する干渉行為や弱体化行為をいいます。

支配介入の一態様として、併存組合（多数派組合・少数派組合）間の差別的取扱いがあります。

これに関する基本的な考え方について、最高裁の判例は、「同一企業内に複数の労働組合が併存している場合には、使用者としては、すべての場面で各組合に対し中立的な態度を保持し、その団結権を平等に承認、尊重すべきであり、各組合の性格、傾向や従来の運動路線等のいかんによつて、一方の組合をより好ましいものとしてその組織の強化を助けたり、他方の組合の弱体化を図るようなことは許されない」（最判昭 60（1985）・4・23、日産自動車事件）とし、「使用者が〔そ〕のような意図に基づいて両組合を差別し、一方の組合に対して不利益な取扱いをすることは、同組合に対する支配介入となる」（最判昭 62（1987）・5・8、日産自動車事件）としています。

「経理上の援助」も、支配介入に付属する行為として、禁止されています。たとえば、在籍専従者[2]に対する給与の支給が、これに該当し得ると理解されています。しかし、無給の在籍専従やチェック・オフ（⇒ 174 頁）は、これに該当しないと理解されています。

Ⅲ　不当労働行為の救済

不当労働行為に対する救済には、労働委員会による行政的救済と裁判所による司法的救済とがあります。

1　労働委員会による行政的救済

労働組合法第 4 章（第 27 条－第 27 条の 21）で定められています。

(1)　申立て・審査・救済命令等

不当労働行為の対象となった労働者又は労働組合[3]は、使用者を相手方とし

---

　2)　従業員としての地位を保持したまま、もっぱら労働組合の業務に従事する者。
　3)　不利益取扱いについては、不利益取扱いを受けた労働者と、その属する労働組合、団体交渉拒否については、団体交渉を拒否された労働組合、支配介入については、支配介入をされた労働組合と、その組合員、と理解されています。

て、都道府県労委に、不当労働行為の救済の申立てをすることができます。

　申立てを受けた労働委員会は、事件について審査（調査及び審問）を行い、不当労働行為が成立すると判断した場合は、申立人の請求に係る救済の全部又は一部を認容する命令（救済命令）を発し、不当労働行為が成立しないと判断した場合は、申立てを棄却する命令（棄却命令）を発します。

　なお、労働委員会は、当事者間の和解によって手続を終了させることもできます。

　労働委員会における不当労働行為事件の審査等の手続は、公益委員のみで行われます（ただし、調査・審問及び和解の手続には、使用者委員・労働者委員も参与することができます）。

(2) 救済命令の内容

　救済命令の典型的な内容としては、①不利益取扱いの場合は、原職復帰（不利益取扱いがされる前の地位への復帰）とバック・ペイ（不利益取扱いがされなかったならば得られたであろう賃金相当額の支払い）、②団体交渉拒否の場合は、使用者の主張する事由を理由としては団体交渉を拒否してはならないという命令又は一定の事項について誠実に団体交渉をせよという命令、③支配介入の場合には、支配介入行為を具体的に特定して禁止する命令及び今後同様の行為を行わない旨の文書の事業内における掲示（ポスト・ノーティスと呼ばれます）などがあります。

　救済命令の内容については、法律上特に定めがなく、最高裁の判例に即していえば、「労働委員会という行政機関による救済命令の方法を採用したのは、……労使関係について専門的知識経験を有する労働委員会に対し、その裁量により、個々の事案に応じた適切な是正措置を決定し、これを命ずる権限をゆだねる趣旨に出たものと解され」、「裁判所は、労働委員会の〔その〕裁量権を尊重し、その行使が〔その〕趣旨、目的に照らして是認される範囲を超え、又は著しく不合理であって濫用にわたると認められるものでない限り、〔その〕命令を違法とすべきではない」（最大判昭52（1977）・2・23、第二鳩タクシー事件）と解されています。

　バック・ペイと、被解雇者が解雇期間中（解雇から原職復帰までの間）に他の職について得た利益（中間収入）の控除の問題[4]に関して、労働委員会は、

---

4) 解雇一般の、訴訟（裁判所）における処理については、154頁参照。

中間収入があっても、これを控除せずに全額のバック・ペイを命じていました。これに対し、最高裁の判例は、「〔労働組合法〕が正当な組合活動をした故をもつてする解雇を特に不当労働行為として禁止しているのは、〔その〕解雇が、一面において、〔その〕労働者個人の雇用関係上の権利ないしは利益を侵害するものであり、他面において、使用者が〔その〕労働者を事業所から排除することにより、労働者らによる組合活動一般を抑圧ないしは制約する故なのである」とし、従って、「中間収入控除の要否及びその金額を決定するにあたつては、労働委員会は〔「個人的な被害の救済」の面と、「組合活動一般に対して与える侵害」の「除去」の面〕の両面からする総合的な考察を必要とするのであつて、そのいずれか一方の考慮を怠り、又は救済の必要性の判断において合理性を欠くときは、裁量権の限界を超え、違法とされることを免れない」（前掲（⇒200頁)、最大判昭52（1977）・2・23、第二鳩タクシー事件）としています。

この判決以降、労働委員会は、二面的考慮を払った上で、その裁量権の行使として、バック・ペイから中間収入を控除しないとするものがほとんどという状況にあります。

学説では、個別契約の次元で考えても、本来遡及払いされるべき賃金から中間収入は控除されるべきではないと考えられる（⇒154頁）うえ、団結権侵害・不当労働行為としての解雇の救済に際して、組合活動一般への侵害の面だけを強調して中間収入の控除を検討しない救済命令は無効とし、集団的側面を軽視する最高裁の考え方には疑問が残るとする見解もあります（私は、この見解は的確なものであると考えます）。

(3)再審査・取消訴訟

①都道府県労委の救済命令等（救済命令又は棄却命令。以下同じ）に不服のある使用者、労働者・労働組合は、中労委に再審査の申立てをすることができます。

②使用者は、都道府県労委の救済命令等について中労委に再審の申立てをしないとき又は中労委が救済命令等を発したときは、救済命令等の取消しの訴えを裁判所に提起することができます。労働組合・労働者は、都道府県労委の救済命令等又は中労委の救済命令等に対して（ただし、中労委が救済命令等を発したときは、その救済命令等に対してのみ）、取消しの訴えを裁判所に提起することができます。

使用者が取消訴訟を提起した場合に、受訴裁判所は、救済命令を発した労働

委員会の申立てにより、使用者に対し、判決の確定に至るまで、労働委員会の救済命令の全部又は一部に従うべき旨を命じることができます（緊急命令と呼ばれます）。

2 裁判所による司法的救済

労働組合法の不当労働行為禁止規定（第7条（⇒ 196 頁））の私法上の効果について、最高裁の判例は、「不当労働行為禁止の規定は、憲法〔第〕28 条〔（⇒ 6 頁）〕に由来し、労働者の団結権・団体行動権を保障するための規定であるから、〔その〕法条の趣旨からいつて、これに違反する法律行為は、……当然に無効と解すべき」である（最判昭 43（1968）・4・9、医療法人新光会事件）としています。

学説においても、不当労働行為禁止規定に違反する行為は、労働組合法第 7 条によって、無効・違法（不法行為による損害賠償の成立要件である違法性を備えること）となると理解する見解が多数説であり、それ以外の学説でも、不当労働行為禁止規定に違反する行為は、憲法第 28 条により形成される公序（⇒ 69 頁）に違反するものとして、あるいは憲法第 28 条により直接に、無効・違法となる（⇒ 167 頁）と理解されています。

従って、不当労働行為の禁止規定に違反する行為については、労働委員会に対して救済（行政的救済）を申し立てるほかに、裁判所に対して民事訴訟による救済（司法的救済）を求めることができると理解されています。

司法的救済の内容としては、（行政的救済の内容との対比を含めて、説明しますと、）①不利益取扱いについては、解雇の場合は、解雇無効による労働契約上の地位の確認が行われ[5]、解雇期間中の賃金については、民法第 536 条第 2 項（⇒ 103 頁）に基づく中間収入の控除がされ[6]、賃金差別の場合は、過去の差別額の支払いが命じられ[7]、また、一般的に、（財産的・精神的）損害賠償を命ずることができ[8]、②団体交渉拒否については、損害賠償を命ずることができるほか、団体交渉を求める地位の確認が最高裁の判例によって認められており（最判平 3（1991）・4・23、国鉄事件）、③支配介入については、損害

---

5) 行政的救済の場合に、原職復帰が命じられるのと異なります。
6) 行政的救済の場合に、労働委員会の、一定の基準に従った裁量に委ねられるのと異なります。
7) 行政的救済の場合と異なり、将来にわたる是正を命ずることはできません。

賠償を命ずることができます（②・③について、行政的救済の場合に、さまざまの作為・不作為が命じられるのと異なります）。

---

8) 行政的救済の場合は、このような損害賠償を命ずることは、一時金支払遅延の場合の遅延損害金の支払命令（最判平2（2000）・3・6、亮正会高津中央病院事件、参照）のような、基準の明確な金銭的是正措置が認められることは別として、できないと理解されています（多数説）。

第26章　公務員に関する労働基本権の制限

I　労働基本権の制限の態様

憲法第28条（⇒6頁）が団結権・団体交渉権・団体行動権（労働基本権）を保障する「勤労者」には、公務員も含まれ、公務員にも、憲法上、労働基本権が保障されています。

労働組合法が適用される「労働者」（労働組合法第3条（⇒169頁））にも、本来的には、公務員が含まれますが、特別に、適用除外が定められています。

すなわち、(1)いわゆる現業の公務員——特定独立行政法人・国有林野事業を行う国の経営する企業の職員、地方公営企業の職員・単純労務職員——については、「特定独立行政法人等の労働関係に関する法律」（以下、「特独労法」と略称）、「地方公営企業等の労働関係に関する法律」（以下、「地公労法」と略称）において、特別の規制が定められ、その定めがない限度においてのみ、労働組合法を適用することとされ（特独労法第3条、地公労法第4条）、(2)いわゆる非現業の公務員については、国家公務員法及び地方公務員法において、特別の規制が定められ、労働組合法は適用しないこととされています（国家公務員法附則第16条、地方公務員法第58条第1項）。

以上の「公務員に関する労働基本権の制限」の態様は、概略、第10表のとおりとなっています。

II　労働基本権制限の合憲性

（「I」で述べたとおりの）公務員に関する労働基本権の制限については、それが、労働基本権を保障する憲法第28条（⇒6頁）に違反するのではないかという問題があります[1]。

とくに、すべての公務員に関して争議行為を禁止し（国家公務員法第98条

---

1) 前出、労働基本権「保障」の法的効果の中の自由権的効果についての記述（⇒166頁）を参照してください。

第10表　公務員に関する労働基本権の制限の態様（概略）

	警察・海上保安庁・刑事施設・自衛隊・消防の職員	非現業の公務員（左欄以外）	現業の公務員（特定独立行政法人・地方公営企業の職員等）
団結権	×	○	○
団体交渉権	×	△（労働協約締結権×）	○
争議権	×	×	×

第2項、地方公務員法第37条第1項、特独労法第17条第1項、地公労法第11条第1項）、違反者は「国に対し、法令に基〔づ〕いて保有する任命又は雇用上の権利をもつて、対抗することができない」（国家公務員法第98条第3項）などのことを定めているうえ、非現業の公務員に関しては、「何人たるを問わず〔争議行為〕の遂行を共謀し、そそのかし、若しくはあおり、又はこれらの行為を企てた者」は刑罰に処すること（国家公務員法第110条第1項第17号、地方公務員法第61条第4号）を定めている法規制については、憲法違反ではないのか、違反でないとしても、どの範囲で適用されるのかをめぐって、最高裁の判例に大きな変遷がありました。

当初、最高裁の判例（最大判昭28（1953）・4・8、国鉄弘前機関区事件）は、「憲法〔第〕28条が保障する……権利も公共の福祉のために制限を受けるのは已を得ない」「公務員は、国民全体の奉仕者として……公共の利益のために勤務し……なければならない……ものであるから」「公務員の争議を禁止したからとて、……憲法〔第〕28条に違反するものということはできない」としていました。

しかし、最高裁は、昭和41（1966）年の全逓東京中郵事件判決（最大判昭41（1966）・10・26）において、見解を一転させ、「〔公務員〕も、憲法〔第〕28条にいう勤労者にほかならない以上、原則的には、その保障を受けるべきものと解される。」「「公務員は、全体の奉仕者であつて、一部の奉仕者でない」とする憲法〔第〕15条を根拠として、公務員に対して〔その〕労働基本権をすべて否定するようなことは許されない」「どのような制限が合憲とされるかについては、」(1)「制限は、合理性の認められる必要最小限度なものにとどめなければならない」こと、(2)「停廃が……国民生活に重大な障害をもたらすおそれのあるものについて、これを避けるために必要やむを得ない場合」である

こと、(3)「違反者に対して課せられる不利益については、必要な限度をこえないように、十分な配慮がなされなければならない」こと、(4)「労働基本権を制限すること……に見合う代償措置が講ぜられなければならない」こと、の「諸点を考慮に入れ、慎重に決定する必要がある」としました。

さらに、最高裁は、昭和44 (1969) 年の東京都教組事件判決（最大判昭44 (1969)・4・2）において、この見解を推し進め、争議行為の禁止に関する、地方公務員法第37条、第61条第4号の規定が、「文字どおりにすべての〔公務員〕の一切の争議行為を禁止し、これらの争議行為の遂行を共謀し、そそのかし、あおる等の行為……をすべて処罰する趣旨と解すべきものとすれば、……必要やむをえない限度をこえて争議行為を禁止し、かつ、必要最小限度にとどめなければならないとの要請を無視し、その限度をこえて刑罰の対象としているものとして、……違憲の疑いを免れないであろう」とし、「しかし、法律の規定は、可能なかぎり、憲法の精神にそくし、これと調和しうるよう、合理的に解釈されるべきものであつて、……これらの規定についても、……憲法の趣旨と調和しうるように解釈するときは、これら規定の表現にかかわらず、禁止されるべき争議行為の種類や態様についても、さらにまた、処罰の対象とされるべきあおり行為の態様や範囲についても、おのずから合理的な限界の存することが承認されるはずである」としました。同年の全司法仙台（安保6・4）事件判決（最大判昭44 (1969)・4・2）も、争議行為の禁止に関する、国家公務員法第98条第5項（現第2項）、第110条第1項第17号の規定について、同様の見解に立つものでした。

ところが、このような最高裁の立場[2]は、昭和48 (1973) 年の全農林警職法事件判決（最大判昭48 (1973)・4・25）によって、否定されました。この判決（この間の裁判官の交替により多数を占めるに至った8名の裁判官の多数意見）は、(1)「憲法〔第〕28条の労働基本権の保障は公務員に対しても及ぶものと解すべきである。ただ、この労働基本権は、……勤労者を含めた国民全体の共同利益の見地からする制約を免れない」「公務員は、……憲法〔第〕15条の示すとおり、実質的には、その使用者は国民全体であり、公務員の労働提供義務は国民全体に対して負うものである」「公務員が争議行為に及ぶことは、その地位の特殊性及び職務の公共性と相容れないばかりでなく、多かれ少なか

---

[2] 制限的合憲論、合理的限定解釈などと呼ばれます。

れ公務の停廃をもたらし、その停廃は勤労者を含めた国民全体の共同利益に重大な影響を及ぼすか、またはその虞がある」、(2)「公務員の……勤務条件は……原則として、国民の代表者により構成される国会の制定した法律、予算によつて定められることになつている」、「公務員の勤務条件の決定に関し、……政府に対して争議行為を行うことは、的はずれであつて正常なものとはいいがたく、……議会制民主主義（……）に背馳し、国会の議決権を侵す虞れすらなしとしない」、「私企業においては、……争議行為に対しても、いわゆる市場の抑制力が働くことを必然とするのに反し、公務員の場合には、そのような市場の機能が作用する余地がないため、……争議行為は場合によつては……勤務条件決定の手続をゆがめることとなる」、(3)「法は、……制約に見合う代償措置として……勤務条件についての周到詳密な規定を設け、さらに……人事院を設けている」「〔国家公務員法〕〔第〕98条〔第〕5項〔現第2項〕が……公務員の争議行為及びそのあおり行為等を禁止するのは、勤労者をも含めた国民全体の共同利益の見地からするやむをえない制約というべきであつて、憲法〔第〕28条に違反するものではない」、(4)「〔国家公務員法〕〔第〕110条〔第〕1項〔第〕17号が、違法性の強い争議行為を違法性の強いまたは社会的許容性のない行為によりあおる等した場合に限つてこれに刑事制裁を科すべき趣旨であると解するときは、」「このように不明確な限定解釈は、……犯罪構成要件の……明確性を要請する憲法〔第〕31条〔「何人も、法律の定める手続によらなければ、……刑罰を科されない。」〕に違反する疑いすら存する」、としました。

この判決（8名の裁判官の多数意見）に対して、5名の裁判官によって付された意見では、(1)「憲法〔第〕15条〔第〕2項の、公務員が国民全体の奉仕者である旨の規定は、……使用者である国民全体、ないし国民全体を代表しまたはそのために行動する政府諸機関に対する絶対的服従義務を公務員に課したものという解釈をすることはできない」、「公務の円滑な運営の阻害による公益侵害をもって争議権制限の実質的理由とするかぎり、このような侵害の内容と程度は争議行為制限の態様、程度とは相関関係にたつべきものであつて」、「争議行為を、その主体、内容、態様または程度などのいかんにかかわらず全面的に禁止し、これをあおる等のすべての行為に刑事制裁を科するようなことは、とうてい、合理性をもつ立法として憲法上これを正当化することはできない」、(2)「公務員の勤務条件……の決定につき、国会……の監視または承認を経由する必要があること」「から、〔その〕勤務条件の基準がすべて立法によつて決定

されることを要し、その間に労使間の団体交渉に基づく協定による決定なるものをいれる余地がないとする結論は、当然には導かれないし、憲法上それが予定されていると解すべき根拠もない」、(3)「代償措置はあくまでも代償措置にすぎず、……単なる代償措置制度の存在を理由として公務員の争議行為を全面的に禁止し、これをあおる等の行為に対して刑罰を科することを正当化することは、とうてい、不可能である」、(4)「〔国家公務員法〕〔第〕110条〔第〕1項〔第〕17号の規定について……構成要件の限定解釈をしたからといって、憲法〔第〕31条に違反する疑いがあるとしてこれを排斥するのは相当でなく、いわんや、この点を理由として、〔その〕〔国家公務員法〕の規定が解釈上これになんらの限定を加えなくても憲法〔第〕28条に違反せず全面的に合憲であるとするようなことは、とうてい、許されるべきでない」、と述べられています（私は、この見解は、──違憲の疑いがある公務員の争議行為に関する現行法制そのものが見直されるべきことは別として、現行法制を前提とする見解として、──的確なものであると考えます）。

　なお、平成20 (2008) 年に制定された、「公務員制度改革基本法」は、「労働基本権」に関しては、団体交渉権について、「政府は、協約締結権を付与する職員の範囲の拡大に伴う便益及び費用を含む全体像を国民に提示し、その理解のもとに、国民に開かれた自律的労使関係制度を措置するものとする」（第12条）、「政府は、地方公務員の労働基本権の在り方について、第12条に規定する国家公務員の労使関係制度に係る措置に併せ、これと整合性をもって、検討する」（附則第2条第1項）と規定するにとどまり、争議行為の禁止規定の見直しについては、言及していません。

第4編　労働市場法（雇用保障法）

第 27 章　労働市場法（雇用保障法）

　憲法第 27 条第 1 項（⇒ 6 頁）が定める「勤労の権利」の保障及び「勤労の義務」の意味と、「勤労の権利」の保障に基づいて、「労働市場法（雇用保障法）」と呼ばれる分野の法律が存在していることについては、前に（⇒ 9 頁）述べました。この章では、この分野に属する主要な 6 つの法律の概略を説明します。

I　雇用対策法——雇用対策の基本

　雇用対策法は、第 1 章「総則」、第 2 章「求職者及び求人者に対する指導等」、第 3 章「職業訓練等の充実」、第 4 章「職業転換給付金」、第 5 章「事業主による再就職の援助を促進するための措置等」、第 6 章「外国人の雇用管理の改善、再就職の促進等の措置」などから成ります。

　第 1 章「総則」の第 10 条は、「事業主は、労働者がその有する能力を有効に発揮するために必要であると認められるときとして厚生労働省令で定めるときは、労働者の募集及び採用について、……その年齢にかかわりなく均等な機会を与えなければならない」と定めています（⇒ 70 頁）。

　厚生労働省令（雇用対策法施行規則）では、(1)事業主が、定年の年齢を下回ることを条件として労働者の募集及び採用を行うとき、(2)事業主が、法令の規定により特定の年齢の範囲に属する労働者の就業等が禁止又は制限されている業務について〔その〕年齢の範囲に属する労働者以外の労働者の募集及び採用を行うとき、(3)事業主の募集及び採用における年齢による制限を必要最小限のものとする観点から見て合理的な制限である場合として次の①から④のいずれかに該当するとき、以外のときとすると定められています。

　すなわち、①長期間の継続勤務による職務に必要な能力の開発及び向上を図ることを目的として、青少年その他特定の年齢を下回る労働者の募集及び採用を行うとき、②技能、ノウハウの継承の観点から、特定の職種において労働者数が相当程度少ない特定の年齢層に限定し、かつ、期間の定めのない労働契約の対象として募集及び採用を行うとき、③芸術又は芸能の分野における表現の

真実性等を確保するために特定の年齢の範囲に属する労働者の募集及び採用を行うとき、④60歳以上の高齢者又は特定の年齢層の雇用を促進する政策（国の施策を活用する場合に限る）の対象となる者に限定して募集及び採用を行うとき（第1条の3）です。

II 職業安定法──求人・求職の媒介

職業安定法は、第1章「総則」、第2章「職業安定機関の行う職業紹介及び職業指導」（⇒54頁）、第3章「職業安定機関以外の者の行う職業紹介」（⇒54頁）、第3章の2「労働者の募集」（⇒55頁）、第3章の3「労働者供給事業」（⇒55頁）、などから成ります。

第1章「総則」で、「均等待遇」に関し「何人も、人種、国籍、信条、性別、社会的身分、門地、従前の職業、労働組合の組合員であること等を理由として、職業紹介、職業指導等について、差別的取扱を受けることがない」（第3条本文）と定められています。

III 職業能力開発促進法──職業能力の開発

職業能力開発促進法は、第1章「総則」、第2章「職業能力開発計画」、第3章「職業能力開発の促進」、第4章「職業訓練法人」、第5章「技能検定」などから成ります。

IV 特定分野の雇用対策

1 高年齢者雇用安定法──高年齢者の雇用対策

正式名称は、「高年齢者等の雇用の安定等に関する法律」です。

第1章「総則」、第2章「定年の引上げ、継続雇用制度の導入等による高年齢者の安定した雇用の確保の促進」、第3章「高年齢者等の再就職の促進等」、などから成ります。

第2章中で、(1) 定年を定める場合の年齢（第8条）（⇒142頁）、(2) 高年齢者雇用確保措置（第9条・第10条）（⇒142頁）について定めています。

第3章中で、(3) 募集及び採用についての（一定の年齢を下回ることを条件とする）理由の提示等（第18条の2）（⇒70頁）について定めています。

2　障害者雇用促進法──障害者の雇用対策

正式名称は、「障害者の雇用の促進等に関する法律」です。

第1章「総則」、第2章「職業リハビリテーションの推進」、第3章「身体障害者又は知的障害者の雇用義務等に基づく雇用の促進等」などから成ります。

第3章中で、事業主の障害者を雇用する義務等（第43条）（⇒70頁）、障害者雇用率を達成している事業主に対する雇用調整金の支給（第50条）、障害者雇用率を達成していない事業主からの障害者雇用納付金の徴収（第53条）（⇒70頁）などについて定めています。

V　雇用保険法──失業等に対する保険給付

憲法第27条（⇒6頁）の勤労権の保障に含まれる、勤労（労働）の機会を得ることができない勤労者（労働者）に対して生活を保障するという、国に課せられた政策義務を実現するものとして、雇用保険法に基づく雇用保険の制度があります。

1　適用事業など

雇用保険法は、「労働者が雇用される事業」に強制的に適用されます。ただし、農林水産業の一部（おおむね、常時雇用する労働者が5人未満の個人事業）は、暫定的に任意適用事業とされています（第5条・附則第2条）。

次の者については、雇用保険法は適用されません。

すなわち、①65歳に達した日以後に雇用される者（例外あり）、②1週間の所定労働時間が20時間未満である者（例外あり）、③同一の事業主の適用事業に継続して31日以上雇用されることが見込まれない者（例外あり）、④季節的に雇用される者であって、一定のもの、⑤昼間学生、⑥船員であって、漁船に乗り組むため雇用される者（例外あり）、⑦国、都道府県、市町村その他これらに準ずるものの事業に雇用される者のうち一定の者、です（第6条）。

2　被保険者

「被保険者」とは、適用事業に雇用される労働者であって、適用除外とされる者以外のものをいいます（第4条第1項）。被保険者は、①一般被保険者（第60条の2第1項）、②高年齢継続被保険者（第37条の2第1項）、③短期特例被保険者（第38条第1項）、④日雇労働被保険者（第43条第1項）の4

種類から成ります。

3 失業等給付

雇用保険は、失業等給付（第3章（第10条－第61条の7））と雇用安定事業等（二事業）（第4章（第62条－第65条））とから成ります。その内容は、第11表のとおりです。

4 費用の負担

雇用保険事業に要する費用は、国庫の負担と保険料とによって賄われます。

(1) 国庫の負担

<u>国庫</u>は、求職者給付及び雇用継続給付に要する費用の一部を負担します（第66条・第67条）。

> ◆「国庫」
> 「国庫」とは、財産権の主体としてみた場合の国家のことをいいます。

(2) 保険料

政府は、雇用保険事業に要する費用に充てるため、労働保険徴収法の定めるところにより、保険料（労働保険料）を徴収します（第68条）。

労働保険料のうち、雇用保険に係るのは、①一般保険料の中の雇用保険分と②印紙保険料です。①は、事業主が労働者に支払う賃金の総額に雇用保険率を乗じて得た額であり（労働保険徴収法第11条・第12条）、②は、事業主が日雇労働被保険者に支払う賃金の日額に応じて定められる額です（労働保険徴収法第22条・第23条）。

被保険者は、①「一般保険料の額のうち雇用保険率に応ずる部分の額」から「雇用安定事業等（二事業）に係る額」を減じた額の2分の1の額を負担し、②日雇労働被保険者は、そのほかに、印紙保険料の額の2分の1の額を負担します。事業主は、労働保険料のうち、雇用保険に係る部分の額から、被保険者の負担すべき額（上記①及び②の額）を控除した額を負担します（労働保険徴収法第31条）。

第11表　雇用保険の失業等給付など（概要）

			一般被保険者
失業等給付	求職者給付	基本手当	①受給要件　原則として、離職の日以前2年間に被保険者期間（賃金支払基礎日数が11日以上ある月）が12カ月以上 ただし、倒産・解雇等により離職した者については、離職の日以前1年間に被保険者期間が6カ月以上でも可 ②日　額　前職賃金の50%～80%（60歳以上65歳未満は、45%～80%） ③所定給付日数 1　倒産・解雇等による離職者 	区分＼被保険者であった期間	1年未満	1年以上5年未満	5年以上10年未満	10年以上20年未満	20年以上
---	---	---	---	---	---
30歳未満	90日	90日	120日	180日	—
30歳以上35歳未満		90日	180日	210日	240日
35歳以上45歳未満				240日	270日
45歳以上60歳未満		180日	240日	270日	330日
60歳以上65歳未満		150日	180日	210日	240日 | 2　倒産・解雇等以外の事由による離職者 | 区分＼被保険者であった期間	1年未満	1年以上5年未満	5年以上10年未満	10年以上20年未満	20年以上
---	---	---	---	---	---
全年齢	—	90日	90日	120日	150日
就職困難者　45歳未満	150日	300日			
就職困難者　45歳以上65歳未満	150日	360日				 ④給付日数の延長 イ．訓練延長給付　ロ．広域延長給付　ハ．全国延長給付　ニ．個別延長給付（暫定措置）
		技能習得手当	
		寄宿手当	
		傷病手当	
	就職促進給付	就業促進手当　就業手当	就業日ごとに基本手当の日額の30%
		再就職手当	支給残日数に応じ基本手当の日額の50%又は60%
		常用就職支度手当	基本手当の日額の90日（支給残日数が90日未満の場合は、支給残日数（最低45日））分の40%
		移転費	
		広域求職活動費	
	教育訓練給付	教育訓練給付金	受講に要する費用の20%相当額（上限額10万円）
	雇用継続給付	高年齢雇用継続給付　高年齢雇用継続基本給付金	賃金の最大15%
		高年齢再就職給付金	賃金の最大15%
		育児休業給付　育児休業給付金	賃金の40%（当分の間は、賃金の50%）（賃金と給付金の合計額が休業前賃金の80%以上の場合は、80%から賃金を減じた額）
		介護休業給付　介護休業給付金	賃金の40%（賃金と給付金の合計額が休業前賃金の80%以上の場合は、80%から賃金を減じた額）
	備考		
二事業		雇用安定事業　雇用調整助成金等	
		能力開発事業　公共職業能力開発施設の設置・運営等	

高年齢継続被保険者	短期雇用特例被保険者	日雇労働被保険者
離職の日以前1年間に被保険者期間が6カ月以上ある場合に、次の表の定める日数分の基本手当の額に相当する額の高年齢求職者給付金が一時金として支給される。 | 被保険者であった期間 | 1年未満 | 1年以上 | |---|---|---| | 給付金の日数 | 30日分 | 50日分 |	離職の日以前1年間に被保険者期間が6カ月以上ある場合に、基本手当の日額の30日分（当分の間は40日分）に相当する特例一時金が支給される。 公共職業訓練等受講者は、その訓練が終わるまで、一般の求職者給付が支給される。	失業日の前2月間（前月及び前々月）に26日分以上印紙保険料が納付されている場合に、給付日額（1級7,500円、2級6,200円、3級4,100円）の13日〜17日分の日雇労働求職者給付金が支給される。
	＊一般被保険者の場合と同じ	
	一般被保険者の場合と同じ（就業手当・再就職手当を除く）	一般被保険者の場合と同じ（就業手当・再就職手当を除く）。常用就職支度手当の基本手当の日額は、日雇労働求職者給付金の日額
	＊に該当するのは、公共職業訓練等受講者のみ	

資料：平成 26（2014）年労働者派遣法改正の動向

平成 26（2014）年の労働者派遣法の改正について、平成 25（2013）年 12 月、厚生労働省の労働政策審議会において、次の内容の案が示されました。

労働者派遣制度の改正について（報告書骨子案（公益委員案））〔抄録〕

1　登録型派遣・製造業務派遣
○経済活動や雇用に大きな影響が生じる可能性があることから、禁止しない。
○雇用の不安定性への対処として、有期雇用派遣労働者に対する雇用安定措置等を講ずる。

2　特定労働者派遣事業
○特定・一般の区別を撤廃し、すべての労働者派遣事業を許可制とする。
○派遣労働者の保護に配慮した上で、小規模派遣元事業主への配慮措置を講ずる。

3　期間制限
(1)　新たな期間制限の考え方
○派遣労働が雇用と使用が分離した形態であることによる弊害を防止することが適当。すなわち、派遣労働者自身の雇用の安定やキャリア形成が図られにくいことから、派遣労働を臨時的・一時的な働き方と位置付けるとともに、派遣先の常用労働者との代替が起こらないよう、派遣労働は臨時的・一時的な利用に限ることを原則とする。
○26 業務という区分及び業務単位での期間制限は、わかりにくい等の様々な課題があることから撤廃した上で、一定の場合を除き、派遣労働者個人単位と派遣先単位の 2 つの期間制限を軸とする制度に見直す。
○その際、期間制限が派遣労働者の雇用機会やキャリア形成に悪影響を与えないよう、必要な措置を講ずる。
(2)　個人単位の期間制限について
○(5)で述べる例外を除き、派遣先の同一の組織単位における同一の派遣労働者の継続した受入は 3 年を上限とする。

○組織単位は、業務のまとまりがあり、かつ、その長が業務の配分及び労務管理上の指揮監督権限を有する単位として派遣契約上明確にしたものとする。
(3) 派遣労働者に対する雇用安定措置について
○派遣元事業主は、(2)の上限に達する派遣労働者に対し、本人が引き続き就業することを希望する場合は、以下の措置のいずれかを講ずるものとする。(「雇用安定措置」)
①派遣先への直接雇用の依頼
②新たな就業機会（派遣先）の提供
③派遣元事業主において無期雇用
④その他、安定した雇用の継続が確実に図られる措置
○①の直接雇用の依頼が、実際に直接雇用に結びつくような措置を講ずる。
(4)派遣先における期間制限について
○派遣先は、(5)で述べる例外を除き、同一の事業所において3年を超えて継続して派遣労働者を受け入れてはならないものとする。
○派遣先が、派遣労働者の受入開始から3年を経過するときまでに、当該事業所における過半数労働組合（過半数労働組合がない場合には民主的な手続により選出された過半数代表者）から意見を聴取した場合には、さらに3年間派遣労働者を受け入れることができるものとする。その後さらに3年が経過したときも同様とする。
○その他、適正な意見聴取のための手続を定める。
(5)個人単位及び派遣先単位の期間制限の例外について
○以下を(2)から(4)の措置の例外とする。
①無期雇用の派遣労働者
②60歳以上の高齢者
③現行制度で期間制限の例外となっている日数限定業務、有期プロジェクト業務、育児休業の代替要員などの業務への派遣

4 派遣先の責任
○国は、派遣先の使用者性に関する代表的な裁判例等について周知を図る。

5 派遣労働者の処遇
(1) 均衡待遇の推進
○派遣先は、派遣元事業主の求めに応じ、派遣労働者と同種の業務に従事する労働者の賃金に関する情報を提供する等の適切な措置を講ずるよう配慮するものとする。
○その他、派遣労働者の賃金について、均衡が図られたものとなるために派遣元事業主及び派遣先が行うことが望ましい事項を指針に規定する。
○派遣先は、派遣先の労働者に対し業務の遂行に密接に関連した教育訓練を実施する場合は、一定の場合を除き、派遣元事業主の求めに応じ、同じ業務に従事している派遣労働者にも実施するよう配慮するものとする。
○派遣先は、派遣労働者に対しても、派遣先の労働者が利用している一定の福利厚生施設の利用の機会を与えるよう配慮するものとする。
○派遣元事業主は、派遣労働者の待遇について配慮した内容について、派遣労働者の求めに応じて説明するものとする。

(2) 労働・社会保険の適用促進
○派遣元事業主は、派遣労働者として雇用しようとする者に対し、労働・社会保険の加入資格の有無を明示するものとする。
○派遣労働者を労働・社会保険に加入させてから派遣すること等を定めた派遣元事業主・派遣先の両指針の内容のうち、可能なものを法律等に格上げする。
○派遣元事業主は、派遣開始後に派遣労働者を労働・社会保険に加入させる場合、一定期間内に派遣先に対し加入の通知を行うものとする。
○派遣元事業主は、派遣の開始までに(派遣開始後に加入させる場合には加入後速やかに)派遣先に対し当該派遣労働者の被保険者証等の写しを提示するものとする。

6 派遣労働者のキャリアアップ措置
(1) 派遣元事業主が講ずべき措置
○派遣元事業主は、雇用する派遣労働者に対して、計画的な教育訓練、キャリア・コンサルティングを実施するものとする。特に無期雇用派遣労働者に対しては、長期的キャリア形成を視野に入れてこれらを実施するものとする。
○労働者派遣事業の許可・更新要件に、キャリア形成支援制度を有することを追加する。

(2)派遣先が講ずべき措置

派遣先は、派遣元事業主の求めに応じ、受け入れている派遣労働者の職務遂行能力等に関する情報を派遣元事業主に提供するよう努めるものとする。

(3)その他

○紹介予定派遣を推進するための施策を講ずる。

○派遣労働者の派遣先での正社員化を推進するための措置を講ずる。

○国及び事業主団体が派遣労働者のキャリアアップの推進に責務を有するものとする。

○派遣先が派遣労働者の引き抜きをしようとするときの取扱いを労働者派遣契約に定めるものとする。

事項索引

〈あ〉
ILO →国際労働機関
安全衛生　130
安全配慮義務　25, 139

〈い〉
〔以下〕　157
育児休業，介護休業等育児又は家族介護を行う労働者の福祉に関する法律→育児介護休業法
育児介護休業法　44
育児休業　45
育児休業給付　47, 214
育児時間　128
〔以上〕　157
移籍出向→転籍
一斉休暇闘争　125
遺族（補償）給付　134
一部スト　191
〔違約金〕　75
一般的拘束力（労働協約の）　181
〔以内〕　157

〈う〉
請負　59
請負制の保障給　103

〈え〉
営業譲渡→事業譲渡

〈お〉
黄犬契約→黄犬（こうけん）契約
オープン・ショップ　172
〔及び〕　27

〈か〉
解雇　146
　──期間中の賃金　153, 200
　──権の濫用　150
　──の制限　147
　──予告　149
　──予告手当　149
　──をめぐる訴訟　153

介護休暇　47
介護休業　46
介護休業給付　47, 214
戒告　96
介護（補償）給付　135
外国人→国籍
会社分割に伴う労働契約の継承等に関する法律→労働契約継承法
〔解除条件〕　124
〔解約〕　71
〔学説〕　15
〔瑕疵（かし）（意思表示の）〕　146
合併　143
過半数労働者→労働者の過半数代表者
過労死　135, 136
看護休暇→子の看護休暇
監視・断続的労働　113
間接差別　40
管理監督者　113
管理職→管理監督者，使用者の利益を代表する者

〈き〉
期間雇用労働者→有期労働契約者
帰郷旅費　75, 157
〔危険負担〕　192
偽装請負　60
規範的効力（労働協約の）　178
規範的部分（労働協約の）　179
〔義務〕　14
〔記名押印〕　178
休暇　121
休業　103
休業手当　103, 192
休業（補償）給付　134
休憩（時間）　120
　──一斉付与の原則　120
　──自由利用の原則　120
休日　120
　──の振替　121
休日労働　114, 127, 128
〔求償〕　76

事項索引　221

休職　90
求職者　9
求職者給付　214
求人者　9
教育訓練給付　214
強行的・直律的効力（就業規則の）　31
　　　　　　　　　（労働基準法の）　26
〔行政解釈〕　103
〔行政指導〕　158
強制貯金の禁止　78
強制労働の禁止　20
〔強迫〕　146
業務災害　132, 136
業務上の災害→業務災害
業務上の疾病　136
業務処理請負→請負
業務命令（違反）　93
協約自治の限界　179
緊急調整　195
緊急命令　202
均衡考慮の原則　23
　　（パートタイマー）　49
〔金銭消費貸借契約〕　77
均等待遇の原則　19
　　（パートタイマー）　49
（職業紹介等）　211
金品の返還（退職時の）　157
勤労者　6
勤労条件　6
勤労の権利　6, 210
勤労の義務　6

〈く〉
組合→労働組合
組合活動　166, 184
　　――の正当性　189
　　――の法的保護　187
組合活動権　166, 184
組合費　173
クローズド・ショップ協定　172

〈け〉
計画年休→年次有給休暇の計画的付与
刑事上の免責　167, 185
〔刑事訴訟〕　22
〔刑法第35条〕　185
〔契約〕　14

〔契約自由の原則〕　24
経理上の援助　170, 199
経歴詐称　92
〔決定（裁判）〕　73
減給　96
研修費用の返還　76
〔原審〕　22
譴（けん）責　96
〔限定列挙〕　36
〔憲法〕　3, 4
　　――第13条　7
　　――第14条第1項　7
　　――第25条第1項　7
　　――第27条第1項　6
　　――第27条第2項（第3項）　6
　　――第28条　6, 166
　　――〔の人権保障規定の私人間適用（効力）〕
　　　　68, 167
〔権利〕　14
権利濫用禁止の原則　24
〔権利の濫用〕　24

〈こ〉
コアタイム　111
〔項〕　4
〔号〕　57
合意解約（労働契約の）　146
合意の原則→労使対等・合意の原則
公益通報者保護法　95
降格　96
公共職業安定所（ハローワーク）→職業安定機
　　関
黄犬（こうけん）契約　78, 198
〔公序良俗〕　34, 69
〔更新〕　82
コース別雇用管理　40
〔後段〕　26
高年齢者雇用安定法　10, 70, 142, 211
高年齢者雇用確保措置　142, 211
高年齢者の雇用の安定等に関する法律→高年齢
　　者雇用安定法
〔公布〕　12
公務員に関する労働基本権の制限　204
公民権行使の保障　21
〔超（こ）える〕　157
国際労働機関　5
〔告示〕　42

国籍　19, 210
子の看護休暇　46
個別的労働関係法　9, 11
個別労働関係紛争解決促進法　10, 158
個別労働関係紛争の解決の促進に関する法律→個別労働関係紛争解決促進法
雇用安定事業等（二事業）　213, 214
雇用関係法　9, 11
雇用継続給付　214
雇用契約　14
雇用対策法　10, 70, 210
雇用の分野における男女の均等な機会及び待遇の確保等に関する法律→男女雇用機会均等法
雇用保険（法）　10, 212
雇用保障法　9, 210

〈さ〉
災害補償（労働基準法上の）　131
　──と（民事上の）損害賠償　137
　──と労災保険給付　132
〔債権〕　73
〔債権者〕　73
〔最高裁判所〕　21
在籍出向→出向
在籍専従者　199
最低賃金　101
最低賃金法　9, 67, 101
〔債務〕　73
〔債務者〕　73
債務的効力（労働協約の）　180
債務的部分（労働協約の）　179
〔債務不履行〕　73, 138
　──責任構成と不法行為責任構成との対比　139
採用　67
採用内定　71
　──の辞退　74
　──の取消し　71
採用内内定　74
採用の自由　67
裁量労働制　117
〔先取（さきどり）特権〕　106
作業所閉鎖→ロックアウト
〔錯誤〕　146
産後休業　128
産前休業　128
残業→時間外労働

三六協定　114

〈し〉
時間外労働　47, 114, 127, 128
事業場外労働　117
事業譲渡　143
〔施行〕　12
〔時効の中断〕　161
自己決定権　7
仕事と生活の調和への配慮の原則　23
〔事実たる慣習〕　32
辞職→任意退職
失業等給付　213, 214
〔私的自治の原則〕　24
支配介入（の不当労働行為）　199
〔私法〕　24
〔社会権〕　167
社会復帰促進等事業　133
〔事由〕　30
就業規則　29
　──の効力　31
　──の作成　29
　──の不利益変更　33
〔自由権〕　167
就職促進給付　214
従属労働　3
集団的労働関係法　9, 165
出勤停止　96
出向　59, 88
〔条〕　4
障害者雇用促進法　10, 70, 212
障害者の雇用の促進等に関する法律→障害者雇用促進法
障害（補償）給付　134
紹介予定派遣　57
〔少額訴訟〕　164
試用期間　85
使用者　2
　（労働基準法・労働契約法上の）──16, 17
　（労働組合法上の）──197
　──の利益を代表する者　170
〔使用者責任（使用者としての損害賠償責任）〕　76, 138
使用従属性　14
〔少数説〕　15
傷病（補償）年金　135
〔条文〕　4

〔消滅時効〕 108
〔条約〕 5
〔省令〕 4
〔条例〕 4
職業安定機関 54
職業安定法 10, 211
職業紹介（事業） 54, 211
職業能力開発促進法 10, 211
職場規律（違反） 94
職務命令（違反）→業務命令（違反）
女性保護規定 20
ショップ協定 171
所定労働時間 110
〔署名〕 178
除名（労働組合の） 171
尻抜けユニオン 172
〔審議会〕 36
信義誠実の原則 23
〔信義誠実の原則〕 24
〔信義則〕→〔信義誠実の原則〕
人事 87
深夜労働（深夜業） 47, 105, 127, 128
〔心裡（しんり）留保〕 147

〈せ〉
制裁→懲戒
誠実義務 95
誠実交渉義務 177
生存権 7
〔制定〕 12
整理解雇 151
生理日の休暇 129
〔政令〕 3
セクシュアル・ハラスメント 42
積極的改善措置→ポジティブ・アクション
全額払いの原則 100
前借金相殺の禁止 78
〔前段〕 26

〈そ〉
争議権 166
争議行為 166, 184
　　——と休業手当 192
　　——と賃金 190
　　——の正当性 188
　　——の法的保護 185
総合労働相談コーナー 159

〔相殺（そうさい）〕 78
葬祭料（葬祭給付） 135
組織強制（労働組合の） 171
〔損害賠償額の予定〕 75
損害賠償請求（労働者に対する） 75

〈た〉
代（替）休（暇） 105, 121
怠業 191
退職勧奨 147
退職金（退職手当） 77, 98, 155
退職時の証明 156
退職の意思表示の解釈 146
〔大法廷〕 32
〔多数説〕 15
〔ただし書〕 26
脱退（労働組合からの） 171
団結権 166
短時間労働者 49, 52
短時間労働者の雇用管理の改善等に関する法律
　　→パート労働法
男女雇用機会均等法 9, 35, 70
男女同一賃金の原則 20
男女平等取扱いの法理 34
団体交渉 166, 176
　　——拒否（の不当労働行為） 177, 198
団体交渉権 166
団体行動 166, 184
団体行動権 166, 184

〈ち〉
チェック・オフ 100, 174
〔遅延利息〕 109
〔遅滞なく〕 156
〔注意義務〕 140
中間搾取の排除 21
中間収入の控除 154, 200
懲戒 91, 151
　　——解雇 96, 151
　　——休職→出勤停止
　　——権の濫用 97
　　——の事由 92
　　——の種類 96
調整的相殺 100
直接払いの原則 99
賃確法→賃金の支払の確保等に関する法律
賃金 2, 14, 98

――額の保障　101
――カット　191
――債権の保護　106
――の支払いに関する原則　99
――の支払の確保等に関する法律　108

〈つ〉
通貨払いの原則　99
通勤災害　136
〔通説〕　15

〈て〉
定年（制）　141
――の引上げ　142, 211
定年解雇（制）　142
定年退職（制）　141
〔撤回〕　146
手待時間　116
転勤　87
転籍　90

〈な〉
内定→採用内定
内部告発　95
〔並びに〕　27

〈に〉
二次健康診断等給付　133, 135
〔日本国憲法〕→〔憲法〕
　――のなかの労働法　6
任意退職　145
〔任意代理人〕　79
妊産婦　128
　――等の安全衛生に関する特例　130
　――等の労働時間等の特例　128

〈ね〉
年休→年次有給休暇
年次有給休暇　121, 129
　――中の賃金　124
　――の買上げ　125
　――の繰り越し　125
　――の計画的付与　124
　――の時間単位付与　122
　――の時季指定権　123
　――の時季変更権　124
　――の取得に伴う不利益取扱い　126

　――の比例付与　122
　――の利用目的　125
年少者　127
　――の安全衛生に関する特例　130
　――の労働時間等に関する特例　127
年齢差別　70, 141, 210, 211

〈の〉
ノーワーク・ノーペイの原則　190

〈は〉
パートタイマー→短時間労働者
パート労働法　9, 48
配置転換　87
配転　87
派遣労働者　52, 57
〔破産手続〕　107
バックペイ　200
　――と中間収入の控除　200
〔反対意見〕　93
〔判例〕　22

〈ひ〉
非常時払　101
非典型（非正規）雇用（労働者）　52
平等権　8
ビラ貼り　189
ビラ配布　190

〈ふ〉
付加金　26
〔附則〕　12
普通解雇　151
不当労働行為　186, 196
　――の救済　199
　　（労働委員会による行政的救済）　199
　　（裁判所による司法的救済）　202
　――の種類　197
部分スト　191
〔不法行為〕　68
　――責任構成と債務不履行責任構成との対比
　　　139
プライバシーの権利　7
不利益取扱い（の不当労働行為）　198
フレキシブルタイム　111
フレックスタイム制　111, 127
紛争調整委員会　159

〈へ〉
併存組合間の差別的取扱い　199
平均賃金　98
平和義務（労働協約の）　181
変形労働時間制　111, 113, 127, 128
変更解約告知　152

〈ほ〉
〔法〕　3
〔法人格否認の法理〕　144
〔法定代理人〕　79
法定労働時間　110
法内残業　105
〔法律〕　3
〔法律行為〕　14
ポジティブ・アクション　41
ポスト・ノーティス　200
〔保全訴訟〕　163
本採用の拒否　85
〔本則〕　13
〔本文〕　26

〈ま〉
毎月一回以上一定期日払いの原則　101
〔又は〕　27

〈み〉
未成年者の労働契約　79
〔満たない〕　157
未払賃金の立替払　109
〔未満〕　157
身元保証契約　78
みなし労働時間制　117
〔みなす〕　161
民事上の免責　167, 186
〔民事訴訟〕　22

〈む〉
〔無過失責任〕　132

〈め〉
〔明文化（法文化）〕　32
〔命令〕　3

〈も〉
〔申込みの誘引〕　71
〔若しくは〕　27

〈や〉
〔約定（やくじょう）〕　76
雇止め　81, 82, 84

〈ゆ〉
有期労働契約　52, 80
　——者（契約社員）　52, 80
　——であることによる不合理な労働条件の禁止　85
　——の期間の定めのない労働契約への転換　84
　——の更新拒否→雇止め
有利性の原則（労働協約の）　179
〔有力説〕　15
諭旨解雇　96
ユニオン・ショップ協定　167, 171

〈よ〉
予告手当→解雇予告手当

〈り〉
利益代表者→使用者の利益を代表する者
履行確保（労働基準法の）　26
　　　　（労働契約法上の）　28
履行義務（労働協約の）　181
〔立証責任〕　82
リボン闘争　189
留学費用の返還　76
療養（補償）給付　134

〈る〉
〔類推適用〕　68

〈ろ〉
労基法→労働基準法
労災保険　132
労災保険給付　133, 134
　——と（民事上の）損害賠償　137
　——と災害補償（労働基準法の）　137
労災保険法　9, 132
労災民事訴訟（労災民訴）　138
労使委員会　119, 120
労使関係法　9, 165
労使協定　100
労使対等・合意の原則　23
労組法→労働組合法
労働安全衛生法　9, 130

労働委員会　194, 199
労働関係調整法　9, 168, 194
労働関係紛争解決法　10
労働関係紛争の処理
　（個別的労働関係紛争の）
　　（行政による）　158
　　（裁判所による）　162
　（集団的労働関係紛争の）
　　（労働争議の調整）　194
　　（不当労働行為の救済）　199
労働基準監督機関　27
労働基準監督署→労働基準監督機関
労働基準法　9, 12, 13
　——の基本原則　18
労働基本権　166
　——の制限（公務員に関する）　204
労働協約　178
　——の効力　178
　——の不利益変更　180
労働組合　169
労働組合法　9, 70, 168
労働契約　14
　——と雇用契約　14
　——の期間　80
　——の終了　141
　——の内容の理解の促進　24
労働契約承継法　12, 144
労働契約法　9, 12, 13
　（狭義の）　12
　（広義の）　12
　——の基本原則　22
労働三権　166
労働時間　110
　——の概念　116

労働市場法　9, 210
労働者　2
　（労働基準法・労働契約法上の）　16
　（労働組合法上の）　169
　——の安全への配慮　25
　——の過半数代表者　30
　——の募集　55, 211
労働者供給（事業）　55, 58
労働者災害補償保険→労災保険
労働者災害補償保険法→労災保険法
労働者派遣（事業）　57, 58
労働者派遣事業の適正な運営の確保及び派遣労
　働者の保護等に関する法律→労働者派遣（事
　業）法
労働者派遣（事業）法　10, 56, 216
労働条件　6
　——のあり方の原則　18
　——の対等な決定・労働契約等の遵守の原則
　　18
労働審判法　10, 162
労働争議　184
　——の調整　194
労働法　2
労働保護法　12
労働保険の保険料の徴収等に関する法律→労働
　保険徴収法
労働保険徴収法　133, 213
ロックアウト　193

〈わ〉
ワーク・ライフ・バランス→仕事と生活の調和
　への配慮の原則
〔和解〕　161
割増賃金　104, 115

著者紹介

金井正元（かない・まさもと）

1935年長野県中野市生まれ。長野北高（現・長野高校）・東京大学法学部卒業。司法試験合格・国家公務員六級職（現Ⅰ種）試験（法律職）合格・通訳案内業試験（英語）合格・実用英語検定1級合格。広島県総務部総務課長、内閣総理大臣官房参事官兼内閣審議官、労働省（現・厚生労働省）労働研修所所長などを経て前・聖徳大学教授（元・国立音楽大学教授）、前・国際基督教大学（ICU）講師。社会保険労務士、日本法社会学会会員。千葉県我孫子市在住。

主な著書等
『レディの法律―新"女の一生"』
『別れもまたたのし―離婚の法律問答』
『労働組合法の解説―労働法総論・集団的労働関係法』
『労働基準法の解説―個別的労働関係法』
『離婚の法律解説』
（以上、一橋出版）
『パズル民事訴訟法』（東京法経学院出版）
『マスター商法』（法研出版）（〈発売〉育英堂）
『女性のための法律』（日本評論社）
「大学生の法意識に関する一考察」（『国立音楽大学研究紀要』24巻）

装丁　坂井正規（志岐デザイン事務所）

労働法を基本から
2014年3月10日　第1刷発行

著　者　　金　井　正　元
発行者　　株式会社　三　省　堂
　　　　　代表者　北口克彦
印刷者　　三省堂印刷株式会社
発行所　　株式会社　三　省　堂
〒101-8371　東京都千代田区三崎町二丁目22番14号
電話　編集　(03) 3230-9411
　　　営業　(03) 3230-9412
振替口座　00160-5-54300
http://www.sanseido.co.jp/

〈労働法を基本から・240pp.〉　　　　　©M. Kanai 2014
落丁本・乱丁本はお取替えいたします　Printed in Japan
ISBN 978-4-385-32329-9

Ⓡ 本書を無断で複写複製することは、著作権法上の例外を除き、禁じられています。本書をコピーされる場合は、事前に日本複製権センター（03-3401-2382）の許諾を受けてください。また、本書を請負業者等の第三者に依頼してスキャン等によってデジタル化することは、たとえ個人や家庭内での利用であっても一切認められておりません。